公共关系学

杨加陆 编著

复旦大学出版社

目录 Contents

第一章　绪论 ………………………………………………… 1
　第一节　公共关系内涵 ………………………………………… 1
　第二节　公共关系观念 ………………………………………… 14
　第三节　公共关系目标 ………………………………………… 24

第二章　公共关系形态 ……………………………………… 50
　第一节　主体型公共关系 ……………………………………… 50
　第二节　对象型公共关系 ……………………………………… 72

第三章　公众研究 …………………………………………… 96
　第一节　公众的识别与细分 …………………………………… 96
　第二节　影响公众行为的心理因素 …………………………… 102
　第三节　几种典型的公众心理现象 …………………………… 121

第四章　公共关系传播 ……………………………………… 142
　第一节　公共关系传播的基本原理 …………………………… 142
　第二节　传播理论与公共关系传播 …………………………… 155
　第三节　公共关系传播媒介 …………………………………… 172
　第四节　公共关系传播方式 …………………………………… 191

第五章 公共关系日常活动 ……………………………………… 224
第一节 公共关系活动概述 …………………………………… 224
第二节 日常信息管理 ………………………………………… 232
第三节 日常接待 ……………………………………………… 240
第四节 编写宣传资料 ………………………………………… 249

第六章 公共关系专项活动 ……………………………………… 255
第一节 会议与展览 …………………………………………… 255
第二节 危机管理 ……………………………………………… 266
第三节 新闻策划 ……………………………………………… 280
第四节 赞助活动 ……………………………………………… 289
第五节 其他专项活动 ………………………………………… 296

第七章 公共关系活动项目的运作 ……………………………… 306
第一节 公共关系调研 ………………………………………… 306
第二节 公共关系计划 ………………………………………… 329
第三节 公共关系实施 ………………………………………… 338
第四节 公共关系评估 ………………………………………… 342

参考文献 ………………………………………………………… 356

后记 ……………………………………………………………… 358

第一章　绪　论

"公共关系"是英语 public relations(PR)一词的中文译称。Public 作为形容词,意为公众的,与 private(私人的)相对应,而作为名词,意为公众。因此,将 public relations 译为"公众关系"更切合英文的原意。"公共关系"译名的广为流传,是因为语言的约定俗成,但是它本身并不具有公共性,不具有公共的普遍意义。因为我们是站在特定的角度,来分析社会组织在其运行过程中所面临的各种关系的。

第一节　公共关系内涵

有关公共关系定义的表述众说纷纭。任何定义都是对对象的抽象,而公共关系本身的丰富内涵使得任何抽象的表述都不免顾此失彼。纵观公共关系各种的定义,概括起来,无非有以下几种:

第一,强调公共关系的管理属性,只不过在具体职能方面,各种定义的侧重点不同,如《韦伯斯特 20 世纪新辞典》(1976 年第二版)认为"公共关系是指通过宣传,与一般公众建立起关系;公司、组织或军事机构等向公众报告它的活动、政策等情况,企图建立有利的公众舆论的职能";美国学者卡特利普认为"公共关系是这样一种管理功能,它确定、建立和维持一个组织与决定其成败的各类公众之间的互益关系"。

第二,强调公共关系是一种公众性、社会性的关系或对这种关系的协调和平衡,如英国学者弗兰克·杰夫金斯认为,"公共关系就是一个组织为了达到与它的公众之间相互了解的确定目标,而有计划地采用一切向内向外的传播方式的综合";中国学者王乐夫认为"维持企业的营利性和社会性之平衡就是公共关系"。

第三,强调公共关系既是一门科学又是一种艺术,是科学与艺术的统一。中国学者熊源伟认为,"公共关系是社会组织为了塑造组织形象,通过传播、沟通的手段来影响公众的科学与艺术"。

各种公共关系定义都从特定的角度去揭示公共关系的本质属性,都有一定的合理性。本书对公共关系定义的认定,倾向于美国学者詹姆斯·格鲁尼格的观点,他认为"公共关系是一个组织与其相关公众之间的传播管理",这个定义既简单又精准地揭示了公共关系的基本要素和本质特征。公共关系的基本要素是:组织、公众和传播,公共关系的本质特征是组织的传播管理。

一、公共关系的要素

(一) 公共关系的主体——组织

公共关系活动的主体是社会组织,包括政治组织、经济组织、文化组织、军事组织、宗教组织等。虽然并不是所有组织都需要设置专职的公共关系机构,但所有的组织都需要公共关系。

1. 公共关系主体领域的多元化

最早的公共关系主体是企业与公司,他们从自身经济利益出发,有意识地开展公共关系活动,与所属员工搞好关系,在消费公众中建立信誉,在社会上树立形象,以创造促进本身发展的客观条件。当代公共关系活动的开展已发生了很大的变化,充当这一活动主体的不仅是企业、公司,而且已经扩大到政府机构、事业团体、军事单位、宗教部门、慈善组织等各类社会组织。目前,国际上已经形成了公认的三大公共关系应用领域:一是政府、政界;二是经济实业界;三是非营利性组织(如教堂、博物馆、学术团体等),它们共同构成了当今公共关系活动的多元化主体。

2. 组织公共关系部门的设置

(1) 公共关系部门设置的必要性。并不是所有组织都需要设置公共关系部门。一个组织是否有必要设置公共关系部,要根据组织自身的运行和发展的需要。对于一些组织来说,由于受到规模、经济、业务性质、发展阶段等的限制,不一定需要设置专门的公共关系机构,但是,哪怕不需要设置公共关系部的组织,它同样需要公共关系。这是因为作为一种经营管理哲学,公共关系观念是任何组织都必须遵循的;作为一种交往的艺术和技能,公共关系艺术也是任何组织的管理人员所必备的。

(2) 公共关系部门的称谓。在许多组织中,公共关系虽然没有作为一个独立的职能部门存在,其职能活动可能被分散在其他职能部门之中,各个职能部门在不同的方面承担了相关的公共关系职能,这种分散性的职能安排,有时可能更好地促使了相关职能的发挥。当一些组织将相关的公共关系职能集中归并在一个部门时,其称谓也未必是相同的。有的可能使用"公共关系部"的名称,也有的可能使用"公共事业部""公共信息部""传播企划部""公关与广告部""公众服务部",等等,不一而足。

(3) 公共关系部门的职能地位。公共关系部门的地位及其职能的发挥,在不同的组织之中是各不相同的。在进行这方面设计安排时,组织领导者要遵循公共关系的规律性,根据组织的实际需要来确定公共关系的地位、职能和权限以及与组织其他部门的分工协作。公共关系作为组织的参谋职能,应该为组织各层次、各部门提供有关关系的咨询和建议;组织公共关系的开展,必须依靠各部门、各个成员的配合和协作,这也就是全员公关的要求。

(二) 公共关系的客体——公众

公共关系学中的公众是一个特定的概念,它指的是组织公共关系工作对象的总称,即任何因面临某个共同问题而形成的并与组织运行发生互动关系的利益相关者。公众是公共关系传播沟通的对象,它总是相对于特定的公共关系主体而言的,是公共关系的客体。

1. 公众的本质特征

从本质上来分析,公众具有同质性、相关性和群体性的特征。

(1) 同质性。所谓同质性与异质性相对,某一群体之所以成为组织公共关系的工作对象,总是因为其成员面临着某个共同的问题,而这一共同的问题往往是由于某一特定组织的行为而引起的。

(2) 相关性。相关性表明公共关系学中的公众有别于社会学意义上的公众，它总是相对于特定的社会组织而存在的，并且由于共同问题的产生而与该组织发生相互的影响和作用。

(3) 群体性。公众是一个集合的概念，其成员中包括了其他社会组织、社会团体和个人。这表明公共关系处理的是组织的关系和舆论，而非个人的关系和事务。

2. 公众的其他特征

除了上述本质特征以外，在理解公众概念时，还应该注意公众的以下特点。

(1) 多样性。因为组织的性质、类型、业务特点不同，不同的组织面临的公众是各不相同的；即使是同一个社会组织，在不同发展阶段或者因为出现的不同问题，它所面临的公众也是多种多样的；而且，对于同一类型的公众而言，他们对组织的需要、期望、对问题的看法、对组织的态度和行为反应也是多样的。因此，对于组织的公共关系工作而言，并没有统一不变的模式，也没有包治百病的配方。需要具体问题具体分析，因人而异，因事而异，因不同的情境而异。

(2) 动态性。公众是一个动态的、开放的系统。公众的性质和形式、结构和数量、范围、态度和需要等都会随着问题的变化而变化。因此，组织的公共关系工作，绝对不是一朝一夕的权宜之计，也不可能一劳永逸。组织应该深入、持久地研究公众问题，不断地、与时俱进地开展各项公共关系工作。

(3) 能动性。公众不只是被动地作为公共关系的客体而存在，他们总是从自身的利益和需要出发，积极主动地影响某一公共关系主体的决策和行为。这正是组织公共关系必须奉行公众导向的原因之所在。组织必须及时了解和分析公众的态度，满足公众的需求，争取公众对组织的支持和合作；同时，组织还应善于引导，调动公众的能动性朝向有利于组织的方向发展，确保组织目标的有效实现。

(三) 公共关系的方式——传播

传播不仅是组织处理公众关系的方式，也是公共关系实施的基本过程,是公众关系的实现机制。传播也就是我们通常所说的信息交流。信息交流可以是通讯工具的信息交流,如通讯卫星与地面接收站之间的信息交流,这是通讯科学技术所研究的课题;也可以是人与机器之间的信息交流,如人机对话,这是工程心理学所研究的课题;公共关系学则是从组织与公众关系的角度来研究人与人之间的信息交流。公共关系传播具有以下特点。

1. 复合性

复合性既表现在公共关系传播的方法手段上,也表现在传播的信息内容上。作为复合的传播方式,公共关系综合了语言媒介、实物媒介和各种组织媒介和大众传播媒介,集人际传播、群体传播、组织传播和大众传播于一体。从传播的内容来看,公共关系的传播不仅限于消息的交流,更强调情感、态度、观点的交流。

2. 双向性

双向性表现在信息的流动上。只有当传播者发出的信息被接受者接受并理解时,信息的沟通才算真正发生。公共关系的传播沟通,更侧重于公众的理解和接受,并根据公众的反馈,调整自身的政策和行为。因此,组织与公众之间交流的双向性,是公共关系传播的最显著特征。

二、公共关系的属性

对于公共关系的属性,可以从两个角度去理解:一个是从公共关系作为一种社会关系的角度来分析公共关系的关系特点;另一个是从公共关系作为一种管理职能的角度来分析公共关系的职能特点。

(一) 公共关系是一种特殊的社会关系

社会关系是人们在共同的物质和精神活动过程中所结成的相互关系的总称,即人与人之间的一切关系。公共关系作为一种社会关系,其特殊性表现在公共关系的主体形态和建立的基础两个方面。

1. 公共关系是一种组织关系

从社会关系的主体形态来划分,社会关系的主体形态一般有宏观、中观、微观三个层面。主体性社会关系的微观形态是个人的社会关系,这是最基本的社会关系形态,是全部社会关系的起点,是社会中最简单、最基本的关系;主体性社会关系的中观形态是组织或集团的社会关系;主体性社会关系的宏观形态是国家或民族的社会关系。

公共关系作为一种特殊的社会关系,从其主体形态来看,它是在组织层面来研究各种公众关系的,也就是说公共关系是一种组织关系。这是公共关系不同于一般人际关系的特点之所在,也是公共关系不同于国家民族之间关系的特点之所在。由于公众对象的广泛性,公共关系也要研究和利用上述其他的关系形态。

2. 公共关系是组织与公众之间的业缘关系

从社会关系建立的基础上划分,社会关系可分为亲缘关系、地缘关系、业缘关系和泛缘关系。亲缘关系是指以血缘和婚姻为联系纽带而形成的各种社会关系;地缘关系是指以人们生存的共同地理空间为背景的交往关系;泛缘关系是指以特定的时间和空间为条件而遇合的交往关系。

公共关系作为一种特殊的社会关系,从关系的实现缘由来看,它主要是组织与公众之间的业缘关系形态,在很大程度上是以组织从事的事业为基础而形成的对内和对外的各种交往关系,特别是内部员工关系和股东关系,以及组织与外部公众中组织型公众之间的各种关系。当然,各种缘由型的关系形态存在着相互交织和影响。

作为组织与其相关公众之间的业缘关系,我们要具体分析组织与其公众之间交往的性质、程度和内容。

(1) 关系的程度。通常可以从公众对组织态度的两极性来直观地分析和判断组织与公众之间相处与交往的性质和程度,如:密切的还是疏远的,积极的还是消极的,合作的还是对抗的,友善的还是敌对的,稳定的还是波动的,牢固的还是脆弱的,长期的还是短暂的,等等。

(2) 关系的实质。公共关系是组织与公众之间的一种利益关系。公共关系是基于组织与公众双方利益需要而形成的,其本质是一种利益关系。作为一种利益关系,公共关系追求的利益具有整体性,表现在以下三个方面。

① 公众利益。公共关系以满足公众利益为前提。公共关系与公众之间建立的是一种互惠互利的合作关系,它追求的是双赢的目标,而

双赢的一个前提是对公众的利益的承认和尊重。这种利益关系不仅包括了物质上的，同样也包括心理和精神上的。满足公众的各种精神和心理需要是公共关系不能忽视的。

② 组织利益。公共关系对于组织自身的利益追求，很难用经济指标来衡量，它更关注组织传播方面的效益。通过传播，提高组织的知名度和美誉度，提高组织的凝聚力和吸引力，为组织创造良好的关系资源和舆论资源，进而推动组织各项事业的整体发展。

③ 社会利益。任何组织，作为社会成员，都不得违背社会的整体利益，特别是以塑造组织形象、追求组织社会知名度和美誉度为目标的公共关系，更应该把社会整体利益放在首位。要重视组织的各项活动给社会带来的影响，要明确组织的社会使命，注重包括经济、生态和精神文明在内的社会整体利益，促使组织成为社会的良好成员。

（二）公共关系是一种特殊的管理职能

公共关系作为现代管理的一项重要职能，得到了普遍的认同。我们可以从公共关系的职能地位和职能对象两个方面来理解公共关系作为一种管理职能的特点。

1. 公共关系的职能地位

公共关系在组织中属于参谋机构的职能，其工作是辅助直线机构的。因此，它并不直接参与经营活动，它有责任对组织的事务提出批评；公共关系人员作为组织成员的同时，更强烈地将自己归属于专家群体；公共关系更关注组织的整体利益和长远利益。所有这些，都反映了公共关系职能与组织直线职能的区别。例外的情况是，对于专职的公共关系公司来说，公共关系是它的直线职能。公共关系的职能地位决定了它必须直接或间接地参与组织的决策。公共关系参与组织决策具有独特的作用，这种作用主要表现在公共关系帮助组织解决以下问题。

（1）在决策中确立公共关系目标。组织的兴衰存亡常常取决于各级管理层决策正确与否。由于管理者在决策时所面临的环境将越来越复杂多变，因此，组织要特别重视环境因素的影响。现代组织管理的一个显著特征是战略制胜，战略制胜在一定意义上可以说是形象制胜。公众关系、舆论、形象，这些与公共关系职能密切相关的资源越来越重要,日益成为组织进一步发展的基础。公共关系参与组织决策,有助于在组织的决策中确立公共关系目标,使组织的决策目标包含两个新的内容:一是塑造组织形象的战略目标,二是实现形象战略的具体措施。只有这样,才能确立公共关系在组织中的战略地位。

(2) 平衡局部利益与整体利益。组织的专业化分工需要部门的协同,但各部门在实际的工作中往往囿于专业的角度和部门的利益考虑问题,容易忽略整体目标和整体协调。公共关系可以超脱于各专业部门之外,从组织整体的角度和客观的立场考虑问题,提出的决策意见有利于平衡部门与部门之间、部门与整体之间的关系。虽然平衡部门与部门之间、部门与整体之间的利益主要是组织最高决策层的职责,但公共关系参与决策能够帮助最高决策层去注意各个专业部门容易忽略的那些边缘性因素,在各个部门之间确定决策的平衡点。

(3) 平衡近期目标与长期目标。开展公共关系活动本身就是一种战略行为。公共关系特别关注环境的变化因素和潜在因素,关注组织的长远利益、长远目标和长远发展。公共关系具有的这种前瞻性特点,决定了公共关系参与组织决策有利于将组织的近期目标和长期目标、眼前利益与长远利益有效地结合起来,有助于组织的长远发展、可持续发展。

(4) 平衡组织目标与社会利益。公共关系参与组织决策,有助于组织建立一种内部的约束机制,有效地避免组织在决策中只顾自身利益而不顾社会利益的倾向。公共关系在组织决策过程中,能够综合评价组织各职能部门的决策目标可能引起的社会问题,依据社会价值及时修正可能导致不良社会后果的决策目标。公共关系致力于从社会的角度去发现和评价决策目标的社会制约因素和社会影响效果,从而在组织目标和社会利益之间寻求平衡。

(5) 注重社会整体效益。公共关系作为组织的一项战略性投入,所追求的不仅仅是组织的经济效益,它更关注的是组织各项活动给自然环境、人际环境和社会经济环境所能产生的影响,因此,它注重的是社会整体效益,即通过公共关系所产生的传播效益给社会的生态环境、社会公益福利事业和社会精神文明等诸方面带来的有益影响,这种影响反过来又为组织创造了良好的社会舆论和社会关系,最终推动组织的发展。公共关系参与组织决策,可以使得组织的决策评价中增加公关社会效益评价的内容。

2. 公共关系的职能对象

管理的核心是对组织资源的配置。公共关系作为一种管理职能,是对组织的信息传播资源的管理。具体来说,是对组织传播沟通的目标、资源、对象、手段、过程等基本要素的管理,属于传播管理。通过传播管理,实现组织与公众之间的相互了解、理解,调整组织的政策和行为,争取公众对组织的信任与合作,从而优化公众环境,树立组织形象,提升组织无形资产的价值,使组织的整体资产增值。可见,公共关系的对象、手段和目标均不同于其他管理职能,是一种特殊的管理领域。

三、公共关系学

公共关系学是以组织与其公众之间的各种关系和开展公共关系活动规律为研究对象的一门独立学科,它是在综合了相关学科的基础上形成的,因此具有综合性、边缘性的特点。

(一) 公共关系的学科基础和归属

1. 学科基础

公共关系学主要有两大块内容,公共关系理论和公共关系实务。构成公共关系学科基础的也有两大部分:基础理论学科和应用性学科。

(1) 基础理论学科。基础理论学科包括管理学、社会学、心理学、社会心理学等;基础理论学科拓宽了公共关系的理论内涵,并为公共关系的理论和实务提供了方法论的指导。

(2) 应用性学科。应用性学科包括传播学、广告学、市场营销学、实用美学、社会调查原理和方法等。应用性学科由于有很强的实用性,更多地渗透在公共关系的实务活动之中,并丰富了公共关系学的外延。

在众多的学科基础上,管理学和传播学占有特殊的地位,起着直接的、主要的指导作用。

2. 学科归属

公共关系学是现代传播学在组织行政管理和经营管理中的具体应

用和发展。公共关系学既是现代管理学的一个构成部分,也是现代传播学的一个应用分支。

(1) 组织传播学。从传播学的角度来看,公共关系学是应用现代传播学的理论和方法来研究组织对公众的传播沟通、公众关系的处理、公众形象的塑造等问题。传播学对传播对象、传播内容、传播媒介、传播效果的分析,为公共关系的研究和应用提供了基本的框架和基本的方法。

(2) 传播管理学。从管理学的角度来看,随着管理实践的不断丰富和深入,管理理论和方法、管理职能也在不断发展和变化;同时,组织的管理环境也正在发生变化,组织与环境之间的相互关系日益复杂和活跃,组织的形象资源、关系资源成为决定组织竞争的决定性因素。管理职能的变化、管理环境的变化,客观上要求组织把对内对外的传播沟通行为职能化、规范化。公共关系在管理学中的地位和作用,是这种变化的必然反映。

公共关系作为管理学的一个分支,属于传播管理的范畴,作为传播学的一个分支,属于组织传播的范畴。公共关系学可以说是传播管理学或者组织传播学。

(二) 公共关系学的学科特点

公共关系学是在不断吸收相关学科的成果,不断总结公共关系实践经验基础上形成的一门独立的学科。公共关系学具有以下特点。

1. 边缘性和综合性

公共关系学是一门多学科相交叉的边缘性、综合性的学科。公共关系学综合运用了管理学、社会学、心理学、社会心理学、传播学、广告学、市场营销学等学科的知识、方法和手段,来研究组织管理中的传播沟通行为。在上述诸多学科交叉的边缘上组合形成公共关系学。交叉性学科就是在两种或多种原有学科的相互交叉重叠中生长起来的新学科。它既有原有多种学科的特点,又有原有学科所不具备的新特点。公共关系学是管理学和传播学等学科相结合的产物。管理学和传播学等多种学科的结合,形成了现代公共关系学。

2. 实践性和应用性

现代公共关系首先是作为一种专门的职业活动出现的。在现代公共关系由自发走向自觉,由感性、经验逐渐趋向理性和科学的发展过程中,公共关系的理论也不断成熟和完备,并形成了相对独立的学科体系。它既是对公共关系实践经验和规律的总结,又反过来作用于公共关系的实践活动。公共关系学的价值在于它的应用性。

3. 动态性和开放性

公共关系学是在综合了各种相关学科的知识、方法和手段,并不断总结了现代经营管理实践经验的基础上形成的,它呈现出与生俱来的开放性和动态性学科特点。随着组织管理理论和管理实践的发展,随着管理技术和传播技术的进一步完善和发展,公共关系的理论和实务方法也将不断地丰富和完善。

(三) 公共关系学的研究对象

公共关系的研究对象有三大块主要内容:公共关系的理论、公共关系的应用和公共关系的发展历史。

1. 公共关系的理论

构成公共关系理论的有两大部分:一是基础理论;二是核心理论。基础理论尽管不是公共关系学本身,但它们为公共关系的发展和应用奠定了基础。其中,传播学和管理学是最主要的理论基础。核心理论主要是由公共关系观念和公共关系职能所决定的。公共关系学是一门年轻的、还在不断完善和有待成熟的学科。虽然公共关系学的理论内核较小,但由于它直接决定了公共关系学科的独立性和系统性,因此,它是公共关系学研究的重点内容。

2. 公共关系的应用

公共关系是应用性非常强的一门学科,公共关系的具体应用构成了公共关系实务的内容,是公共关系学研究的主要对象。公共关系实务具有很强的实用性和技巧性的特点。我们可以把公共关系的具体应用概括为以下内容。

(1) 公共关系形态。公共关系形态主要包括主体型公共关系和对象型公共关系两大类。主体型公共关系是从公共关系的应用领域进行研究的，比如：政府公共关系、企业公共关系、商业服务业公共关系、学校公共关系等。对象型公共关系是从公共关系的客体对象——公众的角度进行研究的，比如：员工关系、消费者关系、政府关系、媒介关系、社区关系、股东关系、竞争关系、金融关系、供应商关系、经销商关系等。

(2) 公共关系活动。公共关系活动既有其规律性，又有其策略性。对于公共关系活动的研究，主要包括以下五大类。

① 公共关系活动规律。公共关系是在组织的内外环境下进行的，受一定的客观规律的制约。研究公共关系活动的规律，以保证组织的各项工作服从公众环境的要求，并以此来指导组织的行为。这些规律包括：公众的心理和行为规律、传播和沟通的规律、组织经营管理和行政管理的规律、市场和社会时尚变化的规律，等等。凡此种种，都对组织的公共关系活动乃至整个组织的行为产生不同的影响，提出不同的要求。对这些规律的研究，突出了公共关系在现代管理学和现代传播学中的地位，既反映了现代管理学的时代特征，也反映了现代传播学得到了广泛而综合的应用。

② 公共关系活动策略。公共关系活动必须讲究策略性。公共关系要着重研究的是如何利用管理工作和传播手段谋求组织发展的各种策略，这种研究的视角是全方位的，如：从管理哲学的角度来研究关系，从经营管理学的角度来研究环境，从文化学的角度来研究社会，从心理学的角度来研究公众，从技术学的角度来把握活动，从美学的角度来进行创意，等等。公共关系的策略性比其他任何应用性学科更具有广泛性。

③ 公共关系活动艺术。公共关系活动表现出很强的技巧性和艺术性。现代组织在复杂多变的环境中生存和发展，这就要求在开展公共关系工作时不仅要运用科学的理论和方法，而且还必须依靠丰富的经验和直觉来判断和处理各种公共关系问题，因而要求组织人员具备高超的公共关系艺术。公共关系艺术是指组织在策划和开展公共关系活动时所表现出来的技巧。公共关系艺术具有随机性、经验性和创新性三个基本特点。

一是随机性。随机性是指公共关系的艺术具有不规范性和灵活性的特点,也就是说,公共关系艺术在不同的人员身上或在不同的情境下,会有不同的运用。如果无视公共关系艺术的随机性特点,东施效颦反而会弄巧成拙。随机性的特点要求我们在开展公共关系活动时要具有权变的观点,处理好借鉴和创造的关系,避免本本主义和经验主义的误区。

二是经验性。公共关系艺术是建立在一定的知识、经验的基础上积累形成的。虽然公共关系工作已经进入到系统化、程序化和科学化的阶段,但公共关系的实践经验对具体活动的开展仍然具有绝对的指导意义。公共关系艺术的经验性,不仅使得人们在处理常规性活动和解决一般性问题时,能够做到驾轻就熟,而且在面临突发性事件和非程序性问题时,公共关系经验也会起到积极的促进作用。当然,我们也必须认识到经验的惰性可能对人们的思维产生束缚,对经验的恪守最终可能使经验反而变成一种障碍。

三是创新性。公共关系工作具有极强的挑战性。组织要追求卓越,组织的公共关系工作就必须不断创新。平庸、雷同是公共关系的大忌。公共关系艺术的生命力在于创新。只有不断创新,才能不断超越,才能增强组织对环境的适应性。公共关系艺术性的高低主要在于它的创新性。

④ 公共关系活动过程。对公共关系活动过程的研究,旨在说明公共关系运作的基本程序,使公共关系脱离随意、不规范和全凭经验的做法。现代公共关系实践已经进入了系统化、科学化和完善化的发展阶段。

⑤ 公共关系活动模式。不同的社会组织在不同的发展阶段,或者针对不同的公共关系状态和不同的公共关系问题,公共关系的任务、目标、方法和手段也会有所不同,这样就会形成不同的公共关系方式,我们可以把公共关系活动方式分成日常型公共关系和专项型公共关系最基本的两大类,具体的活动模式有:宣传型公共关系、社交型公共关系、社会型公共关系、征询型公共关系等。

3. 公共关系的发展历史

作为一种专门职业和一门独立学科的公共关系,它的发展历史并不长，但作为一种社会现象，公共关系可谓是源远流长。研究公共关系的渊源，剖析公共关系形成和发展的社会历史条件及其发展演变的历程和规律，对我们全面、准确和科学地把握公共关系的思想和理论，丰富公共关系的实践活动具有重要的意义。

第二节 公共关系观念

公共关系观念也被称为公共关系意识，是组织用以指导自身行为、树立组织良好形象、处理组织内外关系的一整套具有哲学意义的指导思想。在组织的运行过程中，组织、公众和社会三者的利益常常发生冲突，这三者的比重应该如何确定？组织对这三者的利益所持有的态度、思想和观念，便体现为公共关系观念。作为一种制约和影响组织政策和行为的经营观念和管理哲学，它不仅指导着组织公共关系实务工作的开展，而且渗透到管理者日常运行的各个方面，成为引导、规范着组织行为的一种价值观念和行为准则。公共关系观念既是组织建立良好公共关系的必要前提，也是现代职业人员，特别是公共关系人员必备基本素质的核心。

一、公共关系观念的历史演变

公共关系观念既是对组织公共关系实践和其他经营管理活动的一种总结，又反过来指导了组织的公共关系活动和其他经营管理活动。公共关系观念并不是固定不变的，也必将随着组织公共关系实践和管理实践的发展而不断演变。

（一）各种典型的公共关系观念

1. 愚弄公众观念

现代公共关系活动的前身是19世纪中叶在美国兴起的报刊宣传活动，报刊宣传运动是企业为了自身的利益，雇佣报刊宣传员、新闻代理人在报刊上进行的宣传活动，以此来扩大影响。

报刊宣传运动出现的背景是便士报运动。19世纪30年代，美国报界掀起了一场便士报运动。便士报就是所谓的廉价报纸。便士报以低廉的价格、通俗的内容获取了大量的读者,从此,以普通大众为读者对象的通俗化报纸大量出版刊行。一些公司雇佣专门人员,在便士报上制造煽动性新闻,制造关于自己的神话,以此来扩大自身的影响,从而形成了所谓的报刊宣传运动。这个时期的特点是为宣传而宣传。其代表人物巴纳姆的信条是凡宣传皆好事。由于巴纳姆的观念和行为代表了19世纪中叶报刊宣传活动的主要特征,人们也把这一时期称为巴纳姆时期。

菲尼亚斯·泰勒·巴纳姆是美国巡回演出团老板和马戏团老板,因展现畸形人的表演而闻名。巴纳姆曾经制造了一个关于一百多年前养育过美国第一任总统乔治·华盛顿的黑人女奴海斯的神话。巴纳姆还人为地在报纸上挑起争论,以引起公众的好奇心和对自己的注意。巴纳姆通过编制神话、制造新闻为主要手段,不惜欺骗公众以吸引公众的关注,扩大自身的影响。巴纳姆甚至说,只要没有把他的名字拼错,报纸上其他内容都是假的都无妨。在这种观念的指导下,组织为了达到宣传扬名的目的,置公众利益和社会道德于不顾,肆意制造假新闻,利用新闻媒介愚弄公众。

虽然巴纳姆时期被称为公众受愚弄时期或公共关系的黑暗时期,但人们还是倾向于将这一时期看作现代公共关系的发端,这是因为在这个时期,公共关系的三个基本要素已具备了雏形——作为宣传主体的公司,作为大众传媒的便士报,以及作为受众的普通读者。作为现代职业活动的公共关系由此出现端倪。之所以把这一时期定性为黑暗时期,这是因为这时期企业的报刊宣传活动全然不顾公众利益,不择手段为自己编造神话,以获取报纸版面,欺骗公众,这显然与公共关系的宗旨相悖。

2. 门户开放观念

企业在报刊宣传运动时期视新闻媒介为异己或利用新闻媒介愚弄公众的现象,引起了新闻界的不满,新闻界掀起了一场揭露工商企业界管理丑闻的运动,史称清理垃圾运动,又称揭丑运动、扒粪运动。

19世纪下半叶,美国的商品经济得到高度发展,资本主义从自由竞争走向垄断。少数经济巨头控制了美国的经济命脉,他们为了巩固垄断地位,对内无视员工利益,对外损害社会利益,奉行"只要我能发财,让公众利益见鬼去吧"的经营哲学。这些做法引起了社会公众的强烈不满,一批有良心的记者发起了扒粪运动。据统计,从1903年到1912年期间,报刊共发表揭丑文章20 000多篇,同时还有社论和漫画。清理垃圾运动使工商企业意识到了正确处理舆论关系的重要性,在清理垃圾运动的冲击下,企业管理的象牙塔摇摇欲坠,企业与外界的隔绝消除了,象牙塔被玻璃屋所取代,企业管理的透明度大大增加。例如,当时的杜邦公司,原先对公司发生的爆炸事件一律采取封锁消息的做法,以至形成了杜邦——杀人的社会印象。杜邦公司延请了一位报界人士担任新闻局长,并接受了他的建议,实行门户开放政策,提出了"化学工业能使你生活得更美好"的口号,从而改善了杜邦的社会形象。杜邦公司的做法逐渐被更多的企业所仿效。许多企业开始聘请懂行的人员专门从事改善与新闻界的关系的工作。公共关系活动自此开始了职业化的发展阶段。

清理垃圾运动时期的代表人物是艾维·李,1939年他被《时代》杂志颂扬为公共关系的第一个阐述者。公共关系职业化的标志是在1903年艾维·李在纽约开办了第一家宣传顾问事务所,艾维·李成为公共关系发展史上第一个接受客户委托、为客户提供公共关系服务、并向客户收取费用的职业公共关系人员。艾维·李先后受聘于多家巨型公司(如美国电话电报公司、洛克菲洛财团、宾州铁路公司等),处理劳资纠纷和社会摩擦,取得了令人注目的成效。

艾维·李认为:一个组织要获得良好的声誉,必须把真实情况告诉公众;如果真实情况对组织不利,那么就应该调整组织的行为;企业与员工和社会关系的紧张摩擦,主要是由于管理者采取保守秘密的做法,妨碍了意见和信息的充分沟通。艾维·李同时提出了公众利益的观念,认为:凡是有益于公众的事业必将有利于组织。1906年,艾维·李发表了《共同原则宣言》,明确提出了门户开放原则,艾维·李的信条是公众必须被告知,通过向公众提供准确而有价值的资料,求得公众的认同与接纳。在这种观念的指导下,公众的利益开始纳入公共关系的视野。《共同原则宣言》成为现代公共关系的第一个行业宣言,明确了公共关系应扮演的社会角色。

艾维·李杰出的公共关系实践,使公共关系成为一门专门的职业被社会普遍接受,推动了公共关系的职业化发展;艾维·李提出的讲真话、公众必须被告知的命题,将公众的利益和诚实的原则带进了公共关系领域,使公共关系走上了正规化的发展道路。艾维·李被称为公共关系的开山鼻祖。

3. 公共关系咨询观念

公共关系的职业化发展,促进了公共关系由对一些简单问题的探讨上升为带有某些规律性的原则和方法探求,推动了公共关系学科的发展。公共关系科学化时期的代表人物是爱德华·伯纳斯。1923年,爱德华·伯纳斯首次在纽约大学开设公共关系课程,同年,他出版了公共关系发展史上第一本理论专著——《公众舆论的形成》,1928年出版《舆论》,1952年出版了专门的教材《公共关系学》。他把公共关系理论从新闻传播领域中分离出来,并对公共关系的原理和方法进行较系统的研究,完整地提出了公共关系的原则、实务方法和职业道德守则等,使公共关系理论系统化,最终成为一门相对独立完整的新兴学科。爱德华·伯纳斯被后人誉为现代公共关系之父。1990年,美国《生活》杂志评选出了影响20世纪美国社会进程的100位重要人物,他是唯一获选的公关人士,《生活》杂志盛赞他构想并设计了现代公关业。

相比艾维·李而言,爱德华·伯纳斯不仅是一位公共关系的实践家,而且是一位公共关系的理论家。爱德华·伯纳斯的公共关系思想集中体现在两个方面。

(1) 公共关系咨询。爱德华·伯纳斯第一次提出并定义了公共关系咨询的观念,他认为公共关系就是一种咨询职能,既要向公司提供公众方面的咨询,又要向公众提供有关公司方面的咨询。

(2) 投公众所好。爱德华·伯纳斯的公共关系信条是投公众所好。他认为,一个组织在决定政策之前,必须首先了解公众对组织的期望与要求,确定公众的价值观念,这是公共关系的基础性工作。

4. 双向对称观念

到了20世纪50年代,卡特利普和森特两人明确提出了双向平衡的公共关系原则。在这种观念的指导下,组织重视与公众之间的双方利益,并且通过双向沟通,使双方的利益得以实现。1952年,他们合作出版了被后人誉为公共关系圣经的专著——《有效的公共关系》,标志着现代公共关系理论的成熟。在《有效的公共关系》中,他们提出了以下公共关系思想。

(1) 双向对称的公共关系模式。卡特利普和森特认为,公共关系应该把公众利益与组织利益置于同等重要地位,推行双向传播沟通战略,也就是说,公共关系一方面要向公众传播和解释组织的信息,另一方面又要把公众的意见的信息向组织进行传播和解释,目的是使组织与公众之间形成一种和谐的关系。在这里,对称意味着在公共关系目标上要将公众的利益与组织利益置于同等重要的位置,双向意味着在公共关系方法上坚持与公众之间的双向传播与沟通。双向对称的公共关系模式说明了组织与公众之间关系的状态和原则。双向对称观念的实质是双向沟通和双方发展,在组织和公众双向传播和沟通的基础上,结成一种对称和谐的关系,使双方的利益和谐拓展。

(2) 四步工作法。四步工作法说明了大型、专题型公共关系活动的运作程序,包括公共关系调研、公共关系计划、公共关系实施、公共关系评估。这四个阶段或者步骤是相互衔接、不断循环的,体现了公共关系运作的计划性、系统性和动态性的特点,公共关系开始进入了系统化、完善化的发展时期。

(二) 公共关系观念演变的特点

公共关系观念在发展演变过程中呈现出以下特点。

1. 由自发到自觉

最早的公共关系观念只是组织在处理公众事务和策划专项公关活动时遵循的一种原则,带有明显的功利性特点,是自发的产物。现代公共关系观念源自于组织运行的内在要求,它是对组织开展公共关系活动的带有规律性的原则和方法的总结,是自觉性的产物。

2. 由功利到誉利

公共关系活动从一开始主要谋求组织自身的宣传目的,到越来越强调公众对组织的了解、理解、信任和合作。公共关系观念也由始初以组织功利为目的,渐渐演变为以塑造组织形象、谋求良好的声誉为目标,功利性色彩越来越弱,誉利性特点越来越强。

3. 由单向到双向

巴纳姆时期愚弄公众观念,主要是编制神话、制造新闻;艾维·李的门户开放观念则强调向公众提供准确而有价值的资料,他们的共同特点是从组织自身出发,对公众进行单向的传播。爱德华·伯纳斯提出的投公众所好、公共关系咨询的观念,虽然没有明确提出双向沟通的原则,但已暗含了双向沟通的公共关系思想。而卡特利普和森特则明确提出了双向平衡的公共关系原则,表明现代公共关系观念所采取的方法是进行双向的信息沟通。

4. 由组织导向到公众导向

由单向到双向的转变反映了组织的经营理念和思维的根本转变,即实现了由内而外转变为由外而内,由组织导向转变为公众导向。单向的传播反映了组织由内而外的思维模式,策划和开展公共关系活动都是以组织目标为导向的,组织目标仅仅反映了组织单方面的价值。而双向沟通的观念则表现出组织由外而内的思维模式。这在爱德华·伯纳斯的公共关系信条——投公众所好中已经明显地表现出来,他认为,一个组织在决定政策之前,必须首先了解公众对组织的期望与要求,确定公众的价值观念。公众导向观念强调组织一切活动,包括公共关系活动都必须以公众的利益和需要的满足为出发点,以公众的需要和利益的实现为归宿点。由单向到双向、由组织导向到公众导向,这是传统公共关系观念与现代公共关系观念的根本区别。

二、现代公共关系观念的主要内容

关于公共关系观念,有各种各样的概括和总结,比如诚信观念、形象观念、双向沟通观念、互惠互利观念、服务观念、环境观念、整合观念等,不一而足。所有这些都在更宽泛的意义上揭示了组织在运行发展过程中应该恪守的行为准则。组织公共关系活动开展必须以公众为导向、以全面公关为基础、以组织与其利益相关者的利益实现为目的。据此,我们将现代公共关系观念概括为:公众导向观念、全面公关观念和共生观念。

(一) 公众导向观念

公众导向观念是现代公共关系观念的核心。公众导向观念强调组织一切活动,包括公共关系活动都必须以公众的利益和需要为出发点,以公众的需要和利益的实现为归宿点。换句话说,就是组织必须高度重视公众的利益,将公众的意愿作为决策和行动的依据,使组织的政策和行为与公众的要求、社会的利益相容。要切实做到公众导向,必须注意以下四点。

1. 确立公共关系职能地位

组织决策者必须重视公共关系的咨询建议职能,在决策时必须获取有关公众方面的可靠的情况说明和意见。公共关系的战略地位的确立,意味着公共关系对组织决策过程的全面介入。这不仅要求组织的各级决策者必须具有公关意识,而且组织各项重大决策必须有专业公共关系人员的参与。公共关系参与组织的决策过程,使组织能够站在社会和公众立场去发现决策问题,使公众的利益纳入决策者的视野,使组织决策中能够确立公共关系的目标。只有这样才能保证组织真正做到公众导向。

2. 加强公共关系教育

组织应加强公共关系观念教育,使全体成员都具有公共关系意识,都按照公共关系的要求去做,在组织中形成自觉的、浓厚的公共关系文化氛围,从而把公共关系观念的要求贯穿在组织运行的各个职能环节和各项工作之中。

3. 开展公共关系调查

公共关系调查可以是定期的,也可以是不定期的,这种经常性的工作是在长期观察和积累的基础上,形成对公众心理变化和趋势的分析意见,以便结合组织的中长期规划,或某项专题活动,向有关决策层提供咨询。用一个形象性化说法,开展公共关系调查就是经常为公众"测量体温"和"号脉"。"测量体温"能使组织时刻了解公众的热点,"号脉"则有助于组织不断把握公众的变化规律。这些都是体现公众导向的基础性工作。

4. 进行公共关系控制

公共关系控制应该是组织的一项常规性的工作。公共关系控制就是通过检查、监督,发现组织行为中不符合公共关系要求、违背公共关系原则的做法,从而通过纠正偏差,来保证公众导向观念的落实。

(二)全面公关观念

全面公关是通过确立公众为导向的理念,在全员参与、全过程落实、全方位整合的基础上,形成组织内部自觉的、浓厚的公共关系文化氛围的管理途径。

实现全面公关观念的前提是领导者重视。公共关系最早隶属于企业的新闻宣传活动和广告宣传活动。随着公共关系职能的提升,公共关系在组织管理中的战略地位正在确立,公共关系已经日益成为组织战略管理的一个重要组成部分。一个组织的领导必须对自己组织的声誉和形象承担直接的最终责任。领导者应该具备强烈的公关意识和优良的公关素养,关注组织的公共关系状态,在经营管理中提出公共关系方面的要求,在实际工作中支持和指导公共关系的工作,从而从全局和战略的角度加以协调管理。全面公关的具体要求有以下三个方面。

1. 全员参与

全员参与要求组织全体成员都具有公共关系的观念,并按照公共关系的要求去做,这就意味着公关活动不是一个单一职能部门的工作,它涉及组织的各个职能部门,需要全体成员的参与、支持和协调。这就需要使全体成员都具有公共关系意识和公共关系素养,为此,必须对各级各类人员进行针对性的公关观念的普及、公共关系原理的教育、公共关系艺术的培训、公共关系评比和奖励等等,从而在组织中形成自觉的、浓厚的公共关系文化氛围。

2. 全过程落实

公共关系观念的要求应该贯穿落实在组织运行的各个部门和各个环节,组织既要重视专项的公关活动的开展,更要重视日常公关活动的落实;要将公共关系的经常性工作与组织内部的日常行政、业务、生产工作结合起来。各职能部门在自己的工作范围内作决策、订计划时,都应该自觉地配合组织公共关系的目标。公共关系目标也成为对各部门业务工作进行评价考核的一项标准。相应地,应该在有关的规章制度中明确每一部门或岗位对公共关系应负的责任。

3. 全方位整合

全方位整合,就是在整体公关战略的指导下,形成组织的整体发展战略,这就要求通过整合,把组织的形象、关系以及各种传播活动、传播资源统一起来,形成整体优势,发挥组织公共关系的整体作用。

(1)形象的整合。构成组织形象的多元要素应该是整体统一的,具体来说,整体的形象要求软硬兼施——组织的软件形象和硬件形象的统一;虚实结合——组织的认知形象和实态形象的统一;内秀外美——组织的精神气质与其外在实力的统一,从而发挥组织形象的整体效应,为组织创造良好的发展环境。

(2)关系的整合。涉及组织发展的各种关系状态都应该是良好的。整合观念要求为组织广结良缘,在组织的不同发展阶段,根据组织的不同的发展需要,调动一切可以调动的关系资源,为组织的发展开辟道路、扫清障碍、创造局面。

(3)传播的整合。整合传播体现在传播活动和传播资源的整合。整合传播要求组织把一切传播活动都纳入公共关系传播的范围之内,把组织一切传播资源都统一集中在公共关系传播的需要中,使组织能够将统一的传播资讯传达给公众。

【案例】

让客人多看一遍富士山

日本一家电子公司的总部设在东京,分部和生产区设在大阪。为此,公司每天都安排了一位文员负责购买专线车票,为与该公司有业务往来的客人提供方便。来自德国的投资人汉森在坐过多次专线车以后发现:每一次去大阪,座位都是靠右窗的,而回东京的时候,则是靠左窗的。起初,他还以为是巧合,后来才知道是这位工作人员特意安排的,目的是让他来回都能够看到沿途最美的风景。每天多看一遍富士山,成了汉森在日本生活、工作期间最感动的一件事。这种感动也使得这家日本公司得到了回报——后来,汉森把他原计划的投资追加了一倍。

资料来源:2003级工商企业管理专业学生自编案例。

思考分析:

1."让客人多看一遍富士山"所体现的公共关系观念是什么?

2.本案例对于组织开展公共关系活动有何借鉴和启示?

(三) 共生观念

共生观念是组织处理各种复杂关系时的一种新思维。在现代公关观念里,共生观念的思想主要体现在组织处理竞争关系、顾客关系和员工关系时,必须将平等互利、共生共赢作为处理各种关系的行为准则。此外,共生观念同样也表现在组织处理与各种合作组织的关系以及社区关系之中。

1. 竞争关系

传统意义上的输赢式竞争正在消亡。这并不意味着竞争不存在了,竞争反而比以往任何时候都更加激烈。我们需要重新认识竞争。传统上,人们主要是从产品和市场两点出发看待竞争的。只要产品或服务优于对手,一个组织就可以赢得市场。这一点将仍然是重要的,但这样的竞争视角忽视了企业的生存环境。企业需要在这个环境中与其他企业共同发展,既有竞争,又有合作。这包括建立对未来的共识、组织联盟、谈判交易以及处理复杂的关系等多个方面。因此,建立共生关系将更为重要。

共生是借自生态学的一种观念,是指两种或多种生物互相合作以提高生存能力。在生态系统中,共生系统经常存在于原本可能互相为敌的物种之间。多数传统企业视市场为零和竞争,如同战场一样,有赢家也有输家。他们从不考虑互利或共生关系,所以总想独享所有利润。这种心态使他们无法彼此合作。因为一方有收获,另一方必有损失。

共生观念要求企业之间建立双赢的共生关系。市场如战场,战胜竞争对手、掠夺市场份额、将对手置于死地而后快,这是一种错误的竞争思维定势。面对高速变化的市场环境,面对激烈的市场竞争,必须换个角度来思考问题。如果把市场竞争看作分蛋糕,企业愿意同一些供应商、顾客以至于竞争对手联手合作做蛋糕,蛋糕做得大,大家分到的就比以前多,那么参与合作的企业都能得到比以前更满意的结果。而大家分散竞争,蛋糕就无法再大,多数企业将不会得到满意的结果,即使是胜利者,其结果也未见得比预料的好。因此,想方设法把蛋糕做大,在更多利益的前提下,形成双赢的结果。以合作竞争的方式,通过共生关系,建立合作,共享资源。

2. 顾客关系

组织与其顾客关系的依存度最为直接。与顾客共生,要求企业组织确立这样一种顾客观,即组织利益是建立在顾客利益基础上的。只有顾客获利了,组织才能获利。组织只有不断地维系顾客,并通过顾客引导,去创造顾客,才能得到发展。而组织与顾客的维系纽带是利益。这种利益共同关系一旦丧失,组织与其顾客之间的关系就会断层。

3. 员工关系

员工是与组织关联度最为密切的公众类型。处理好员工关系是开展公共关系工作的基础和起点。与员工共生的观念,要求组织特别是企业组织建立起"工作、生活共同体",使员工与组织休戚相关、荣辱与共。现代职工持股制将使员工成为真正意义上的企业主人。

第三节 公共关系目标

公共关系目标是组织通过公共关系活动的开展所期望的成果,是组织总目标的分项目标。公共关系目标必须服从于并服务于组织总目标。具体来说,组织的公共关系目标包括四个方面的内容。

一、协调公共关系

公共关系协调是传播职能的延伸,通过各种传播沟通手段,对组织与其公众的关系进行协调。管理的一项基本职能是协调,公共关系作为一种特殊的管理职能,它在协调职能的发挥方面不同于一般的管理协调。

(一)公共关系协调与管理协调的差异

1. 手段不同

管理的协调职能综合运用了各种刚性的和柔性的手段。刚性手段——如经济手段、行政手段和法律手段等,柔性手段——如道德手段、心理手段、文化手段等。其中,行政手段是管理职能经常使用的协调手段。而公共关系的协调手段是管理柔性协调手段具体的、专业化的运用。

2. 内容不同

管理协调涉及组织管理的各个方面内容,主要包括目标协调、利益协调、思想和行为协调、政策协调、制度协调等,公共关系协调主要是与内外部公众进行信息和情感的协调。

(二)公共关系协调的内容

"内求团结,外求发展"是公共关系职能目标的一种形象化的表述。通过内部关系的协调,增强组织的凝聚力,创造内部融洽、和谐的人事环境。通过外部关系的协调,达到广结人缘、开拓关系的目的,为组织营造和谐的外部发展环境。

1. 协调内部关系

根据各种关系发生的形态,可以把内部关系概括为两种——人际关系和群际关系。通过加强内部的人际交往与群际交往,可以为组织发展创造良好、和睦的人事环境。内部交往方式主要有探访、文艺、体育比赛、舞会、旅游、参观等各种联谊、福利活动。

(1)人际关系。组织内的人际关系包括上下级关系和同事关系两种。上下级关系即组织内领导者与被领导者、管理者与被管理者之间的人际关系。上下级关系有着重要的功能,它关系到组织的有序和稳定,与工作效率有密切的关联。协调好上下级关系能够对下级产生良好的激励作用。同事关系一般是指在一起工作,并且没有权力等级差别的人际关系——既表现在领导层、管理层之间的人际关系,也表现在一般员工之间的人际关系。和睦、融洽的同事关系,可以增进了解、促进交流,从而产生互补行为,进而形成组织合力。

(2) 群际关系。这里的群际关系主要是组织内各部门之间的关系。部门的设立是组织专业分工的需要,但分工是相对的,部门之间的相互依存需要彼此协作。在组织的实际运作过程中,各个部门的冲突,一个主要的原因是由于信息沟通方面的障碍。因此,公共关系有责任帮助组织的领导层和决策层做好各个部门的沟通工作,加强各个部门的信息沟通和情感联络,使各个部门在日常的工作中能相互了解,进而相互配合,使分散的职能得以聚合,发挥组织的整体效能。

2. 协调外部关系

公共关系作为组织对外的联络机构,发挥了组织外交部的作用,负责组织与外部公众之间的沟通交往。社交型公共关系是公共关系活动方式中运用得最为广泛的一种,主要通过社会交往的手段,与公众进行协调沟通,特别是通过情感输出的方式,加强与公众之间的情感交流。比如剪彩仪式、周年庆典、联谊活动、公众的访问参观、宴会等,都是社交型公共关系的常见方式。游说,作为一种劝服性的传播活动,也主要是借助于社会交往进行的。一个组织面临的外部关系是多种多样的,其中,要重点协调好的关键性外部关系包括以下几个方面。

(1) 协调好与消费者的关系。组织首先要协调与消费者之间的关系。消费者是与组织具有直接利益关系的外部公众。组织可以通过消费者管理,进行消费者教育等一系列公共关系工作,去建立、维持和发展与消费者的良好关系。特别要妥善处理各种消费纠纷,这是公共关系的重要职责。

(2) 协调好与各类合作组织的关系。与组织有直接业务交往的关系,除了消费者关系之外,还有诸如供应商关系、渠道商关系、物流商关系、投资商关系等。这些关系的建立和完善,对组织的有序运营至关重要。

(3)协调好与各种社团的关系。各种社团对组织运作过程中所涉及的许多社会敏感问题有独到的考虑。它们对组织运营所施加的压力越来越明显。此外,一些行业性的、专业性的社团则对组织扩大关系网络和信息资源也十分重要。

(4)协调好与政府的关系。政府公众主要指的是上级主管部门以及政府各职能管理部门(诸如工商管理部门、税务部门、审计部门、公共卫生和质量检测部门等)。协调好政府关系,有利于组织争取更多的政策支持和行政支持,最大程度地得益于政府政策和行为。

(5)协调好各种非专业性的社会关系。组织的公共关系应该主动去建立和发展各种非专业性的社会关系网络,如社区关系、媒介关系、名人关系等。这些关系的建立和完善,将有助于组织广结良缘、提高社会知名度和美誉度。

二、引导社会舆论

舆论是公众的看法和意见的公开表达,组织的舆论是公众对组织的政策、行为、人员或产品等所形成的看法和意见的总和。舆论是衡量组织公共关系状态的客观标志,反映了大多数公众成员对组织的基本态度和行为。

(一)舆论的作用

中国古人所说的"水能载舟亦能覆舟",形象生动地揭示了舆论的重要性。舆论对组织具有以下三个作用。

1. 制约和监督作用

舆论作为公众大多数成员的意见,它具有一种制约和控制力量,如常言所说的众怒难犯,就说明了舆论对组织具有压力作用,约束和监督着组织的行为,以使组织的政策和行为能够符合管理道德和社会整体利益的要求。

2. 鼓动作用

舆论既具有无形的压力作用,又具有无形的动力作用,如常言所说的众望所归,就说明了舆论所能够起到的鼓舞公众、团结公众的作用。积极的舆论评价,能够形成一种有益于组织的社会心理气氛,这种社会心理气氛形成了良好的社会环境,反过来又鼓动了公众对组织的行为。

3. 指导作用

舆论的指导作用,有助于处在初创期或转型期的组织积极开拓局面,有助于处在危机中的组织化解风波、消除不利影响。此外,舆论能够倡导时尚,引领潮流,对公众的行为也发挥指导作用。比如,通过消费教育改变公众对组织产品的看法,通过意见领袖的宣传引导公众对组织的认识。

(二)引导舆论的公关策略

公共关系可以通过传播活动的开展,为组织制造舆论、强化舆论和引导舆论,从而争取公众对组织的了解和理解、支持与合作。

1. 舆论的形成

形成舆论的关键在于满足公众的知晓权。公共关系的信息传播是舆论制造的基础。组织应该经常地、主动地向公众说明有关的政策、行为和产品,争取公众的了解、理解,促进公众的认同和接纳、提高公众的信任和赞誉,这是组织形成和创造良好舆论的基础。当公众对组织缺乏了解时,公共关系应该主动地传播有关信息,促进公众对组织的认知;当公众对组织存有误解时,公共关系应该及时消除疑虑、避免误解。因此,告知公众是形成舆论的关键。

2. 舆论的强化

舆论的强化,不应该只制造一时的舆论轰动效应。公共关系强调工作的连续性、效果的累积性。当一个组织及其产品获得了基本的公众印象及良好的评价以后,还需要不断保持、完善、强化良好的公众舆论趋势、强化良好的组织形象,并使之更上一层楼。如果没有不断的积累、巩固和强化,公众对组织的良好评价会消退,良好的组织形象在激烈的竞争中会因为传播的延误而受损。

3. 舆论的引导

舆论的引导表现在根据组织的不同的舆论状态,引导组织的信息流量和流向,引导公众舆论向积极的、有利的方向发展,并根据舆论的反馈,适当调整组织的行为。比如,当公众对组织的评价毁誉参半的时候,公共关系要缩小不利舆论的影响,引导有利舆论的发展;当组织美誉度还没有与知名度同步协调时,或知名度过高而脱离了组织实际需要的时候,公共关系需要以低姿态介入舆论,适当降低组织的知名度以及公众对组织的注意力;当组织的形象受损时,公共关系应该根据具体的原因,或者以诚恳的态度,向公众进行道歉和解释,争取公众的谅解;或者通过澄清事实真相,纠正舆论,消除公众的误解。

三、优化内外环境

组织环境对组织的生存和发展起着决定性作用。根据组织界线(系统边界)来划分,可以把环境分为内部环境和外部环境。组织内部环境是指管理的具体工作环境。组织外部环境是指组织所处的社会环境。公共关系通过内外环境的优化,实现组织内求团结、外求发展的目标。

(一)优化内部环境

1. 优化场所环境

场所环境包括工作地点的空气、光线和照明、声音(噪音和杂声)、色彩等物理因素,对于员工的工作安全、工作心理和行为以及工作效率都有极大的影响。

(1)推行5S管理。5S管理最早应用于生产现场对材料、设备、人员等生产要素开展相应活动,要求整齐清洁的环境以保证安全生产和产品质量。5S即:整理(seiri)、整顿(seiton)、清扫(seiso)、清洁(seiketsu)、素养(shitsuke)。由于这5个词日语中罗马拼音的首字母都是S,所以被简称为5S。有的企业在5S的基础上增加了安全(safety),形成了6S;有的企业甚至推行12S,都是从5S衍生出来的。5S管理的要求也可以推广到办公场所和内部其他场所的管理,为员工创造一个良好的工作环境,使员工能愉快地工作。

(2)实施可视化管理。与5S相关的内部环境优化方法是可视化管理。可视化管理也可以看作5S的进一步推广。可视化管理是一种以公开化和视觉显示为特征的管理方式,也叫目视管理。它要求统一各种可视化的管理工具,比如通过定位线,将需要的东西放在事先规划的固定位置;通过醒目的标示将区域、场所、物料、设备等表示出来;采用划线的方式表示不同性质的区域,如通道、作业区域等;用能识别的图形表示公共设施或者允许做以及不允许做的事情;用不同的颜色表示物料、区域、设备等差异或者状态的不同;用方向箭头来指示行动或前进的方向;现场人员着装的统一化与实行挂牌制度等。可视化管理实现了让"管理看得见"。

无论是5S管理还是可视化管理,从生产的角度,可以发挥提高效率、减少直至消除故障、保障品质、降低生产成本等的作用,而从公共关系的角度来看,则可以改善员工的精神面貌、优化企业形象。

5S管理和可视化管理,一方面需要组织成立推行的专门机构,制定工作计划及实施方法;另一方面需要得到员工的理解、参与和支持。公共关系的作用在于配合组织的相关机构,对员工进行5S和可视化管理方面的教育和培训,开展活动前的宣传造势以及评比竞赛活动等。

2. 优化人际环境

优化人际环境的目的是创设组织内部和睦融洽的人际关系。人际环境制约着组织成员的士气和合作程度的高低,影响了组织成员的积极性和创造性的发挥,进而决定了组织管理的效率。人际关系是在相互交往的过程中逐步建立和发展的。人们交往的数量与质量对人际关系有重要的影响。公共关系活动的开展应该有意识地利用组织的力量,创造良好的氛围,促进成员的相互交往。一方面,要让每个成员都了解组织目标和方针,创造出一种团结共事的气氛;另一方面,要加强成员之间的意见交流,加深相互了解,减少误会。此外还可以通过多种形式的联谊活动,增加成员相互了解的机会,为建立良好的人际关系创造条件,在可能的条件下为员工家庭生活排忧解难。

3. 优化文化环境

文化环境主要指组织的制度文化和精神文化。制度文化包括组织的工艺操作规程和工作流程、规章制度、考核奖励制度以及健全的组织结构等;精神文化包括组织的价值观念、组织信念、经营管理哲学以及组织的精神风貌等。一个良好的组织文化对组织成员的行为不仅发挥了约束作用,同时也发挥了激励和导向作用。公共关系在优化组织内部的文化环境方面发挥自身独特的作用。一方面,可以通过开展各种宣传教育等活动,加强成员对组织的价值观、组织精神、组织制度的认同感,从而强化成员的组织意识;另一方面,还可以通过各种文化礼仪活动、演讲竞赛和评优活动,使成员对组织文化产生积极的情感体验和人格体验,增强组织的凝聚力。

4. 优化决策环境

在组织的决策过程中,多种目标选择之间必然存在矛盾。这就需要处于不同地位的不同部门的人从不同的视角去寻找和发现决策中的问题。如果从公众的立场和角度来寻找和发现决策问题,往往会使问题表现得更加明显、更加直观,而且这种作用是从其他角度和立场来观察问题所不能替代的。组织在决策过程中,容易出现两个错误倾向,一是近视症,二是片面性。近视症表现在过多地拘泥于短期的功利得失,过多地看到自身的条件和优势,而缺乏对公众和环境的研究,忽略了长远的规划。片面性是指组织在决策过程中,容易产生只顾自身利益而忽视公众利益的倾向,这在决策层目光比较短浅的组织中尤为明显。

公共关系优化决策环境主要体现在对组织决策过程的参与。公共关系职能决定了它能够代表组织的内外公众,从内部对组织运行及其决策进行约束,使组织在决策中能够充分考虑各类公众的利益和需求,协助决策者综合考虑各种复杂的社会因素,平衡各类复杂的公众关系;从公众和环境的角度来评价决策的社会影响,预测决策的社会效果,避免组织决策过程中单纯地只顾自身利益而不顾甚至侵害公众利益的片面性。

公共关系优化组织的决策环境直接地推动了组织决策的民主化进程。通过公共关系活动的开展,培养组织成员的主人翁精神,提高他们对组织的认同感和归属感,以及由此而焕发的参与组织管理的热情,为组织的成长和发展献计献策。

(二) 优化外部环境

1. 优化社会互动环境

社会互动是社会的横向关系,即社会上人与人、群体与群体之间的交往和相互作用。社会互动的主要形式分为两类:合作性的社会互动和对抗性的社会互动。公共关系通过沟通社会信息、协调社会行为、净化社会风气来优化社会互动环境,提高合作性的社会互动。

在社会互动过程中,互动双方既受到社会风气的影响,同时也在影响着社会风气。公共关系把信誉真诚、合作共赢等观念引入社会互动中,有助于逐步改善社会互动环境,净化社会风气。可以说,在现代社会,公共关系本身就是社会精神文明的重要组成部分,公共关系的实质是组织与公众之间的一种互利互惠行为,通过公共关系活动的开展,可以使人与人之间形成一种诚信、和谐的社会风气,提高社会的文明程度。

2. 优化社会心理环境

社会心理环境与社会公众的心理状态密不可分。社会成员的心理健康程度不仅影响整个社会效率,更影响到社会的安定。心理健康是指人的内心世界能保持安定乐观,并充满活力,能保障高度发挥人的积极性和创造性,并以良好的方式适应外部环境的一种状态。心理健康的基本条件是没有心理疾病,即情绪正常、精神愉快、意志坚定。心理健康的本质含义是具有积极发展的心理状态,它要求个体能随环境条件的变化而不断地调整自己内部的心理结构,以达到与外界的平衡。凡是心理健康的人,既能为社会所接受,又能为自身带来愉悦。

人在社会中生活,需要信息和情感的交流,公共关系通过组织与公众之间双向的信息传播,可以满足公众的知情权,增加组织与公众之间的情感沟通;可以在社会上创造一种良好关系氛围,使需要帮助的人们摆脱孤独和隔阂,减少心理压力,释放郁积的不满情绪,使社会心理环境得到净化,减少冲突的发生。

3. 优化社会经济环境

社会经济组织必须要面对市场、占有市场,通过提高产品质量、服务质量,进行一系列成功的社会经济交往活动,同外界建立良好的合作关系。公共关系在这一过程中起着积极的作用。

公共关系活动是一种组织与公众之间互利互惠的行为,是组织为自己的信誉进行投资。它使组织在自身发展的同时,更关注整个社会的经济环境。公共关系沟通了社会各部门、各组织之间的联系,促使它们齐心合力承担社会义务。从经济方面看,公共关系活动具有调节经济利益功能,通过对相对贫困的地区进行赞助,组织可以在一定程度上改善社会经济差距过大的情况,推动经济协调健康发展。

公共关系在跨国经营中发挥了不可替代的作用。由于跨国经营面临的政治法律环境更具有复杂性、多变性和不可控制性的特点,借助公共关系的手段,可以降低跨国经营中的文化差异和文化冲突,降低跨国经营的风险。

4. 优化社会政治环境

公共关系的深入开展,有助于加快和完善民主政治的进程。民主的形式是多层次的,一种健康的民主政治体制,应该是从低层次向高层次循序渐进地发展的。对于一个组织而言,公共关系有助于组织的决策环境,促进组织管理的民主化,这种组织管理的民主化进程,也势必推动社会生活的民主化。

从公共关系学的角度看,政府机构作为一种社会组织,民众是它的服务对象。各级政府机构通过公共关系活动的开展可以引导舆论、安定民心。同时通过了解民情民意,改善政府同民众之间的关系,满足民众参与社会公共事务管理和决策的愿望。公共关系越来越多地被政府组织采用,成为政府实现自己管理目标的重要手段。例如,通过建立新闻发言人制度,政府可以加速政府信息的传播,促进民众对政府施政纲领的了解;通过建立信访接待制度,政府可以更为方便地听取群众的声音,了解社会发生的事件,更好地履行政府的服务职能。

四、建设组织形象

组织形象是指组织在运行过程中显示出来的行为特征和精神面貌,是公众对组织内在精神和外在特征的整体感觉、印象和认知。组织应该高度重视自身的声誉和形象,自觉地进行形象的投资、管理和传播。组织形象不仅仅是组织自我宣传的有效手段,它更是一个组织最重要的无形资产。对于一个组织来说,形象建设决非一时一地的权宜之计,从一定意义上说,形象制胜是关系组织生存和发展的系统工程。

(一) 组织形象的主要内容

组织形象的构成内容是多方面的,包括外观形象和内在形象两个方面,外观形象是硬件,内在形象是软件。

1. 硬件形象

硬件形象是组织在实现其工作目标时所显示的能力识别标志,如产品的质量、商标的知名度、市场占有率、技术力量、人员素质,此外还包括组织的规模、环境面貌等。其中,最基本的是产品形象、人员形象和硬件环境形象。

(1) 产品形象。产品形象是组织形象的物质载体,是人们对组织进行认知与判断的主要依据,通过产品体现出来的组织形象最为直观。有形产品的基本要素包括:质量、性能、款式、包装、品牌商标等。产品形象是整个组织形象的客观基础。

(2) 人员形象。人员是组织形象最为活跃的载体,通过组织成员所展示出来的形象包括:组织领导人形象、管理群体形象和全体员工形象。具体来说包括人员的品行、素质、作风、行为、能力和仪表等因素。

(3) 环境形象。环境形象主要是指组织内外设施等具体的环境因素,它们对组织形象起着烘托、装饰的作用。组织内部和外部环境设施所展示的形象包括:门面、招牌、厂容店貌、展览室、会客室、办公室、生产场地,以及橱窗、指示牌的陈设、装修等,这些构成了现代办公文明、生产文明、工程文明和商业文明的一部分。

2. 软件形象

软件形象是一个组织的内在精神气质,包括经营方针、办事效率、服务态度、业务水平、创新精神、科学管理和社会责任等。其中,最基本的是管理形象、文化形象和社会责任。

(1) 管理形象。通过组织的管理行为所展现的形象是全面的、整体的,包括组织的管理体制、方针政策、规章制度、办事程序、工作效率、技术实力、营销能力、参与社区活动的影响等。

(2) 文化形象。组织文化制约着组织形象的个性,标志着组织形象的特定风格。组织文化包括:组织价值观、组织精神、组织的历史与传统、组织的榜样人物和标志性事件、组织的职业意识与职业道德、组织的礼仪与行为规范,以及组织的口号、训诫、歌曲、各种宣传品等,都鲜明地体现出一个组织形象的内涵。

(3) 社会责任形象。组织在实现自身经济效益的同时,更要关注自身的各项活动给自然环境、人际关系、社会经济效益和社会精神文明带来的影响,必须注重社会的整体利益。在处理组织与社会的关系时,要站在社会的立场上,综合评价组织各职能部门的决策目标可能引起的社会问题,依据社会价值及时修正可能导致不良社会后果的决策目标,使组织决策目标既反映组织发展的要求,又反映社会整体效益的需要,努力使组织的决策目标与社会利益和环境因素相容。

(二) 组织形象的特点

1. 两重性

组织形象具有两重性。两重性表现在:组织形象既是客观的,也是主观的;既具有有形性,也具有无形性。

(1) 客观性和主观性。首先,组织形象具有客观性的特点,这是因为:组织形象是公众对组织的总体评价,组织形象要素的确定者是公众,公众对组织的总体评价并不是凭空产生的,而是源自组织自身行为的表现。组织的实际表现是客观的,来不得半点虚假;其次,组织形象同时也具有主观性的特点,这是因为:组织形象又取决于公众对组织的认知和评价,公众的认知和评价则带有明显的主观性特点。组织形象主客观两重性的特点,决定了组织形象的好坏取决于组织的实际表现,一个组织必须做得好,然后才可以据此进行有效的形象传播。

(2) 有形性和无形性。组织的外观形象是有形的,而组织的内在形象是无形的。在组织形象塑造时,要避免重有形、轻无形的倾向。通常人们所讲的"软件要硬、硬件要软"同样也适合对组织形象的要求。

2. 系统性

系统性特点表现在组织形象的构成和表现是多元的。一方面,从构成要素来看,组织形象是产品形象、人员形象、环境形象、管理形象、文化形象和社会责任形象等多种要素综合的结果,而且构成组织形象的各个要素都不是独立存在,而是相互影响、相互依存的;另一方面,从组织形象的表现来看,组织形象的感知者和判定者——公众也是多元的,公众对组织形象的认识途径、方法和重点各不相同,对组织形象的理解、认识和要求也不相同,即使同类公众所接受的形象要素信息相同,其感知的组织形象也是有差异的。凡此种种,都使得组织形象呈现出多元化的特点,但是多元构成的形象要素应该是统一的,组织形象的多元构成要素要服从组织整体形象战略的要求,讲究整体效果和系列组合,要注重整合传播,唯其如此,才能使组织形象的表现形式和公众对组织形象的认知符合组织形象整体性要求。

3. 错位性

组织形象的错位性是我形象和他形象的错位,这是公众对组织形象的一种误读现象。我形象是组织主观追求却没有得到公众认可的一种内在的自我形象,或者说这是一种自我期望的内在形象;他形象是我形象的对立面,好比一面镜子的正反两面,是组织被公众认可的一种外在形象。他形象所折射的是组织基于自己文化价值理念基础上的对公众需求和欲望的反映,体现了组织的美誉度如何。事实上,由于我形象和他形象在很大程度上并不吻合,两者的结合点往往处于断层状态,这就产生了错位形象,它是一种处于过渡状态的表现形式,主要由于两者的实际差异和公众的认知偏见。这种错位形象会随着公众认识的深入和组织的努力塑造而消除。

(三) 组织形象建设的步骤

1. 形象定位

形象定位,即确定组织在公众中的位置、在同行中的位置和社会中的位置。组织和人一样,也有自己的个性,组织形象就是组织的个性特色。形象定位首先要明确组织形象的基本方向和基本模式、确定组织形象的总体目标并对总体目标进行细化和分解,在此基础上,还要对组织形象的基本要素和相互之间的衔接联系进行规划,最终实现组织形象的个性化和差异化。在进行组织形象定位的时候需要注意以下三个方面的要求。

(1) 树立正确的形象观。对组织形象的塑造人们普遍存在两种典型的错误认识,比如认为组织形象无非是一种外在的形式设计,是花架子,这是一种组织形象无用论的观点,与之相反观点是认为组织形象塑造好了,所有问题都迎刃而解了,这是一种组织形象万能论观点。正确的形象观要求:第一,把组织形象看作组织重要的资源。组织形象作为资源条件存在是现代资源观的广泛拓展,组织形象决定了社会关注、了解和信任、赞誉的程度,是组织能否得到持续发展的重要条件。第二,把组织形象看作一个系统。组织形象的系统观有助于组织克服组织形象的片面性,进行整体策划设计和系统实施。

(2) 加强组织形象的检测。组织形象检测是通过民意测验和舆论调查,借助于组织形象地位图来测定组织知名度和美誉度,借助于组织形象要素调查表来测定组织形象的具体内容,借助于组织形象差距图,来测定组织的实际形象与期望形象之间的差距,通过上述分析,了解组织的形象状况,从而为组织形象定位提供依据。

① 组织形象地位图。组织的实际形象有两个主要指标,知名度和美誉度。知名度是组织被公众知晓、了解的程度,是评价组织名气大小的客观尺度。

$$知名度 = 知晓人数 / 被调查人数$$

美誉度是组织获得公众信任、赞誉的程度,是评价组织名声好坏的社会指标。

$$美誉度 = 称赞人数 / 知晓人数$$

根据知名度和美誉度的不同状况,可以将组织的实际形象分为四种状态(见图1-1)。

象限Ⅰ:高知名度高美誉度。处于这一象限的组织形象是最佳的公共关系状态。但对于组织的发展来说,也会构成一定的压力。知名度和美誉度越高,公众对组织的期望也就越大,对组织来说,美誉度方面的压力也越大,所谓盛名之下,其实难副,说的就是这个道理。因此,对于组织来说,要防止美誉度跟不上知名度而造成的负面压力,有时候,甚至要以低姿态出现,以转移公众对组织的过分注意。

象限Ⅱ:低知名度高美誉度。处于这一象限的组织形象是比较稳定的公共关系状态。良好的美誉度为组织的形象推广提供了基础。但

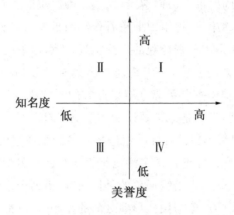

图1-1 组织形象地位图

由于知名度过低,美誉度的社会价值得不到应有的体现。对于组织的公共关系来说,其工作的重点是维持美誉度的基础上,提高知名度,从而使美誉度产生正面的积极的社会效果。

象限Ⅲ:低知名度低美誉度。处于这一象限的组织形象是不良的公共关系状态。组织既没有名气,也没有名声,但由于知名度较低,公众不良的评价的影响面也较小。对于组织的公共关系来说,应努力完善组织的素质和信誉,先争取提高美誉度,然后再考虑提高知名度;或者通过改善自身的各项工作、开展良好的公共关系传播活动,使组织的知名度和美誉度同步、协调地发展。

象限Ⅳ:高知名度低美誉度。处于这一象限的组织形象是恶劣的公共关系状态,即所谓臭名远扬的状态,名气大,但名声坏。对于组织的公共关系工作来说,有两种选择,一是努力设法降低现有的知名度,使其向象限Ⅲ转移,然后通过改善各项工作,提高信誉,为重塑形象打下基础;二是通过进攻型的公共关系,利用已有的知名度,加大组织各项管理工作的力度,努力提高组织信誉,并通过进攻型的公共关系传播活动,直接、迅速地使组织形象向象限Ⅰ跳跃。

② 组织形象要素表。通过组织形象地位图,测定了组织形象的实际地位。在此基础上,还要进一步分析构成某一种组织形象状态的实

际因素,解释形成某种组织形象状态的具体原因。这就需要对组织形象的具体内容进行评价。具体的方法是将组织形象的具体项目,如经营方针、办事效率、服务态度、业务水平等,分别以正反相对的形容词来表示,在两个极端的评价之间,通过语意级差法,设置若干等次,以便公众根据自己对各个组织形象要素的认知进行选择。一般有三级差、五级差或七级差,最常用的是五级差和七级差。公共关系人员对调查表进行统计,计算每一个调查要素中各种不同程度的评价所占的百分比,从而获得组织的形象要素,确定该组织处于某一形象象限的原因,并针对这些具体的原因去研究和制定公共关系的计划和措施。

表1-1 组织形象要素表

评价 形象项目	非常好	相当好	稍微好	中等	稍微差	相当差	非常差	评价 形象项目
经营方针正直								经营方针不正直
办事效率高								办事效率低
服务态度良好								服务态度恶劣
业务水平高								业务水平低
技术实力强								技术实力弱
社区评价高								社区评价低
产品质量性能好								产品质量性能差
道德指数高								道德指数低
环境形象好								环境形象差
组织规模大								组织规模小

③ 组织形象差距图。组织形象差距图可以直观地显示组织的实际形象和自我期望的形象之间的现实差距,从而确定组织今后公共关系工作的重点。其具体步骤是,先将组织要素表中表示不同程度评价的七个等次相应地数字化,使其成为数值标尺;再将表中的各个项目内容的自我期望值绘至图中,并将各点用虚线连接起来,形成期望形象线;最后根据对组织形象要素表的统计结果,计算公众对每一个调查项目评价的平均值,并绘至图中,用实线连接起来,形成实际形象线。实

线和虚线之间的距离就是形象差距(见图 1-2)。找出差距,发现问题,是形象控制的最后一步,也是组织下一步公共关系工作程序的开始。

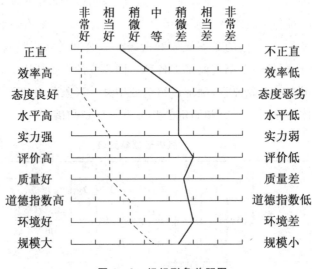

图 1-2 组织形象差距图

(3) 实现组织形象的个性化和差异化。个性化是指组织形象要充分反映组织自身的个性、自身的风格。差异化是指组织形象要有明显的针对性,既要突出组织形象在其主要目标公众心目中的特殊形象,又要适应不同公众的不同需求和不同视角,使组织形象具有一定的指向性。个性化和差异化并存的特点要求组织应该根据自身的历史传统、现实核心能力,对于形象进行准确的定位,同时还要充分考虑其他同业组织的形象特点,避免与其他组织相雷同。

2. 形象塑造

(1) 丰富形象塑造的手段。在形象定位的基础上,组织还应该不断地丰富形象塑造的方法、创新组织形象塑造的途径。培育积极的组织文化是组织形象塑造的内在尺度,科学设计和不断完善组织的识别系统是塑造组织形象的必要手段,打造优质的产品(品牌)形象是塑造组织形象的首要任务,增强社会责任感是塑造组织形象的重要保证,突出领导人形象和模范人物形象是塑造组织形象的关键,全面提高员工素养是塑造组织形象的基础。此外,合理利用各种活动和突发事件是塑造组织形象的有效机遇,比如,利用庆典活动、开展公益赞助、参与展览,特别是组织或行业发生突发性事件时,组织应当充分展示负责精神和处理能力,都将有助于组织形象的塑造。

(2)加大形象投资。形象塑造需要组织的资源投入,特别是资金投入,大体包括调研论证费用、设计开发费用和传播宣传费用等。这种持续性的、开发性的投资,其收益不是立竿见影的,也未必是可以用直接的经济指标加以衡量的。如果不舍得投入,或通过一次性投入就企图一劳永逸,或指望一旦投入就能立即得到回报,都是无法成功进行形象塑造的。在进行组织形象投资时,应该避免两种错误倾向:一是不计成本、不计效益的盲目投资;二是急功近利,把组织形象投资与短期收益挂钩,而没有从长期效益来做定量分析和研究。

(3)确保形象塑造的持续性和长远性。组织形象的塑造是一个不断循环和累积的过程,而不是一次性的或短期的行为。无论是组织形象的设计开发还是组织形象的传播,乃至公众对组织形象的接受和认同,都需要经历一个较长的过程,组织形象塑造本身也需要不断总结反思和优化提升,从这个意义上来说,组织形象的塑造是只有开始没有终结的活动。

(4)注重形象的稳定性与创新性。组织形象应该是相对稳定的,对公众具有长期的、稳定的影响效果,但又不是一成不变的。从组织方面来看,组织的形象在不同的发展阶段都需要有承前启后的稳定性、连贯性,涉及组织形象的各个环节也应该有一定的连贯性。从公众方面来看,组织形象作用于公众心智的过程具有累积性和长期性的特点,一经形成,公众会对组织产生认知惯性和心理定势。组织形象在保持稳定统一的同时,还必须注意其创新性。一方面,在不同的发展阶段,要注意调整形象策划的思路,打破公众的认知惯性和心理定势;另一方面,因为公众环境始终处在变化之中,环境的变化、竞争的压力,都要求组织形象与时俱进、不断创新。

【案例】

万宝路的形象定位

在全球消费者心目当中,万宝路(Marlboro)无疑是知名度最高的香烟品牌。从销售来看,全球平均每分钟就会售出 100 万支万宝路香烟!无论是否吸烟,万宝路的品牌形象和魅力都会令人印象深刻、难以忘怀。

但是,早期的万宝路香烟并没有我们今天所看见的这种辉煌成就。1854 年万宝路从一家小店起步,1908 年在美国正式注册 Marlboro 商标,1919 年才成立菲利普·莫里斯公司,1924 年,莫里斯推出万宝路香烟,万宝路是 Man Always Remember Lovely Because Of Romantic Only 的缩写,意为"只是因为浪漫,男人总忘不了爱"。其广告口号是"像五月的天气一样温和",最初意在争当女性烟友的红颜知己。然而,万宝路从 1924 年问世,一直到 20 世纪 50 年代,始终默默无闻。它温柔气质的广告形象似乎也没有给目标市场留下多少深刻的印象。

菲利普·莫里斯公司逐渐意识到了问题的症结所在:对女性脂粉气的附和,使广大男性烟民对其望而却步,而女性难以形成固定的目标对象。于是,公司开始考虑重塑形象,并请广告公司为万宝路做广告策划,以期打出万宝路的名气和销路。

公司对万宝路香烟的形象进行了崭新大胆的改造:产品品质不变;改变产品包装,使之更富有男子汉气息;广告不再以女性为主要对象,而转为铁骨铮铮的男子汉。菲利普公司开始时用马车夫、潜水员、农夫等作为具有男子汉气概的广告男主角,但这个理想中的男子汉主角最后集中到美国牛仔这个形象上:一个目光深沉、皮肤粗糙、浑身散发着粗犷、豪气的英雄男子汉,在广告中高卷袖管,露出多毛的手臂,手指间夹着一支冉冉冒烟的万宝路香烟。

这种荡尽胭脂味的广告于 1954 年问世后,立刻给公司带来了巨大的财富。仅 1954 年至 1955 年,万宝路销售量就提高了三倍,一跃成为全美第十大香烟品牌。1968年,市场占有率升至全美同行的第二位。

从1955年至今,菲利普公司从不选用那些出名或不出名的男子汉模特,而是经常派人到美国最偏僻的大牧场去物色土生土长的真正的牛仔。菲利普公司为此投入了千百亿美元的广告费,终于在人们的心目中树立了"哪里有男子汉,哪里就有万宝路"的名牌形象。那粗犷豪放、自由自在、纵横驰骋、四海为家的牛仔代表了在美国开拓事业中不屈不挠的男子汉精神,这也正是万宝路的形象。有人曾说过:"如果一个美国人想欧洲化,他必须去买一部奔驰;如果一个人想美国化,那只需抽万宝路、穿牛仔衣就可以了"。可见,万宝路已不仅仅是一个企业的名牌,而且已成为美国文化的一部分。

但是,莫里斯公司为万宝路树立起来的美国牛仔形象,并不一定适合其他国家人们的口味。当万宝路香烟走向国外市场时,公司针对当地的风俗习惯、文化背景等对其产品形象予以适当的调整。例如,20世纪70年代,当万宝路广告在香港开始拓展时,香港人虽然对其优美的情境和美妙的音乐持欣赏态度,但对终日策马牧牛的牛仔却无太多好感,在香港人的心目中,牛仔是低等劳工,因此,公司对万宝路广告做了及时的调整,在香港电视上出现的不再是美国西部纹身的牛仔,而是年轻、洒脱、在事业上有所成就的牧场主。在广告宣传上,提出万宝路"希望给你一个多彩多姿的动感世界",山丘、森林、海滨、沙滩,伴随着优美的音乐而现的是一幅幅豪迈地策马驰骋的景象,从而成功地敲开了香港的大门。

资料来源:"由'粉脂香艳'到'刚强男汉'——万宝路香烟的品牌策划",《有色金属工业》2003年8月30日;"准确的品牌定位——从传播学角度分析万宝路的成功之路",《新闻世界》2012年3月10日。

思考分析:产品形象是组织形象的基础和关键。从万宝路的形象定位、形象宣传和形象调整策略中,你能够得到哪些启示?

3. 形象推广

许多组织只注重组织形象的设计开发,而忽视组织形象要素的应用和传播。组织形象塑造的目的之一是要对公众进行传播,对内表明组织内部的某种同一性,对外展示本组织的个性存在以及与同类组织的差异性。因此,组织形象的推广与组织形象的塑造具有同等重要的意义。媒体广告虽然是传播组织形象信息的有效载体,但并不是唯一的载体。通过组织员工行为和模范人物的精神风貌可以最为直接地传达组织的形象信息;争取新闻媒体的报道传递的组织形象信息可以避免推广中的商业色彩;策划各种活动也是推广组织形象信息的有效途径,比如开展有奖征答和赞助活动、安排对外开放和参与各类展览活动等。总之,组织应该积极开发各种途径,对各类传播媒体进行系统设计与操作,从各个方面促进组织形象信息的有效传播。

(四) 组织形象与CIS

CIS是英文corporate identity system的缩写,即企业形象识别系统,是运用现代设计的理念与方法,通过对企业理念、行为、视觉要素的设计、展示与传播,促使公众对企业产生一致的认同感和价值观。CI的早期实践可以追溯到1914年德国AEG电器公司在其系列电器产品上首次采用彼德·贝汉斯所设计的商标,成为CI的雏形。第二次世界大战后,欧美国家的企业开始导入CI。1956年,美国国际商用计算机公司以公司文化和企业形象为出发点,突出表现制造尖端科技产品的精神,将公司的全称"International Business Machines"设计为蓝色的富有品质感和时代感造型的"IBM",在其后几年中成为"蓝色巨人"的形象代表,成为"前卫、科技、智慧"的代名词。70年代以后日本企业开始导入CI,并形成了以MI为核心的企业形象整体识别系统的CIS。在90年代后中国内地企业也开始纷纷导入CIS。CIS的实施,对内可以使企业的生产过程和市场流通流程化,使企业的经营管理走向科学化和条理化,趋向符号化;对外则可以利用各种传播形式建立起良好的企业形象以提高企业及产品的知名度,增强公众对企业形象的识别、记忆和对企业产品的认购率。CIS推进了企业形象建设。CIS同样被运用于其他领域,如医院、学校、媒体、社团、国家行政部门和城市。

1. CIS 构成要素

CIS 系统是由理念识别系统(mind identity system,MIS)、行为识别系统(behavior identity system,BIS)和视觉识别系统(visual identity system,VIS)三方面构成。CIS 是企业理念、企业行为和企业视觉标志三者的有机统一体。有人形象化地把 VIS 比作是企业的脸,把 BIS 比作企业的手,而把 MIS 比作企业的心,三者结合形成了企业独特的整体的自我。

(1) 理念识别系统。理念识别系统是企业组织的文化精神识别系统,主要表现为企业使命和任务、经营哲学和宗旨方针,企业精神和行为规范。理念识别系统是企业识别系统中的灵魂和动力,属于思想文化层面,它通常以符合口号特点的语言为表达形式,显现为企业经营信条、精神标语、企业座右铭、企业歌曲等。如:"使人们过得快活"(迪斯尼公司)、"致力于提供使工作、学习、生活更加方便、丰富的个人电脑软件"(微软公司)、"体验竞争、获胜和击败对手的感觉"(耐克公司)、"给普通百姓提供机会,使他们能与富人一样买到同样的东西"(沃尔玛公司)、"建筑无限生活"(万科),这些口号无不体现了这些企业的经营特色、经营理念和经营宗旨。在设计 MIS 时要运用音乐、美术等艺术手段来表现,充分发挥艺术手段来表现和传播组织独特的文化个性。

(2) 企业行为识别系统。行为识别系统是企业理念的动态表现,它以企业的经营理念为基本出发点,显现为对内对外的一系列活动形式和活动规范。内部活动包括:企业组织规范策划(企业管理制度、组织设计与变革);企业员工行为规范策划(工作规范、礼仪规范);企业文化活动策划(展览会、报告会、庆典、专题竞赛、学术研讨会)等。外部活动如:市场调查、促销活动、广告活动、赞助和公益活动、其他公共关系活动等。

(3) 视觉识别系统。视觉识别系统是企业经营理念通过视觉符号系统的表现。视觉识别系统严格规定了企业的视觉基本要素,包括:企业名称、企业标志、企业标准字、标准色彩、象征图案及其组合应用等。

心理学的研究成果表明：人们感受外部刺激的83％来自视觉,因此,视觉识别在CIS系统中最具有传播力和感染力,最容易被公众识别和接受。这个系统一般包括基本要素系统和应用系统。

① 基本要素系统。基本要素系统主要包括：企业标志（造型符号和象征图案及其意义和使用规范）；标准字体（中英文标准字体及其意义）；标准色（主色、辅色、主辅色组合及其意义和使用规范）。

企业标志通常选择特定的人物、动物、植物或产品符号为表现题材,并赋予其特定的风格、姿势和动态,以强化企业的性格、表达产品或服务的特质。企业标志的表现形式包括三个方面：一是图形表现（包括再现图形、象征图形和几何图形）；二是文字表现（包括中外文字和阿拉伯数字的组合）；三是综合表现（包括图形与文字的结合应用）。象征图案主要有四类：一是人物类,如麦当劳快餐的麦当劳叔叔、肯德基炸鸡的山德斯老先生、康师傅方便面的康师傅；二是动物类,如鳄鱼服装的鳄鱼、彪马运动鞋的飞豹、大白兔奶糖的大白兔；三是植物类,如上海教育电视台的绿叶、日本劝业银行的玫瑰；四是产品类,如法国米其林公司的轮胎男人、中国台湾台塑公司的普拉士第。

标准色是通过某一特定的色彩或一组色彩系统的视觉刺激来传达企业经营理念和产品特质的重要识别要素。标准色的作用在于它能表现企业的经营理念和产品特质；能抢眼夺目以增强视觉识别效果。例如,可口可乐公司的红色传达了青春、热情、健康的气息；柯达公司的黄色表达了色彩饱满、璀璨辉煌的产品特质；七喜的绿色给人以生命活力的感受。

② 应用系统。应用系统包括办公用品系列（如名片、员工识别证、信纸、信封等）；广告用品系列（报纸、杂志、电视、广播、多媒体、直邮、车厢、户外等）；交通工具系列（企业交通车、运输车和工程车等）；服饰系列（办公服装系列、徽章等）；办公室系列（办公环境的空间设计、办公室设备、公告栏、记事牌等）；包装系列（包装用封套、包装纸、手提袋、包装盒等）。

【案例】

上海开放大学的形象标志

上海开放大学标志主题采意于开放大学(Open University)英文首字母 O 和 U,呈现出联合汇聚、衔接沟通、立体互交、辐射传播的视觉形象,凸显出上海开放大学利用现代信息技术,汇聚优质教育资源,依托远程教育网络,覆盖全市城乡的开放特色。嵌入上海(Shanghai)英文首字母的 S,绽放出上海市花白玉兰,象征着奋发向上的精神与宽广包容的胸怀。标志整体挣脱天地方圆之框架,寓意着教育公平,面向一切学习者的开放之态和学校、学习者无限的发展空间。

标志运用的颜色是紫色,由红、蓝融汇而成。红色代表对教育事业的赤诚之心和对学习者的关爱之情;蓝色代表理想、智慧和现代科技。红与蓝融汇成大气之紫,包裹着活力、知性的教育之绿,诠释出上海开放大学"为了一切学习者,一切为了学习者"的教育特质。

资料来源:上海开放大学宣传部

思考与分析:

1. 通过互联网搜索上海开放大学的形象标志,理解其精神理念。

2. 通过互联网搜索中国著名大学的校训和形象标志,分析比较其中的寓意。

2. CIS 作业开发的程序

作为现代企业形象战略,CIS 具有长期性的特点,它要求企业根据自身各个时期的不同情况加以修正、补充与创新,这样企业才有可能长久保持和发挥 CIS 的强大作用与优势。同时,CIS 具有系统性的特点,它不是单纯的企业标志等外部形象的塑造,而是涉及企业高层的经营理念和各个层次各部门的行为规范。因此,CIS 的实施是一个不断运动发展的系统工程，CIS的实施应立足当前，放眼长远。

（1）准备阶段。这个阶段的工作包括CIS导入动机的确认、基本方针、计划项目与日程安排、负责机构、项目预算、预期效果等。具有一定规模的企业在导入之初就应该成立临时的CIS委员会或者常设机构（CIS发展管理部），负责推行和实施CIS计划，并对CIS计划进行动态的管理和控制。提案阶段的成果是形成CIS提案书。

（2）调研阶段。调研主要围绕着企业经营环境、企业形象和社会评价等方面进行。通过对市场的发展状况、消费需求的变化和竞争态势等的调查研究，掌握企业在市场中的地位及其发展趋势；通过对企业的历史、经营现状、发展战略、企业文化等方面内容的调查，掌握企业形象的实态；通过对企业的知名度、美誉度、市场地位等的调查，掌握公众对企业的总体看法和基本评价。为了保证获取资料的客观性和权威性，这种调查研究最好委托外部专业机构进行。这个阶段的成果是形成调研报告书，综述企业运营调研成果和企业形象识别系统调研成果。

（3）策划阶段。这个阶段是形成概念、提出方案阶段。首先要在调查分析阶段的基础上，对企业形象的定位和目标、表现企业形象的活动计划及其实施方案等内容进行策划，其成果是形成CIS的总体方案：设定企业形象的基本概念和识别概念，提出CIS计划的基本策略、理念系统构筑、开展设计的要领、未来CIS作业的方向等。

（4）开发阶段。这个阶段着手对CIS的各个系统要素进行设计，将识别性的抽象概念转换成具有象征性的视觉要素，创造以实体象征物为核心的设计体系并开发基本设计要素、展开应用系统要素设计，最终形成CIS手册。CIS手册是全面阐述CIS计划和具体作业规范的指导书，它通过文字和图解来说明CIS的设计要素与应用项目的规范要求，是CIS规范化、标准化的手册和文件，阐述了CIS战略基本观点与具体作业规范，是CIS整体内容的导向，企业可以参照手册中的规则来检查自己的管理体系。

（5）实施阶段。实施阶段要建立CIS的推进小组和管理系统，选择时机对内对外进行CIS计划的发布；推进CIS相关计划与活动。对内要进行CIS的教育培训和员工的行为规范训练、落实CIS对企业各部门的各项要求、改善企业环境。对外要召开发布会,并利用各种媒体进行宣传。

(6) 评估阶段。CIS 的实施并不是一次性的投入行为,还需要对导入和推行 CIS 的效果进行测定和评估。这个阶段的主要任务是监督和管理 CIS 战略计划的执行;对各项活动的实施绩效进行测定;定期检查、评估 CIS 战略的实施情况及实施效果;对 CIS 进行调整和修正。

1. 如何理解公共关系是一种特殊的社会关系?
2. 如何理解公共关系是一种特殊的管理职能?
3. 组织如何贯彻公众导向观念?
4. 全面公关观念的要求是什么?
5. 舆论的公关策略有哪些?
6. 组织公共关系的目标有哪些?
7. 组织形象的主要内容是什么?
8. 组织形象建设的步骤和要求有哪些?
9. 试述 CIS 构成要素及其作业开发程序。

1. 请用图表列出各种典型的公共关系观念的代表人物、主要主张和特点。
2. 请举例说明形象的错位性,并结合实际说明如何克服我形象和他形象的错位。
3. 请利用互联网或其他渠道,收集几家著名企业的 VIS 标志,分析其精神内涵和形象定位。

第二章 公共关系形态

公共关系形态是公共关系的构成要素依照不同的运作方式、不同的功能指向而形成的表现形式。从公共关系的应用领域进行研究,公共关系表现为不同的主体型公共关系形态,而从公共关系的客体对象进行研究,公共关系则表现为不同的对象型公共关系形态。

第一节 主体型公共关系

从公共关系主体——社会组织的角度来看,由于组织的性质、类型和业务特点各不相同,不同组织类别的公共关系具有不同的内容和方式,不同的要求和规律,这样就形成了不同组织类别的公共关系——主体型公共关系,如国家公共关系、政府公共关系、企业公共关系、商业服务业公共关系、学校公共关系等。主体型公共关系研究的是公共关系在不同主体领域的具体应用。

一、公共关系主体应用的领域和策略

(一) 公共关系应用领域的多元化

报刊宣传运动促成了公共关系由模糊的类公共关系向现代职业公共关系的转化。公共关系最早隶属于新闻机构和广告宣传部门,带有明显的附属性,主要的应用领域是企业界。企业从自身的经济利益出发,有意识地开展公共关系,与员工搞好关系,在消费公众中建立信誉,

在社会上树立形象,以创造促进自身发展的客观条件。当代公共关系活动已发生了重大的变化,一方面,公共关系在社会上已经形成一门独立的行业,并被社会普遍接受;另一方面,充当公共关系活动的主体不仅局限于企业、公司,其主体应用领域已扩展到政府机构、事业团体、军事组织、宗教组织、慈善机构等各类社会组织。目前已经形成了公认的三大公共关系应用领域:一是政界,二是经济实业界,三是非营利性的组织(如宗教组织、学术团体等)。公共关系主体的应用领域出现了多元化的趋势。各类社会组织在自身的运行过程中,为树立良好的组织形象而直接开展着公共关系的实务工作,其操作的内容可能是专项的公共关系工作,更多的是日常的公共关系工作。

(二) 不同主体领域公共关系的策略重点

按照组织的性质、目标和活动内容,将组织分为经济组织、政治组织、科技文化组织、群众组织和宗教组织等。不同性质和类型的组织,其公共关系工作的目标、重点和具体对象是各不相同的。

1. 经济组织

经济组织是人类社会广泛存在的、最普遍的社会组织,是人们为进行经济活动而组成的,它担负着提供社会成员的衣食住行和文化生活的条件的任务,履行着社会的经济职能,如生产组织、商业组织、金融组织、交通运输组织和其他服务性组织等。这类组织是以营利为目的,因此,首先要与其所有者(投资者)以及对其经营成败存在决定性意义的顾客等建立良好的关系。

2. 政治组织

政治组织是指政党组织和国家政权组织。政党组织是具有明确政治主张、以实现政治目标为特点的社会组织。一定的政党通常代表了一定社会群体的主张和利益;国家政权组织是国家管理社会的重要机构,这些社会事务通常涉及社会公众的普遍利益,其价值追求表现为公共取向。政治组织通常以国家及社会公众的整体利益为目标,其公众对象是社会各界。

3. 科技文化组织

科技文化组织是以满足人们各种科技文化需求为目标,以科技文化活动为基本内容的社会团体,如学校、图书馆、影剧院、文艺团体、科研机构等。这类组织以其特定的服务对象为主要公众对象,以其特定服务对象的需要为目标,同时又必须与其资助者、协助者保持稳定的关系。

4. 群众组织

群众组织是社会不同阶层、不同领域和不同群体的社会公众,出于共同的背景、兴趣、意愿和理想而自愿组成的团体,如工会、共青团、妇联、协会等。人们加入群众组织的动机可能是多种多样的,但主要是为了增加社会交往的机会以及保护自身合法权益。这类组织特别重视内部成员的利益和共同目标,所以其公共关系策略重点是要重视内部成员对组织的凝聚力和归属感,重视组织系统内部的沟通。

5. 宗教组织

在任何一个社会中,成员可能存在着不同的宗教信仰。宗教组织是以某种宗教信仰为宗旨而形成的,代表宗教界的合法权益,组织正常的宗教活动。信教者参加与自己所信仰的宗教相关的宗教组织,可以结交更多教友。这类组织的公共关系目标主要是避免成员的自由、利益受到无谓的妨碍和侵害,同时也要注意避免自身的宗教活动对社会其他公众造成妨碍和侵害。

二、政府公共关系

政府公共关系是各级各类政府组织与公众之间的传播管理。政府公共关系强调政府的一般组织属性。虽然政府作为国家权力的执行机构具有权威性和唯一性,掌握制定政策、执行法律、管理社会的职能,但政府不能利用自身的权威将自己置于超社会的地位。随着政府公共管理和公共服务职能的强化,政府公共关系的职能也日益突出,它要求政府组织通过传播手段帮助政府适应并影响公众环境,塑造良好的政府形象,争取公众对政府的理解和支持。因此,相对于其他管理手段而言,政府公共关系是对社会公共事务进行的一种柔性的协调管理。

(一) 政府公共关系与国家公共关系

与政府公共关系最为密切相关的是国家公共关系。国家公共关系是一个国家为提高其国家形象和国际声誉而进行的战略传播行为,以获得国内外民众和国际社会的理解和支持。国家公共关系的策源地在美国,早在1945年,美国就开始启动了国家公共关系战略,以此作为其对外扩张的动员需要,构筑其国家的软实力。从20世纪末开始,随着中国的崛起,一股"中国威胁论"的论调在西方流行。外国人对中国的看法和了解非常有限,并且片面,基本上不是高估中国就是低估中国。要改变这种局面,中国开始重视从国家层面上展开对外公共关系传播,逐步增强国际社会对中国的认知和了解,向世界展示和提升中国繁荣发展、民主进步、文明开放、和平和谐的国家形象。

1. 国家公共关系的主体具有多元性

与一般主体型公共关系主体单一性相比,国家公共关系的主体具有多元性,呈现出政府主导、多方参与的特点。有些国家是政府主导并直接参与,有些国家是由民间团体出面,政府只起协调和指导作用。比如,韩国的国家形象委员会由总理直接负责,成员包括财政经济、教育人力资源、外交通商、行政、产业资源、文化观光等部门长官,以及来自学术、媒体和文化方面的10名民间委员;而日本的国家公共关系主要由外务省统筹协调,海外青年协会、经济团体联合会、观光振兴会等具有文化交流功能的民间机构则是国家公共关系的主要力量。

2. 国家公共关系是一种公共外交

广义上理解,国家公共关系应该包括国家内部公共关系和国家外部公共关系。狭义上,人们将国家公共关系理解为国家外部公共关系,公共外交是国家公共关系的主要渠道和手段。

传统外交是指一国政府与另一国政府的外交互动,直接表现为通过国家外交机构及其驻外代表机构开展的活动。公共外交是一种非传统外交活动,它是以政府为主体,以外国民众为对象,以对外文化传播活动为内容,以出版物、电影、文化交流、大众传媒为手段,以维护国家利益、提升国家形象为目的的一种国际活动。与传统外交不同之处在于:第一,进行公共外交的主体除了政府外交部门之外,更多的是国内外有影响的人士以及非政府组织,如民间团体、大学、研究机构、媒体、宗教组织。但是,公共外交又不是单纯的民间交流,在外交实践中公共外交往往与传统外交相互配合，或者由政府出面组织，或者政府在幕后支持。第二，公共外交的对象是另一国的公众，公共外交的行为方式是间接的。公共外交不是政府和政府之间的直接交往，其作用的着眼点是外国的非政府组织和社会公众舆论，通过他们影响其所在国政府的外交政策。第三，对外信息传播和对外文化交流是公共外交的主要内容，比如通过图书出版、电影电视、卡通漫画、文化交流、节庆活动、教育培训、媒体传播等各种方式进行整合传播。但是，不管公共外交采取何种方式、运用何种手段，其所有的活动仍然是围绕本国的国家利益展开的，必须根据国家的需要，同政府的政治、经济、外交政策保持一致，配合进行。

3. 国家公共关系是一种跨文化传播

国家公共关系是一种围绕着国家核心价值观进行的跨文化传播活动，借以提升国家形象、构建国家认同体系、弘扬民族文化、增强民族文化的国际影响力和吸引力。除了传统的借助对外广播、国际卫星电视、海外版报纸等单向的方式向受众国传播之外，还可以通过学术交流、艺术交流、海外文化展、人员往来等双向传播方式进行文化交流。例如，近年来中国先后成功地主办了西藏文化周、中华文化美国行、巴黎中国文化周和柏林亚太周、开办孔子学院等一系列重大文化交流活动，有力地扩大了中国文化的影响。国家公共关系呈现出多层次、多渠道、多手段的整合传播态势，国家公共关系已经成为全面提升文化认同力、文化创造力和文化传播力的有效途径。

4. 国家公共关系是实现国家软实力的战略手段

20世纪80年代末90年代初，针对国家间竞争，特别是大国博弈的新特点，同时为有效回应美国衰落论的挑战，哈佛大学教授约瑟夫·奈首次提出软实力的概念，通过分析文化、价值观等软力量在国际竞争中的重要作用，力图构建理解国际竞争和分析国家综合实力的新理论框架，从而超越传统的以军事和经济等硬实力为主的国家综合实力的分析范式。

硬实力是指支配性实力，包括基本资源（如土地面积、人口、自然资源）、军事力量、经济力量和科技力量等。软实力作为国家综合国力的重要组成部分,特指一个国家依靠政治制度的吸引力、文化价值的感召力和国民形象的亲和力等释放出来的无形影响力。它深刻地影响了人们对国际关系的看法。软实力主要包括以下几种内容:文化的吸引力和感染力;意识形态和政治价值观的吸引力;外交政策的道义和正当性;处理国家间关系时的亲和力;发展道路和制度模式的吸引力;对国际规范、国际标准和国际机制的导向、制定和控制能力;国际舆论对一国国际形象的赞赏和认可程度。软实力的概念不仅深刻地影响了人们对国际关系的看法,同时也越来越多地被人们应用于地区、企业和个人竞争力的研究中。国家公共关系日益成为实现国家软实力的战略手段。

(二)政府公共关系与政府关系

与政府公共关系相关的另一个概念是政府关系。政府公共关系与政府关系,无论在内容上还是在本质上都存在着相当大的差别。

1. 关系形态不同

政府公共关系与政府关系是两种不同的公共关系形态,政府公共关系属于主体型公共关系,政府关系属于对象型公共关系,两种形态的公共关系在作用范围和内容要求、策略思路上有着很大的不同。

2. 关系的主客体不同

政府公共关系的主体是各级各类政府组织,相对于其他性质和类型的组织而言,政府公共关系传播沟通行为具有政策导向性和传播垄断性。政府公共关系是体现政府根本职能的一种管理思想和实践活动,通过传播沟通与社会公众建立良好关系,以维护政府良好形象。政府公共关系的对象涉及一切社会公众,要从社会公众的整体关系和整体利益出发开展政府公共关系。政府公共关系的对象还包括国际公众,树立良好的国际形象也是政府公共关系的重要内容。当然,政府机构内部的一切工作人员也是政府公共关系的重要对象,搞好政府组织的内部关系有利于增强政府机构的内聚力。当然,对于具体的政府部门来说,其工作对象都是在其职能范围内的,因此可能更具体些。

政府关系的主体则是其他社会组织,具体地讲就是其他社会组织利用各种平台与政府公众(包括工商、人事、财政、税务、市政、治安、法院、海关、环保卫检等政府职能部门及其工作人员)之间的传播沟通,是其他社会组织与政府公众之间的公共关系。

3. 作用范围不同

政府公众是其他社会组织尤其是企业组织特殊类型的公众,政府关系的作用是各类社会组织通过与政府的传播沟通,建立良好的政府关系,以取得政府的支持。因此,政府关系是其他各类社会组织公共关系实务的高端业务。政府公共关系的作用主要是政府通过开展公共关系活动,塑造政府的良好形象,与社会公众建立良好的关系,最终促进社会的进步与发展。

(三) 政府公共关系的原则和策略

1. 政府公共关系的原则

政府工作的出发点和落脚点就是全心全意为人民服务。政府组织的非生产性和管理上的公共性的特点决定了它的一切活动都必须奉行社会利益至上的原则。政府公共关系活动的最终目标是提高社会效益,在价值追求上表现为公共取向。

随着政府公共管理和公共服务职能的强化,政府公共关系的职能也日益突出。政治民主化的发展,也要求政府提高其政策制定和执行的能力,提高行政管理的透明度。公共关系必将有力推进政府民主化的发展。如何塑造廉洁、务实、民主、人道和负责任的政府形象,是现阶段政府公共关系的根本任务。

2. 政府公共关系的策略

(1) 完善新闻发布制度。政府行政管理工作涉及大量的公共事务,与社会公众日常生活密切相关。公开政务活动首先要建立和完善政府发言人制度。政府的新闻发布制度是一种公开化、制度化的传播机制,旨在保持政府消息来源的畅通。新闻发布会既可以就重大议题举行专题记者会,也可以以口头和书面公告形式进行例行的新闻发布,还可以随时回答新闻界的咨询。建立和完善政府新闻发布制度是政府公共关系的一种常规性的工作。

(2) 建立公示制度和听证制度。公示制度是将政府的一些未定的政务信息,通过政务公开告知公众,让公众对这些信息进行评价,政府根据公众提出的意见或建议进行修改或调整,从而将政务情况最终决定下来,公示制度为了解民情提供了可能。听证制度是行政机关作出影响相对人权利义务的决定时,应听取相对人的意见(相对人是指行政主体相对应的另一方当事人,即行政主体的行政行为影响其权益的个人或组织),也就是一项安排或处置须经相关者对其必要性、合理性和合法性进行质证才能设定和实施的制度。听证制度的发展顺应了现代社会立法、执法的民主化趋势,也体现了政府管理方式的不断进步。公示制度和听证制度是公众享有的对国家政治和社会生活的知情权、参与权和监督权的有效实现形式。

(3) 实行办事公开制度。政府各部门必须实行办事公开制度。所谓办事公开,包括办事制度公开、办事程序公开、办事结果公开和办事人员公开(挂牌办公)。通过公开化,减少"踢皮球""公文旅行"等低效率和扯皮现象,减少不必要的行政摩擦和纠纷,同时也易于政府工作部门和工作人员接受公众监督,从而减少营私舞弊,贪赃枉法的现象。

(4) 畅通民意渠道,鼓励公众参政议政。政府应该发展一系列公众参政议政的社会渠道,围绕公众关心的重大问题,由政府有关机构的负责人与有关的公众群体或团体进行平等的、直接的、公开的对话,面对面地听取公众意见,回答公众的提问,例如,举办公众论坛、公众咨询日、城市论坛以及开展各种征文活动,广泛吸引公众参政议政。民意渠道是否畅通,不仅关系到政府运作的效率,而且也关系到政府公共信息管理的公关效应,不但有助于政府科学执政、民主执政,而且有助于塑造良好的政府形象。

(5) 提高政府回应力。当公众向政府表达意见后,政府应该做出积极的反应和回复。政府回应体现了对公众的尊重,政府回应力的大小意味着政府满足公众需求的程度。否则,公众会认为政务公开形同虚设,从而阻碍了政府与公众间的双向互动。政府可以借助于电子政务和新媒体的强互动提高回应力。

(6) 开展电子政务和新媒体公关。电子政务是指政府机构在其管理和服务职能中运用现代信息技术,实现政府组织结构和工作流程的重组优化,超越时间、空间和部门分隔的制约,建成一个精简、高效、廉洁、公平的政府运作模式。电子政务模型可简单概括为两方面:一方面是政府部门内部利用先进的网络信息技术实现办公自动化、管理信息化、决策科学化;另一方面是政府部门利用政府网站与社会各界充分进行信息共享与服务、加强公众监督、提高办事效率及促进政务公开等。其中,第二方面最具有公共关系性质,它具有三个基础功能。一是信息发布,包括政策法规介绍、政府通知公告和政府新闻等;二是网上办事,包括下载表格、在线申请业务等,即把部分柜台业务挪到网上,提高办理效率;三是互动交流,包括在线咨询、建议、投诉等。除了政府网站之外,政府还可以将新媒体公共关系运用到公共信息传播、政府行政行为与政府形象塑造中,比如:利用网络社区扩大新闻报道和政府公关的影响力;借助手机短信搭建公共信息平台;通过搜索引擎、网页服务和搜索软件进行舆论动态追踪;运用评论标签、查询词超链接等方式引导舆论,影响公众的议程设置等。

(7) 有效管控群体性事件和各类公共危机事件。随着改革开放的不断深入,市场经济的转型,社会利益格局的调整,社会问题和矛盾不断增多,群体性事件和公共危机事件呈上升趋势。群体性事件是指由某些社会矛盾引发,特定群体或不特定多数人聚合而临时形成的偶合群体,通过没有合法依据的规模性聚集,对社会造成负面影响的群体活动。公共危机事件是指一种危及社会公众的整体生活和共同利益的突发性和灾难性事件。有效管控群体性事件和各类公共危机事件是政府公共关系的一个重要实务,是评价政府公共关系水平和执政能力的直观标准之一。

【案例】

国家公关时代来临

自北京奥运以来,中国展示软实力的工作开始加强,国家形象广告成为展现软实力的重要渠道。2009年底,时长30秒的"中国制造"形象广告在CNN亚洲频道滚动播出,被外界看成是中国向世界展示软实力的开始。

2010年国庆节前,国务院新闻办公室启动国家形象系列宣传片的拍摄工作。国家形象宣传片是为塑造和提升中国繁荣发展、民主进步、文明开放、和平和谐的国家形象而设立的重点项目,是在新时期探索对外传播新形式的一次有益尝试。国家形象宣传片主要包括时长30秒的广告短片和15分钟的专题长片。在30秒的《人物篇》的创意架构中,由约50人的中国科技界、体育界、金融界、思想界、企业界等领域名人,按一组组的群像出现,来诠释国家形象。30秒的《人物篇》在国际主流媒体播放。15分钟的专题片《角度篇》,通过800多个画面,以不同的角度来阐述中国发展。打工子弟小学,这个甚至在大多国人的认知中都不上镜的元素,也入选了国家对外形象宣传片。摄制组表示:拍摄打工子弟小学,是要说明"中国有富人,也有穷人,也有上不起学的孩子,我们就是要拍摄一个真实的中国"。《角度篇》用于外事活动展示,如:使、领馆节庆,外交性质的酒会、茶会等播放。媒体指出:国家形象宣传片的拍摄与开播,标志着中国开始更加自信、主动地展示自己的软实力,争夺国际话语权,中国国家公关时代已经来临。

在依靠国际主流媒体发声的同时,中国国家公关还希望由内而外发力,通过打造自身的强势媒体,向海外发出中国声音。2009年以来,央视开播阿拉伯语、俄语国际频道。2010年1月1日,专门针对海外观众、由新华社主办的中国新华新闻电视网(CNC)正式上星。

资料来源:《中国新闻网》2010年8月5日;《京华时报》2010年8月30日;《深圳商报》2011年1月25日。

分析思考:

1. 通过文献查阅,了解国家形象系列宣传片拍摄开播的背景。

2. 开展国家公共关系的途径有哪些?

三、企业公共关系

公共关系是现代企业经营管理的重要职能之一,其根本任务在于建立并维持企业与公众之间相互合作关系,帮助企业处理各种事件,辅助企业管理部门了解公众意愿然后做出应对,敦促企业承担社会责任,协助企业保持与社会同步发展。

(一)企业公共关系的目标和任务

对于企业而言,公共关系是一种长期的活动,涉及的并不仅仅是某一时期产品的销售业绩,而是有关企业形象的长远发展战略。公共关系是企业提升自身无形资产和竞争力的重要手段,也是企业有效管控各种危机事件、促进企业持续稳定发展的重要保证。对于不同类型的企业来说,公共关系的具体目标要求会有所不同。一般来讲,企业公共关系的目标任务包括以下四个方面。

1. 提高知名度和美誉度

良好的企业形象和声誉是企业软实力的重要组成部分,是企业生命力的表现,也是企业公共关系的目的之所在。企业公共关系的根本任务就是利用一切可以利用的方式和途径,增进公众对企业的了解、理解和认同,提高企业的知名度和美誉度,使企业在社会上享有较大的名气、较好的名声。

2. 增强凝聚力和吸引力

企业要谋求组织内部的凝聚力和对外部公众的吸引力。通过内部公共关系的开展,增强组织内部各个部门、各个层次以及各个成员之间的相互联系,增强组织合理的凝聚力和向心力;通过与外部公众的沟通,增进社会公众对组织的了解、理解、信任和合作,从而提高组织对外部公众的吸引力。

凝聚力和吸引力主要表现为三个方面:对顾客公众、优秀人力资源和合作伙伴。对于顾客公众而言,凝聚力和吸引力主要是通过组织产品和服务的品牌和质量,使他们乐意接受本组织所生产的产品和所提供的服务。对优秀人力资源的凝聚力和吸引力,一方面能够使在职的人员对组织产生归属感,乐意为组织奉献;另一方面,能够使更多的外部的优秀人才加盟本组织,并发挥其积极性和创造性。对合作伙伴的凝聚力和吸引力主要针对投资商、供应商、经销商等组织或个人。良好的金融关系能够使组织及时得到必要的信贷支持;良好的合作关系能够使组织的产品在从原材料到最终进入市场的全过程中,建立起一种广泛而稳定的跨组织合作。

3. 创造良好的关系和舆论环境

良好而广泛的社会关系是企业发展不可或缺的重要资源,而舆论则是一种无形的关系。因此,公共关系不仅要致力于建立、保持、协调、改善和发展企业的各种关系,为企业广结良缘,同时还要影响和完善企业的舆论,为企业建立良好的口碑和声誉。

公共关系一方面要帮助企业切实维持好内部公众关系,内部公众是企业实现其经营目标的依靠力量,也是体现企业良好形象和凝聚力的决定性因素。企业要努力营造内部大家庭式的文化氛围,打造与内部公众的生命共同体关系;另一方面,公共关系还要下大力气建立好企业与外部公众的关系,为企业广结良缘,为企业创造人和的发展环境,主要包括:与政府部门和金融机构建立被信任的关系;与同行和合作者建立伙伴关系;与消费者建立互惠关系;与新闻媒介建立良好的工作关系等。良好的内外关系能为企业创造良好的舆论环境。

4. 开拓市场、促进发展

公共关系可以直接或者间接地参与企业的产品销售,公共关系在开拓市场方面有其独特的作用,主要是通过市场教育、二次售后服务、消费咨询、社会培训等公共关系活动,来争取和吸引稳定的消费公众和保证本企业的市场占有率稳步上升。

公共关系在一个企业发展过程中发挥着重要的效益功能。公共关系追求的效益目标,不仅仅是企业本身的经济效益,更重要的是企业的各项活动给自然环境、社会经济、社会互动环境和社会文明带来的影响。在促进企业稳定和发展的同时,推动企业与社会的共同发展。

(二)企业公共关系与市场营销

公共关系与市场营销是企业经营管理中最为密切相关的两项职能。**市场营销**是在创造、沟通、传播和交换产品中,为消费者、合作伙伴以及整个社会带来价值的活动、过程和体系,是企业在市场上的经营活动、销售行为的总称。它包括市场调查、新产品开发、确定价格、选择销售渠道和促销手段以及开展售后服务等一系列活动。

公共关系与市场营销的联系非常紧密:它们有共同的指导思想——用户第一,社会效益第一;它们都需要运用各种传播媒介特别是大众传播媒介来进行与环境的交流。

对于企业来说,市场营销是企业的直线职能,而公共关系则是企业的参谋职能。因此,公共关系对于企业各种活动的渗透力更全面,也更强。作为一种技能,公共关系的能力是企业各种职能管理人员都应该具备的;而作为一种经营理念,公共关系的观念不仅指导了公共关系活动的开展,同时也在宏观上指导、规范了企业的所有经营管理活动。也就是说,公共关系观念是企业经营管理所必须遵循的行为规范和价值准则。市场营销有时也可把公共关系的一些手段作为自身的手段,但严格来讲,两者之间在手段上还是有很大差异的。

1. 营销观念的演变与公共关系

营销观念是指企业进行经营决策,组织管理市场营销活动的基本指导思想,也就是企业的经营哲学。它是一种观念,一种态度,或一种思维方式。随着社会的发展,营销观念也发生了一系列的演变。从传统营销观念到现代营销观念的演变经历了生产观念、产品观念、推销观念、市场营销观念、社会营销观念和整合营销观念几个阶段。其中生产观念、产品观念和推销观念属于传统营销观念,市场营销观念、社会营销观念和整合营销观念属于现代营销观念。

(1) 生产观念。生产观念盛行于 19 世纪末 20 世纪初,是一种重生产、轻市场营销的商业哲学。这种观念认为,消费者喜欢那些可以随处买到和价格低廉的商品,企业应当组织和利用所有资源,集中一切力量提高生产效率和扩大分销范围,增加产量,降低成本。其典型表现就是:"我生产什么,就卖什么。"以生产观念指导营销活动的企业称为生产导向企业。

(2) 产品观念。产品观念是与生产观念并存的一种市场营销观念。产品观念认为,消费者喜欢高质量、多功能和具有某些特色的产品。因此,企业管理的中心是致力于生产优质产品,并不断精益求精,日趋完善。产品观念与生产观念一样,同样产生于产品供不应求的卖方市场,奉行这两种营销观念的企业容易导致市场营销近视症,致使企业经营陷入困境。

(3)推销观念。推销观念产生于由卖方市场向买方市场的过渡阶段,盛行于 20 世纪三十四年代。推销观念认为,消费者通常有一种购买惰性或抗衡心理,若听其自然,消费者就不会自觉地购买大量的本企业产品,因此企业管理的中心任务是大力促销,以诱导消费者购买产品。其具体表现是:"我卖什么,就设法让人们买什么。"奉行推销观念的企业致力于产品的推广和广告活动,以求说服、甚至强制消费者购买。推销观念与前两种观念一样,也是建立在以产定销的基础上,而不是建立在满足消费者真正需要的基础上。

(4)市场营销观念。市场营销观念形成于 20 世纪 50 年代。这种观念是以满足顾客需求为出发点的,奉行"顾客需要什么,就生产什么"。它是一种以顾客需要和欲望为导向的经营哲学,是消费者主权论在企业市场营销管理中的体现。

(5)社会营销观念。社会营销观念是以社会长远利益为中心的营销观念,是对市场营销观念的补充和修正。从 20 世纪 70 年代起,随着全球环境恶化、资源短缺、人口爆炸、通货膨胀和企业忽视社会服务等问题的日益严重,要求企业顾及消费者整体利益与长远利益的呼声越来越高。社会营销观念认为,企业生产经营不仅要考虑消费者需要,而且要考虑消费者和整个社会的长远利益。社会营销观念的核心是以实现消费者满意以及消费者和社会公众的长期福利作为企业的根本目的与责任,认为理想的营销决策应同时考虑到消费者的需求与愿望的满足、消费者和社会的长远利益和企业的营销效益。

(6)整体营销观念。1992 年美国市场营销学界的权威菲利普·科特勒提出了整体营销观念,其核心是从长远利益出发,公司的营销活动应囊括构成其内、外部环境的所有重要行为者,包括:供应商、分销商、最终顾客、职员、财务公司、政府、同盟者、竞争者、传媒和一般大众。前四者构成微观环境,后六者体现宏观环境。公司的营销活动要从微观环境的四个方面进行。

在营销观念的演变过程中,出现了现代营销观念与公共关系精神日益趋同的特点。现代市场营销观念指导下的营销活动是以消费者主权论为基础,它强调"以需定销、以销定产"的思维导向,要求企业在统筹兼顾消费者利益、社会整体利益与企业利益的前提下,开展营销活动。在三者利益发生冲突与矛盾时,则崇尚"顾客利益至上""社会利益至上""顾客永远是正确的"等经营宗旨,积极承担社会责任,维护消费者利益。从市场营销观念的演变过程中,可以发现市场营销观念无论如何变化,关注消费者、尊重消费者、关注整个社会福利的提高与改善,始终是一条主线。围绕着这一条主线开展营销活动并持之以恒,企业才能健康而持续发展。所有这些,都与公共关系强调公众导向、追求社会整体效益在精神实质上是一致的。

2. 市场营销组合与公共关系

市场营销组合是企业在选定的目标市场上,综合考虑环境、能力、竞争状况,对企业自身的因素加以组合和运用,以完成企业的目标和任务。

(1) 4P 组合中的公共关系。传统上人们把企业市场营销组合的因素概括为 4P,即产品(product)、价格(price)、地点(place)、销售促进(promotion)。市场营销组合又是一个多层次的组合,其中,销售促进包括了人员销售、公共关系活动、广告和非常规推销方法等。可见,公共关系活动属于 4P 中的 promotion 中的亚组合,作为一种推销手段,公共关系活动在推销新产品或进入新市场等方面,具有其他销售促进手段不可比拟的神奇作用。

(2) 6P 组合中的公共关系。20 世纪 80 年代开始出现了一种叫做大市场营销的理论。大市场营销的具体内容是在原有的营销策略的 4P 基础上,增加了两个 P,即权力(power)、公共关系(public relations)。这就是说,企业应该运用政治力量和公共关系,打破国际或国内市场上的贸易壁垒,为企业的市场营销开辟道路。这就意味着公共关系是与传统 4P 相并列的一个因素,公共关系不仅仅是一种销售促进的手段,而是一种重要的营销策略。通过公共关系活动,为企业创造良好的营销环境。

（3）从 6P 组合到 11P 组合。在 6P 的基础上，菲利普·科特勒又提出 10P 组合理论，即在 6P 组合的基础上加上新的 4P 组合，即 probing（市场研究）、partitioning（市场细分）、prioritizing（目标优选）、positioning（产品定位）。后来，科特勒在上述 10P 组合的基础上再加上了第 11 个 P，即 People（人），意指理解人和向人们提供服务，这个 P 贯穿于市场营销活动的全过程，它是实施前面 10 个 P 的成功保证。11P 将企业内部营销理论纳入市场营销组合理论之中，主张经营管理者了解和掌握员工需求动向和规律，解决员工的实际困难，适当满足员工的物质和精神需求，以此来激励员工的工作积极性。对于公共关系来说，公众导向的观念就是突出了人的地位，在遵循顾客至上的同时强调员工第一。

3．市场营销创新与公共关系

随着营销观念的演变，企业的营销活动和营销方式也在不断创新。在营销活动方式的创新过程中，公共关系与市场营销活动方式出现相互交融、高度契合的趋势。

（1）关系营销与公共关系。公共关系与市场营销结合的最直接结果是出现了关系营销。20 世纪 90 年代，随着市场竞争的日趋激烈，如何维系顾客关系成为企业营销的焦点问题。于是，企业从关注消费营销、产业市场营销和服务营销逐步转移到关系营销。

关系营销把营销活动看成是一个企业与消费者、供应商、分销商、竞争者、政府机构及其他公众发生互动作用的过程，其核心是建立和发展与这些公众的良好关系。要做到这一点，企业通常需要向这些个人和组织承诺和提供优良的产品、良好的服务以及适当的价格，从而与这些个人和组织建立和保持一种长期的经济和社会的关系。

关系营销的目的在于同顾客结成长期的、相互依存的关系，发展顾客与企业及其产品之间的连续性交往，以提高顾客对企业品牌的忠诚度，巩固市场，促进产品持续销售。实施关系市场营销的基础和关键是承诺与信任。承诺是保持某种有价值关系的一种愿望和保证。信任是对交易伙伴的可靠性和一致性有信心时产生的，它是一种依靠交易伙伴的愿望。承诺和信任的存在可以鼓励营销企业与交易伙伴致力于关系投资,抵制一些短期利益的诱惑,而选择保持发展与交易伙伴的关系去获得预期的长远利益。作为市场营销发展的新趋势,关系营销不仅理念上与公共关系相一致,而且在实施策略上,也需要借助于公共关系的方法和手段去建立、保持与发展企业与其利益相关者的良好关系。

(2) 绿色营销与公共关系。20世纪70年代以来,全球环境进一步恶化,环境保护运动在全球蓬勃发展,消费领域爆发了以绿色食品为主导的绿色革命,绿色运动不仅波及各行各业,而且渗透到了社会生活的各个领域。在这样的背景下,国际学术界出现了一种新的理论——可持续性发展。1992年6月,联合国环境发展大会通过了包括"21世纪议程"在内的一系列重要文件,提出人类应当走可持续性发展的道路。可持续性发展理论的提出反映了一种崭新的文明观——生态文明观,其实质就是协调环境与发展的关系,使社会的发展既能满足当代人的需求,又不对后人的需求构成危害,最终达成社会、经济、资源与环境的协调。

在绿色浪潮冲击下,伴随着绿色消费,绿色生产和绿色营销应运而生。绿色营销强调把消费者需求与企业利益和环保利益三者有机地统一起来,它最突出的特点,就是充分顾及资源利用与环境保护问题,要求企业从产品设计、生产、销售到使用整个营销过程都要考虑到资源的节约利用和环境保护,做到安全、卫生、无公害等,其目标是实现人类的共同愿望和需要——资源的永续利用与保护和改善生态环境。绿色产品的生产与销售,发展绿色产业是绿色营销的基础,也是企业在绿色营销观念下从事营销活动成功的关键。

随着绿色营销的兴起,环境公共关系开始越来越受到人们的重视,环境意识开始纳入现代公共关系观念之中。这表现为组织在策划公共关系活动时,公共关系更多地站在社会公众的角度呼吁社会组织要保护人类的生态环境,使企业将投资战略调整到有利于环境发展、有利于人类可持续性发展的轨道。

(3) 体验营销与公共关系。体验经济被称为继农业经济、工业经济和服务经济阶段之后的第四个经济发展阶段,被看作服务经济的延伸,各行业都在上演着体验或体验经济,尤其是娱乐业(影视、主题公园)已成为成长最快的经济领域。体验营销是指企业以满足顾客的体验需求为主线,以服务为舞台,以产品为道具,通过亲身体验企业提供的产品和服务,创造出值得顾客回忆的活动。体验营销具有以下特点:第一,以体验为基础开发新产品、新活动;第二,强调与消费者的沟通,以激发消费者内在情感和情绪;第三,创造体验、增加产品附加价值以吸引顾客;第四,以品牌为中心建立企业整体形象以赢得顾客的认同感。体验被视作一种创造难忘经验的活动,体验营销需要企业创造性开展有关产品的主题活动,组织产品俱乐部、创造品牌形象、为顾客创造出值得回忆的感受,这些主题活动不妨看作直接支援企业营销的公共关系活动,是由市场营销与公共关系相结合所诞生的,也被称为营销公共关系(营销公关)。

(4) 事件营销/活动营销与公共关系。在注意力经济时代,消费者或潜在消费者的注意力成为稀缺资源。为吸引市场注意力,企业就要付出更高昂的成本或采用创新的营销策略。在资源受限的条件下,企业更倾向于选择成本较低的创新营销策略以获得市场关注。事件营销或活动营销是企业传统营销策略与公共关系活动策略相结合的一种营销创新。所谓事件营销/活动营销,就是企业利用具有热点新闻效应的事件或者策划具有新闻价值的活动来吸引媒体和公众的兴趣和注意,以达到提高企业知名度、塑造企业形象并最终促进产品或服务销售的目的。事件营销/活动营销的运作是企业利用热点事件所具有的拉动效应,把广告、公关、促销、组织传播等各种传播方式整合起来形成一种强大的营销传播态势,使得企业的诉求点、要传播的信息(包括品牌名称、企业形象、产品的技术质量信息、招商信息等)与媒体和公众的关注点,即事件的核心点结合起来,体现了整合营销传播的特点。事件营销/活动营销有两种策略。

① 借势,即利用或者借助于社会上的热点新闻事件,把社会性的事件作为商机,巧妙地策划出某一议题或事件,使人们的注意力由关注热点事件转到关注企业的方向上来,借助传媒力量将企业品牌的形象迅速融合到所运作的热点事件中,人们通常称之为事件营销。运用借

势策略的时候,一定要在事件与企业形象或产品信息之间找到最佳切入点,准确定位目标消费群体,注意事件的时效性。

② 造势,即企业有意识地策划、组织具有新闻价值的活动来制造新闻效应。区别于借势策略的运用,人们通常将它称为活动营销。造势企业在将要进行某一有影响力的活动之前先制定出详尽的策划方案,选择恰当的时机、提炼活动的新闻价值作为活动的主题,以此来吸引媒介和舆论的导向,引导整个活动的走向。

虽然事件营销与活动营销具有借势与造势的细微差别,但是其本质还是运作上都是一致的。无论是借势还是造势,运作的动机和过程应是合法的,要注重社会道德和社会责任的规范,并对消费者无任何负向外部性。事件营销/活动营销与媒介事件具有极大的相似性。

【案例】

斯巴达勇士招摇过市

2015 年 7 月 22 日,一群穿着暴露、酷似斯巴达三百勇士的外籍男子出现在北京朝阳区商圈附近,引起过往市民关注。微博、微信朋友圈等社交媒体也大量转发了照片。这些外籍男子肤色、发型各异,但着装统一。赤裸的上身缚有一条 X 形的背带,肩披大披风,身穿一条看似皮制的短裤以及同样材质的凉鞋,看上去酷似电影中斯巴达三百勇士的形象。这几十名外国男子招摇过市是为给一家餐饮公司做活动。这群人每人手里都拿着一个被填满的透明杯子,每到一个地方都会聚集起来摆出姿势,并与周边围观人群互动。

随着围观者越来越多,这群外籍男子的活动给交通秩序带来了不良影响。于是闻讯赶到现场的民警对这些外籍男子进行劝阻,但其中一些人不肯听从,依然要继续活动。最终民警采取措施,对其中的个别人士实施了控制。

第二天,涉事公司通过微博发表声明称,此次活动是公司周年庆祝的系列活动之一,外籍男子均为模特。由于引起的关注超出预期,民警才到现场进行处理和疏通。声明称公司已与警方进行了沟通,并表示公司在大型线下活动组织方面的经验不足,今后将严格按照民警的指示,确保秩序和社会影响。

有关人士指出:大型商业活动需要向公安机关备案,活动内容的审核、安全检查、风险评估、安保措施等,都要提前落实到位。

资料来源:《法制晚报》2015年7月23日;《钱江晚报》2015年7月24日。

思考分析:

1. 斯巴达勇士招摇过市实质上是一起什么活动?
2. 企业在开展类似活动时应该注意哪些方面的要求?

(三) 企业公共关系与广告宣传

广告是一种利用多种传播媒介进行信息传播的方式,也就是通常所谓的广而告知。广告既可以传递商业信息,又可以传递非商业信息。传递商业信息的广告就是商品广告,一般来说,商品广告是向公众提供商品和劳务的信息。

公共关系不同于广告,但又与广告有着密切的联系。两者之间的联系表现在:公共关系与广告是两门交叉学科,都源于传播学,都以传播为主要手段,都是受聘于特定的雇主,向特定的公众,传递特定的信息,在实践中几乎所有大的公关公司都兼作广告业务,大的广告公司也兼作公关业务。随着整合传播时代的来临,现代组织越来越倾向于通过整合,把组织的形象、关系以及各种传播活动、传播资源统一起来,形成整体优势,发挥传播的整体作用,因此公共关系与广告的趋同会越来越明显。

1. 公共关系与广告的区别

(1) 目的不同。广告的传播原则是引人注目。只有引人注目的广告,才能使企业的产品和服务广为人知,激发人们的购买欲望,最终达到扩大销售和服务的目的。公共关系传播也要讲究引人注目,但引人注目的目的并不在于促销。公共关系传播的目标是赢得公众的信赖、好感、合作与支持,树立良好的整体形象。广告大多数情况下是对产品的宣传,突出产品的功能、性质、价格、优惠条件、优惠活动期限;而公共关系传播则更多地是为组织整体塑造形象,不涉及具体的价格、产品功能。

(2) 手段不同。从手段来看,广告主要借助大众传播媒介、销售现场媒介(POP)等。公共关系传播除了通过媒介之外,更要通过各种活动来达到公共关系目标,而广告则主要依靠媒介。广告为了引人注目,可以采用虚构的夸张手法,以激起人们的兴趣,提升人们的购买欲望,而公共关系传播必须依靠信息的真实性、客观性及其内在的新闻价值,选择适当时机、采用适当形式,通过适当媒介,把适当的信息及时、准确地传递给目标公众。

(3) 传播周期不同。广告的传播周期一般不会太长,短则十天半月,长则数月一年。而公共关系的传播周期则是长期的,其任务主要是树立整个组织的信誉和形象,因此既不可能立竿见影,也不可能一劳永逸。

(4) 评价标准不同。广告的效果一般是直接的、可测的,其经济效果是显而易见的,对某项广告而言,其评价标准往往是短期的、具体的、易于界定的。而对于公共关系效果的评价标准倾向于长期的、整体的、宏观的、不易于界定的。公共关系所追求的效益,是组织整体效益与社会整体效益的统一,是很难通过利润的尺度来直接衡量的。

2. 公共关系广告与商品广告

公共关系利用广告的手段和方法进行宣传活动时,就出现了一种新型的广告形式——公共关系广告。

(1) 公共关系广告与商品广告的区别。公共关系广告既不同于一般的商品广告,也不同于常见的其他公共关系活动形式。它不同于商品广告的特点在于它是组织推销自身形象的一种特殊手段,并不以推销商品为目的;它不同于其他公共关系活动形式的特点在于它是花钱购买大众传媒的版面或时间,向公众广而告之。因此我们可以说,公共关系广告是一种特殊的广告形态,又是一种特别的公共关系活动方式。公共关系广告与一般商品广告的区别主要体现在以下三个方面。

① 目的不同。一般商品广告是为了引起公众对组织产品的注意

和兴趣,促成公众的购买行为。公共关系广告是为了引起公众对组织自身的注意和兴趣,进而对组织产生好感和信任,获得公众的支持和合作。商品广告是用来推销具体的商品,而公共关系广告是用来推销组织的整体形象;商品广告常常是短期的,以直接取得某种经济利益为目的的,而公共关系广告则是持久的,着眼于建立和维持组织与公众之间的情感联系。

② 方式不同。公共关系广告和一般商品广告都采用广而告知的方式,向公众传达组织的信息,但在具体运用中存在着以下区别:一般商品广告的传播方式往往是单向的,公共关系广告的传播方式是双向的,需要不断地根据公众的意愿调整传播的内容和方式,而一般的商品广告旨在渲染、说服,而公共关系广告则更多采取的是教育和引导;公共关系广告应该避免商业色彩,避免主观的过誉、溢美之词,而一般商品广告则可以充分运用公共关系的技巧和方法,从而增强广告的效果。

③ 适用范围不同。一般的商品广告只适用于商业活动的范围,因此,不是任何组织都需要进行商业广告活动,甚至对于一些商业组织来说,也可以不作商业广告;而公共关系广告适用于一切组织领域的活动。

(2) 公共关系广告的类型。公共关系广告有多种多样的形式,基本的公共关系广告形式有以下四种。

① 形象广告。形象广告是传播组织形象信息的广告,作为企业来说,就是企业广告。形象广告的内容可以包括:组织的名称、组织的标志、组织经营范围和经营特色、组织的实力和业绩、组织的历史传统和社会贡献、组织对公众的关怀和敬意等。

② 观念广告。观念广告是通过倡导某种观念和意见以引导或转变公众的态度和行为的广告。观念广告的内容可以是宣传组织的宗旨、信念、文化或树立一种新的消费意识、新的消费观念;也可以是传播社会的某个倾向或热点。比如,海尔集团的"海尔,忠诚到永远",用广告语的方式,传达了海尔公司忠于社会、忠于顾客的经营理念;飞利浦公司的"让我们做得更好"的广告语,则传达了飞利浦公司注重质量的经营理念和追求卓越的企业精神。宣传组织的精神口号和经营观念的

广告也可以算作形象广告。

③ 公益广告。公益广告是组织为社会公益活动提供服务的广告。公益广告的内容概括起来有三类：以公共事务主题（如环境保护、节约能源、治安、卫生）而制作的广告；配合组织参与的某项公益事业（如组织的赞助活动）而制作的广告；对政府的政策、措施，以组织的名义表示支持而制作的广告。

④ 响应广告。响应广告是用来表示组织与社会各界具有关联性和共同性的一种广告。响应广告通常有两种：对其他组织的祝贺、支持和赞许，即祝贺性广告，通常做法是向某新开业的组织或逢节庆日的组织，以同行或者合作者的身份刊登广告以示祝贺；响应公众生活中的某一重大主题，既可以显示组织关心、参与公众生活的善意，又可以借助于社会主题的影响来扩大本组织的影响。

严格来说，上述分类并不是绝对的，从某种意义上来说，所有公共关系广告都有组织署名，都是为了达到宣传组织形象的目的，因此都属于形象广告。

第二节　对象型公共关系

从公共关系的客体来研究，每一个组织在运作过程中会面临不同的关系对象，从而形成了不同的对象型公共关系，比如：员工关系、消费者关系、政府关系、媒介关系、社区关系、股东关系、竞争关系、金融关系、供应商关系、经销商关系等。不同的公众，面临的问题是各不相同的，他们对组织的需要以及对组织的影响程度和影响范围也都是不同的，公共关系要研究处理这些关系的一般规律和特点。

一、员工关系

员工关系既是组织内求团结的保证，又是组织外求发展的前提。对于企业而言，其产品或服务的竞争力的强弱在很大程度上取决于企业是否能够创造一个建设性的、和谐的员工关系管理体系。良好的员工关系有利于创建积极的企业文化、有利于树立良好的企业形象、有利于增强企业的凝聚力、有利于实现全员公关的思想,最终提高组织的整体效益和社会效益。

(一) 公共关系视野中的员工关系

员工关系又称雇员关系,与劳动关系、劳资关系意思相近,它研究与雇佣行为管理有关的问题。员工关系是指管理方与员工及团体之间产生的,由双方利益引起的表现为合作、冲突、力量和权力关系的总和,并受到社会中经济、技术、政策、法律制度和社会文化背景等一定的影响。

处理员工关系不仅仅是公共关系的职能。从组织管理的角度来看,员工关系涉及整个组织文化和人力资源管理体系的构建,包括:组织愿景和价值观体系的确立、内部沟通渠道的建设和应用、组织的设计和调整、人力资源政策的制订和实施等,所有涉及组织与员工、员工与员工之间的联系和影响的方面,都是员工关系管理体系的内容。

从人力资源管理的角度来看,员工关系主要有劳动关系管理(签合同、解决劳动纠纷等)、员工人际关系管理、沟通管理、员工信息管理及服务与支持(包括为员工提供有关国家法律、公司政策、个人身心等方面的咨询服务,协助员工平衡工作与生活)、员工的培训管理(包括组织员工进行人际交往、沟通技巧等方面的培训)等内容。

从公共关系的角度来看,员工关系是最重要的内部公共关系,是组织公共关系的基础。与组织管理和人力资源管理等职能的不同之处在于,公共关系通过传播沟通的手段,创建和谐的员工关系,提高员工的忠诚度和归属感。组织管理、人力资源等在处理员工关系方面更加侧重制度性、政策性管理,而公共关系在处理员工关系时,更具有柔性和非强制性的特点,公共关系对组织管理和人力资源管理在员工关系方面的管理上形成了优化和补充。

(二) 公共关系处理员工关系的策略

处理员工关系时,首先必须明确员工对组织的期望和权利诉求以及组织对员工的责任。员工对组织的期望和权利诉求有:就业安全和良好的工作条件;合理的工资和福利;培训和晋升的机会;知晓权;参与权;公平和尊严等。企业对员工的责任属于内部利益相关者问题,企业必须保证员工就业安全,提供良好的工作条件、合理的工资和福利、培训和晋升的机会,尊重员工的知晓权和参与权,尊重员工的尊严和价值。

1. 运用心理契约理论构建新型员工关系

随着雇佣制度的多元化,员工关系呈现出临时性、流动性增加,归属感、忠诚度减弱的趋势,如何构建一种新型的员工关系取代传统的劳资关系?公共关系可以运用心理契约理论来帮助组织树立以人为本的人力资源管理理念,构建合作型的员工关系。

心理契约是指组织与员工双方对于各自所承担的义务和应负责任的心理感知。心理契约强调的是个人与组织之间的关系,而不是交换,心理契约以员工与组织的关系为前提、以承诺和感知为基础而形成自己和组织间彼此的责任和义务的各种信念,是存在于组织和成员之间的一系列无形、内隐、不能书面化的期望。

衡量员工在组织中心理契约的一个重要概念是组织承诺。组织承诺是员工认同并参与一个组织的强度,它不同于个人与组织签订的工作任务和职业角色方面的合同,而是一种心理合同或心理契约。在组织承诺里,员工确定了与组织连接的角度和程度,特别是规定了那些正式合同无法规定的职业角色外的行为,隐含了员工对于是否继续留在该组织的决定。组织承诺包括三个方面:一是感情承诺,即员工对组织的感情依赖、认同和投入,员工对组织所表现出来的忠诚和努力工作,主要是由于对组织有深厚的感情;二是持续承诺,即员工对离开组织所带来损失的认知,是员工为了不失去多年投入所换来的待遇而不得不继续留在组织内的一种承诺;三是规范承诺,反映的是员工对继续留在组织的义务感,它是员工由于受到了长期社会影响所形成的社会责任而留在组织内的承诺。心理契约对于组织承诺具有正面影响,组织承诺又将进一步强化心理契约机制,从而形成了心理契约—组织承诺的良性循环。

公共关系在建立新型员工关系方面的作用体现在:第一,通过公共关系对组织决策的参与,使组织在决策中能够充分考虑员工的利益和需求,使组织的决策及行为能充分体现组织与员工双方的共同利益,避免组织决策过程中单纯地只顾自身利益而不顾员工利益的片面性。第二,充分应用各种传播手段,帮助组织建立、健全有效沟通渠道,实现组织与员工之间的良好沟通,以保证员工能表达自己对工作的理解以及工作中的意见;促成员工提出的意见能在可预期的时间内得到合理的解决;帮助员工明确组织及其所在部门的现状及未来几年内的发展状况,从而建立一个合理预期,促使员工为实现预期而努力工作。第三,加强对员工的情感投资和情感联络,营造内部大家庭式的文化氛围,实现员工心理契约—组织承诺的良性循环,推动组织与员工成长的稳定、健康、有序发展。

2. 加强组织文化的宣传教育

组织文化是组织的生活方式,是组织内共有的价值观、信仰和习惯体系,是一种群体角色的认同。面对多元的组织文化,公共关系应加强组织文化的宣传教育,充分发挥组织文化的凝聚功能和激励作用,使组织、员工双方能够在共同的平台上相互作用、共同发展。

公共关系与宣传教育都是一种传播过程,都是以信息交流为手段,通过动之以情,晓之以理的方法来协调组织内部成员的关系,达到团结一致的目的。因此,两者之间不仅具有一些共同的活动特点,而且两者的工作内容有时也是相同的,在工作的目的上更是一致的,如在增强内部成员的团结,提升组织凝聚力、向心力,强化员工的认同感和荣誉感等方面,既是组织内部宣传教育工作的内容,也是组织内部公共关系工作的目标。公共关系与宣传教育的区别在于以下两个方面。

(1)工作属性不同。传统的宣传教育属于思想政治工作范畴,是思想政治工作的手段和工具。宣传教育的目的主要是为了改变和强化人们的心理状态和精神状态,获取人们对某种主张或信仰的支持,政治性较强,立足点较高,它注重提高人们的思想认识和社会历史责任感。相比之下,公共关系在这方面的工作层次要低一些,但也更具体一些。它主要从经营理念和文化工程的角度入手,侧重于情感沟通,强调员工的权利和义务。

(2)工作方式差异。宣传教育工作的传播过程表现出单向性的特点,灌输性强,宣传教育诉诸公众的态度和立场,工作重点往往是以组织既定的目标来影响员工的心理和行为。公共关系的传播过程表现了双向性的特点,其工作侧重于信息和情感的交流,通常通过各种活动来实现。可以这么说,公共关系为传统的宣传教育提供了新的视角,注入了新的内容,在提高组织对员工的凝聚力和员工对组织的归属感方面,公共关系发挥了行之有效的积极作用。

3. 增进内部人际交往

通过组织内部公共关系活动的开展,可以加强组织内部的人际交往,培育组织内部个性化的和谐的人际关系。在策划和开展公共关系活动时,要注意人际传播的方法和手段的运用,提高内部交往的针对性和亲和力,在可能的条件下为员工家庭生活排忧解难。

【案例】

十堰市公安局的"四个一"

近年来,十堰市公安机关在内部积极推广"四个一"活动,从细节入手,强调对一线民警的人文关怀。"四个一"活动成为十堰市公安机关开展内部公共关系的制度特色,激发了公安队伍的活力和战斗力。

一本退休纪念册。为表达组织对民警在公安战线上辛勤付出的认可,十堰市公安局政治部要求,所有民警在退休时,单位都要为他们组织一次退休礼、制作一本纪念册。纪念册广泛收录退休民警在岗期间的工作、生活照片,并配以生动亲切的文字,一本纪念册成为退休民警的珍贵礼物。

一支家政服务队。十堰市公安局团委挑选10余名民警,组建了爱警家政服务队,重点为长期出差在外、无暇顾及家庭的民警以及无法得到照料的伤病民警提供帮助。服务队组建以来,已为民警解决实际困难40余次,为民警提供了名副其实的贴心保护。

一套经典书籍。每周一次的学习会是十堰市公安局政治部为提升民警综合素质而推出的一项文化育警计划。在学习会上,民警轮流讲业务、教技能、谈体会。同时,通过"平安十堰"微信读书平台,十堰市公安局向全局民警发起"读好书、学典故、净心灵"活动,向基层民警推荐优秀书籍,指导民警寻找心灵之光。让民警在学习讨论中理解为人处事之道,主动发现并纠正自己在为人处事中的偏差,真正将书本中的哲理渗透到日常工作生活中。

一次登门颁奖。以往,除年度工作总结表彰外,民警在单项工作中受到表彰,往往由所在单位自行领取和发放奖章及证书。为进一步增强表彰奖励带给民警的荣誉感,提升表彰奖励的引领作用和激励意义,十堰市公安局建立了授奖礼制度,明确规定对民警或集体一定级别以上的表彰奖励,举行授奖仪式。一位参加授奖礼活动的基层民警说:"对同事的表彰也激发了我立足岗位,勇于争创新业绩的斗志。"

资料来源:中国警察网,2015年9月21日。

分析思考:

1. 试分析"四个一"活动的公共关系意义。

2. 十堰市公安机关的四个活动,对于其他组织处理员工关系有什么借鉴和启示?

二、顾客关系

顾客关系是组织与其顾客公众之间的关系。对于企业而言,顾客是指购买、使用其提供的产品或服务的个人、团体或组织。非营利的组织也有其产品和顾客,如学校的产品就是它所提供的教育以及合格毕业生,其顾客是学生(及其家庭)和用人单位;政府部门也提供产品,即公共安全、市场监管、市政服务等公共产品,其顾客可以是市民和纳税人。人们一般都是从企业的角度来阐述顾客关系,非营利组织在处理顾客关系上,可以参照企业的做法。

顾客是与组织具有最直接利益关系的外部公众。建立良好的顾客关系,有助于促进顾客对组织及其产品产生良好的印象和评价,提高组织及其产品的知名度和美誉度,增加组织对市场的影响力和吸引力。

(一) 顾客关系管理的目标

顾客关系管理是一种旨在改善与顾客之间关系的新型管理机制。顾客关系管理并不仅仅是企业市场营销的职能,它实施于企业所有与顾客有关的职能领域。从公共关系角度来看,顾客关系管理就是对顾客的需求进行识别和分析、通过建立与顾客的互动关系来提高顾客满意度和忠诚度。顾客关系管理要实现的目标如下。

1. 顾客知晓度

顾客知晓度是指顾客对本企业及其产品等信息的知晓程度。企业一方面要扩大自身及其产品在市场上的知名度;另一方面,向顾客所提供的信息要真实、准确、全面和及时。

2. 顾客接受度

顾客接受度是指顾客对企业及其产品在心理上认同和行为上接受的程度,这方面的目标通常可以由市场占有率和顾客的美誉度来衡量。顾客的认同和接受,不仅仅是对企业的产品或服务,也包括对企业的经营理念、经营方式和经营行为等多方面的内容。

3. 顾客满意度

顾客满意度是指顾客对企业满足自身期望的主观感受。顾客的满意度取决于顾客让渡价值的实现程度,这方面的目标通常是顾客的主观感受,它来自顾客的社会比较。影响顾客满意度的因素除了产品整体的因素以外,还包括顾客一系列心理需要的满足。

4. 顾客忠诚度

顾客忠诚度是指顾客对企业良好行为的持续程度,它反映了顾客对企业及其产品的基本信念,主要反映在顾客的重复购买行为和推荐购买行为上。《哈佛商业评论》的一项研究报告指出:忠诚的老顾客将会带来企业85%的利润,而吸引他们的主要原因首先是服务质量,其次是产品,最后才是价格。另一项调查报告表明:1个满意的顾客会引发8笔潜在的生意,其中至少有1笔成交;而1个不满意的顾客会影响25个人的购买意向;争取1位新顾客成本是保住1位老顾客成本的5倍,进攻性营销的成本是防守性营销成本的5到8倍。

（二）处理顾客关系的要求和途径

处理顾客关系首先要明确顾客对组织的期望和权利诉求,包括:产品的质量保证以及适当的保用期;公平合理的价格;良好的售前、售中和售后服务;准确解释疑难、妥善解决投诉等。企业对顾客的责任表现在:向消费者提供产品质量保证、适当的保用期、公平合理的价格;良好的售前、售中和售后服务;准确解释疑难、妥善解决投诉等。公共关系在处理顾客关系时,必须平衡顾客对企业的权利诉求和企业对顾客的责任,具体的策略和途径有以下六个方面。

1. 收集分析顾客信息

处理顾客关系的一个基础性工作是做好顾客信息的收集工作,这项工作涉及企业所有面向顾客的部门。首先,在出售产品或服务过程中,在每一次与顾客接触时,要强化与顾客的互动,自动收集顾客信息,分析、了解顾客的偏好和习惯,这些第一手的信息是企业进行规范顾客关系管理的重要基础。其次,借助于各种调查方法和手段,如问卷调查、顾客访问、座谈会等,对顾客的需求、满意度等进行调查;还可以借助于 CRM 软件系统,对企业营销活动进行实时的动态监控,如打进电话的频率、网页被访问的次数、顾客的抱怨等。最后,借助良好的数据积累以及各种分析方法,对顾客资料进行分类、整合与汇总,建立顾客资料库。在顾客信息资料收集的基础上,对顾客信息价值进行分析。顾客信息收集的目的在于帮助企业更加充分地了解顾客的需要,从而自动调整产品或服务功能,适应顾客变化的需要,为顾客提供更好的服务。

2. 维护顾客权益

维护顾客权益不仅体现在妥善处理顾客抱怨和投诉中,更重要的是体现在公共关系参与企业的决策中。公共关系职能促使和监督企业决策层充分考虑顾客的利益和需求,保证企业自身的利益与顾客的利益相容。

顾客权益是指消费者在有偿获得商品或接受服务时,以及在以后的一定时期内依法享有的权益。早在 20 世纪 60 年代初,国际消费者联盟就已确定了消费者的基本权利,消费者权益成为一种公共约定和共认的规范;而各国相继制定了各自的消费者权益保护法,则从立法上明确了消费者在市场上的主体地位,从而使得顾客权益得到了国家法律的确认和保护。中国《消费者权益保护法》规定了消费者享有以下基本权利:安全保障权、知悉真情权、自主选择权、公平交易权、依法求偿权、求教获知权、依法结社权、维护尊严权和监督批评权。企业要熟悉、研究并遵守《消费者权益保护法》规定的要求,切实维护顾客的合法权益,这是企业维护顾客关系,实现顾客价值必须遵循的原则。

3. 联络顾客情感

公共关系十分注重通过各种传播渠道与顾客进行交流沟通以联络顾客情感。这些渠道主要包括人际接待、广告和公告、用户通讯、企业刊物等。另外,还可以通过组织顾客参观企业、举办消费者沙龙、成立消费者之友等活动,来增进顾客对企业的了解与好感。

企业可以充分发挥自身经营领域的专业优势,向顾客提供各种资讯,用资讯链接顾客,这种方法旨在关怀和告知顾客,而不是推销产品,实际上却能起到吸引和稳定顾客的作用。企业要充分利用自身的社会联系,搜集一些对顾客工作、生活有帮助的信息,帮助顾客解决困难。对于组织型的用户,企业可以定期或不定期地派员上门拜访,征求他们对企业营销工作的意见和建议,经常参加他们的一些重大活动,如新建厂房、重大技改项目典礼活动、庆功活动、厂庆活动;开展双方间文艺、体育、业务能手的竞赛活动;共同举办经营管理专题研讨会议;实行情况通报,做到信息共享。

4. 开展顾客教育

消费教育的目的在于引导消费和创造消费,主要是通过市场教育、消费咨询、社会培训等争取和吸引稳定的顾客以保证企业的市场占有率稳步上升。比如:技术示范、举办技术培训班、召开技术鉴定会、编印说明书、制作宣传片、开展知识竞赛、有奖问答、开设咨询热线等,把广大而又松散的顾客组织起来,帮助他们改变盲目被动的消费习惯,形成自觉的、科学的消费意识,使他们成为企业产品的稳定的消费者从而实现消费者系列化。比如,美国生产日用化妆品的克莱罗公司设立了永久性的训练中心,坚持对顾客进行教育,他们免费辅导美容院的工作人员使用各种新化妆品,聘用大量的专业美容师深入学校、美容院、产品陈列室、集会和展览会,传授和示范化妆品的使用方法。在训练中心毕业的学生都可获得一份精美的证书、一套教材和一本工作手册。这些免费的指导教育使克莱罗公司的产品能够在激烈的竞争中不断吸引顾客。日本资生堂也有一份杂志,印刷精美、内容丰富,有名人开讲、旅游信息、美容知识等,也有相关产品介绍,让顾客阅读起来根本不像一本广告杂志,更像一本时尚生活杂志。资生堂的杂志每次在商场超市一面世即被疯抢一空。这项营销策略使资生堂得以在市场上引领风骚数十年。

5. 完善顾客服务

CS(customer satisfaction)活动,就是让顾客满意的活动,事实上也就是为顾客提供各种服务的活动。顾客满意是顾客对于产品或服务所提供的实际绩效与期望绩效之间的感觉与反应。对于顾客来说,它需要的并不仅仅是某一种产品,而且更是一种满足。CS活动明确了以顾客满意为目标,要求企业首先倾听顾客的呼声,经常对顾客的满意度进行调查,提高产品或服务的实际绩效,通过消费教育引导改变顾客不恰当的期望绩效,从而使顾客与企业建立和保持良好的关系。

(1)明确顾客满意的经营目标。企业在制订生产经营方针时,一定要把顾客满意作为重要目标,因为产品再好,顾客不满意、顾客不欢迎也是枉然。让顾客满意,不仅是第一线接触顾客的销售人员、接待人员或维修人员的职责,更应该体现在企业的经营目标之中,要让顾客满意回到经营的起点上来,体现在企业有关产品和服务内容的决策之中。

(2)完善服务系统。CS活动注重产品的第二次竞争。第一次竞争是产品形象的竞争,包括产品的品牌、商标、包装和造型等设计工程;第二次竞争则是服务竞争,包括产品的咨询、送货、服务和安装等。企业在为顾客提供优质产品的同时应尽力为顾客提供优质的服务。完善的服务系统包括售前、售中和售后的各个环节,环环相扣,才能构筑起顾客满意工程。完善的服务系统还需要企业建立顾客服务和支持,顾客服务与支持主要是通过呼叫中心和互联网实现的,从而使企业能够以更快的速度、更高的效率和准确性来满足其顾客的个性化需求。顾客服务系统最典型的代表就是呼叫中心。呼叫中心是一组座席或公司的业务代表集中进行来电处理和发出呼叫,与用户联系的一个专门的系统,它运用先进的通信技术和数据库技术集成,通过高素质的座席代表,服务于广大顾客,为企业提供强有力的信息处理工具,为顾客提供友好和专业的服务。

(3) 加强顾客沟通。企业应该建立、保持和完善与顾客之间的双向沟通渠道,积极听取顾客的意见和呼声,经常对顾客的满意度进行调查。

(4) 改变顾客的不恰当期望。在对市场进行公共宣传时,要避免主观色彩,切忌过誉、溢美的宣传,宣传应该侧重于顾客教育,通过切实的消费教育,改变顾客对企业产品不恰当的期望。

(5) 重视顾客的投诉与纠纷处理。要重视并且妥善处理顾客投诉与纠纷处理等对企业不利的事件,在处理这类事件时应该本着为顾客揽过的原则,表现出企业组织应有的积极姿态。

6. 处理顾客投诉

要妥善处理顾客投诉,可以从企业组织和企业人员两个角度考虑。

(1) 加强对顾客投诉的管理。从企业组织的角度来说,应该加强顾客投诉管理。

① 建立、健全处理投诉的规范和管理制度。企业应该设立专门的投诉处理部门或安排专人管理顾客的投诉,制定处理投诉的业务流程,明确投诉处理部门(或人员)的职能地位、工作职责、投诉处理规范和标准。不仅应分清造成顾客投诉的责任部门和责任人,而且要明确处理投诉的部门、各类人员的具体责任和权限以及顾客投诉得不到及时解决的责任,以保证各部门能够通力合作,圆满地处理顾客投诉。对于常规性问题,可以按照规定的程序与方法予以及时解决;而对于非常规性问题,应该根据实际情况确定投诉处理部门与高层管理者之间的汇报关系,并授权给相关的部门予以解决。

② 建立投诉处理系统。企业要建立顾客投诉的处理系统,这个系统包括投诉的接待、内部信息反馈系统、问题调查和处理系统、投诉的答复以及对顾客投诉的经验教训总结。对重大投诉问题的解决还有赖

于企业建立一整套严格的技术保障体系。

③ 确定处理投诉的标准。顾客投诉涉及企业的各个环节,如对商品质量的投诉、对服务投诉等,为了保证企业在处理同一类型投诉时能够保持一致,必须把处理的品质均一化。因此,企业应该根据自身的规模、类型、业务状况以及顾客投诉的内容,制定出处理投诉的一般标准。

④ 要重视对顾客投诉意见的利用和转化。顾客投诉作为一种直接的市场反馈,能够成为企业改进产品质量、提高服务水平的依据,成为企业新产品的创意来源。对顾客投诉的管理,不仅仅是单纯的解决问题、满足顾客的要求,而且要把顾客投诉所反映的意见看成是一种重要的信息资源,企业从中可以发现自身在经营管理中存在的问题,发现顾客对企业产品和服务的需求,从而改进自身的工作、提高产品和服务的质量。因此,企业应该组织专门力量收集统计和分析顾客的投诉和各种意见,及时发现并修正经营管理和产品或服务中存在的问题,从而不断推动企业的发展。

(2) 提高处理投诉的技巧。从接待投诉的人员的角度来讲,要提高处理投诉的技巧。

① 接待投诉的人员要端正态度,认真接待。在遇到顾客投诉时,接待投诉的人员应该客观冷静,积极听取顾客的意见,给投诉顾客留下良好的印象。

② 调查原因。要全面、客观地调查事实真相,如果投诉属实,则应该主动承担责任。

③ 恰当处理。企业应该尽可能满足顾客的合理要求,消除顾客的不满,避免顾客的损失;企业应该加强接待投诉的人员修养方面的培训和自控能力方面的训练,使接待人员在处理抱怨顾客时,能够站在顾客的立场上考虑问题,避免与顾客发生争执,特别要满足公众的知晓需要和人格尊重的需要,这有利于化解紧张、对立的状态。

④ 及时答复。答复顾客的投诉,可以通过信函、电话和访问等形式进行,即刻能够解决的问题,则可以现场口头答复。答复时要注意语言技巧,首先要重视投诉意见并向投诉者致谢,然后要为企业的失误或不周向投诉者致歉,道谢和道歉固然重要,更重要的是要表达企业对投

诉者的诚意和对问题的重视,要向投诉者做出处理问题的承诺。

【案例】

麦当劳的消毒水事件

2003年7月12日,两位顾客在广州天河岗顶麦当劳用餐,点了两杯红茶后发现其中有极浓的消毒水味道。当时现场副经理解释,其原因可能是由于店员前一天对店里烧开水的大壶进行消毒清洗后,未把残余的消毒水排清。该副经理同时表示两位当事人可以提出赔偿要求,并在7时15分通知店长和地区督导赶到现场以妥善解决此事。但结果却是店长和督导两人直到9点多才相继出现。而在长达两个多小时里,麦当劳的员工与两位当事人多次发生争执,工商局的工作人员赶到现场进行调停,将近一个小时的努力最终仍以破裂收场,导致当事人愤然报警。

两位当事人要求麦当劳应就事件做出解释、道歉和赔偿。麦当劳方面做出决定,向两人各赔偿500元,如两天内当事人身体不适可以到医院诊治,医药费给予报销,但拒绝了当事人提出的其他要求。麦当劳的行为引起了当事人的不满,两位当事人(同时也是记者)一怒之下,将此事件向媒体曝光。2003年7月13日《南方日报》《羊城晚报》《新快报》报道了此次事件,7月14日《北京晨报》参与了报道,7月15日《羊城晚报》作了跟踪报道,《南方都市报》更是在7月17日至8月1日,持续刊发了7篇报道。

在媒体持续报道期间,麦当劳公司始终保持沉默,表示此事仍在调查之中,不发表任何看法。事隔一周之后,麦当劳发表了区区数百字的声明,简单描述了事件过程并一再强调两位当事人的记者身份。声明还坚称麦当劳一向严格遵守政府有关部门对食品安全的所有规定和要求,并保证麦当劳提供的每一项产品都是高质量的、安全的、有益健康的。整个声明没有提及自己的任何过失、该如何加强管理或向顾客表示歉意,更没有具体的解决事情的办法。

第二章 公共关系形态 85

2004年1月出版的《销售与市场》杂志,将此事件列为2003年十大企业危机之一。

资料来源:《南方都市报》2003年7月18日—8月1日;《销售与市场》2004年1月。

分析思考:

1. 麦当劳在事隔一周之后发表的声明有何不妥?你认为声明应该包括哪些内容?

2. 麦当劳处理此次事件之中,存在哪些不当之处?

三、政府关系

政府关系是组织与各级各类政府机构之间的关系。政府是组织重要的外部关系,对组织能否顺利发展起着相当重要的作用。组织针对政府的公关活动是组织为树立良好形象,争取政府政策、资金等资源方面的支持所进行的一系列传播的活动。组织开展政府公关活动,通常着眼于中长期目标,不能急功近利。

(一) 政府公众的特殊性

组织与政府之间有着直接或间接的工作关系。高层次的一般为间接关系,低层次的一般为直接关系。政府关系包括组织与中央、省、市、县等政府的关系,也包括与政府有关业务主管部门的关系,比如:工商、税务、人事、市政、治安、法院、海关、环保、卫检等部门。作为组织公共关系的客体,政府公众是各级各类政府部门,它们行使对社会进行普遍管理的权力,并以公共权力为后盾对社会资源进行权威性的分配,因而政府公众是组织公共关系对象中最具有权威性的对象。特别是对企业而言,它的一切活动无不与政府有着千丝万缕的联系,例如,企业的创办或市场准入需政府相关部门的审批,企业的发展离不开政府创造和监管下的良好的市场环境,企业还要受制于政府为规范企业行为而制定的相关政策与法律条令。

1. 政府对企业具有直接的制约作用

政府是政策的制定者和执行者。政府对政策的制定和执行,制约和影响着企业的活动方向和过程。经济政策是国家进行宏观调控的一种手段。经济政策主要有财政税收、金融货币、对外贸易和产业政策等,政府对这些政策的制定和执行,会影响企业的生产规模,引导企业资金的投向和产出结构,影响企业投资的盈利和投资预期,达到抑制或刺激企业发展的作用。

2. 政府是企业获取各种信息的重要渠道

政府作为政策的制定者、执行者、监督者,掌握着许多系统、权威的有关国内外市场、产业、技术及产品方面的信息。在现实生活中,市场、企业与政府之间存在着信息的不对称,必然影响企业决策的正确程度。所以,加强与政府的信息交流与沟通,了解和掌握政府制定的有关方针政策、法令及各种信息,对企业的生存与发展是极其必要的。政府作为重要的信息中心和决策中心,是企业获取方针、政策、法令及各种信息的重要渠道。

3. 政府可以为企业提供有利的发展条件

在许多产业中,政府作为卖方或供方,并通过实行的政策影响产业竞争,政府对行业结构的变化具有明显而有效的影响。为了实现经济发展的总体目标,政府会实行一系列对部分区域、行业倾斜的政策,比如经济开发区、高科技园、保税区政策,使一些地区、行业的部分企业得到优先发展。一个企业一旦被政府所信赖,那么它在产品、资金、人力、物力等方面将会得到政府的支持,诸如拨款、贷款、经济援助、鼓动各界声援和协作等,而这些又不与法律法令等相违背,这对企业的发展会起到积极的推动作用。

4. 政府对企业的评价影响了企业的声誉

政府对企业的评价直接影响了公众和舆论对企业的评价,决定了企业的社会声誉。政府的肯定和赞赏,媒介往往会加以追踪并给予报道,这对企业来说是一个很好的免费宣传企业产品及整体形象的机会,同时也会增强供应商、金融等部门以及消费者对企业的信任感。相反,政府的否定或谴责、反对或制裁则会给企业造成很大的不利。

5. 政府可以帮助企业渡过难关

政府的职能决定了它可以协调、控制社会的各个层面,当企业遇到麻烦或困难,政府可以进行协调,使企业得到社会各方面的支持,特别是当企业遭遇突发性的灾难性的危机事件时,政府的指导和帮助将有助于企业控制事态的升级和扩大。

(二)开展政府关系的要求

企业要在战略的高度来看待和重视政府关系,只有长期持续的不懈努力,才能培育起与政府的良好协作关系。政府对组织的期望和权力诉求包括:保证税收;遵守各项法律、政策;承担法律义务;公平竞争;保证安全等。企业作为社会公民,应自觉按照政府有关法律、法规的规定,合法经营、照章纳税,承担政府规定的其他责任和义务,并接受政府的监督和依法干预。开展政府关系应遵循以下具体要求。

1. 把政府关系管理纳入战略管理之中

在企业的战略规划过程中,要把政治环境作为重要外部环境来分析,要对政府政策倾向及变化作出预测,注意按照其内容的变化相应地调整自身的决策目标及实施计划。企业政策的制定要和政府政策相一致,不能违背或超越政府政策允许的范围。自觉接受政府的管理和指导、恪守政府有关政策法令以及按章纳税都是企业应尽的本分。

2. 保持并加强与政府的沟通交流

开展政府关系的基本手段是加强与政府的沟通交流,保持与政府的密切的联系。一方面,企业可以了解政府的动向,及时、全面、准确地熟悉和掌握政府有关方针、政策;另一方面,也能使政府直接了解企业。企业要主动向统计部门提供经营活动的数据;向审计部门提供资金运转情况;向财务、税务部门上报盈亏情况、纳税情况;向相关主管部门通报企业的危机事件、市场纠纷情况等。企业与政府联系和沟通的渠道多种多样,如个人访问、圆桌会议、邀请政府公众访问企业、通过民意测验影响政府公众、主动参与各种社会活动、会见重要的政府官员等方式,以争取政府对本企业的理解和支持。

3. 树立良好的企业形象

不同类别的公众,对企业形象的认知是有差异的。企业要在政府公众面前树立良好的形象。

(1)积极承担企业的社会责任,帮助政府分忧解难。企业在练好内功、增强实力,积极创造经济效益的同时,也要积极参与希望工程、银发工程、环境保护、社会救灾等公益慈善事业。这些原本应由政府发起建立并加以发展,但政府的力量毕竟有限,企业参与社会公益事业,可以为政府分担起相当部分的责任,同时也会赢得政府对企业的认同和支持。

(2)把握时机,使政府了解企业对社会、对国家所做的贡献以及所取得的成就。如利用新址落成、新技术开发、新产品上市、周年庆典、获得社会荣誉之际,邀请政府的主管领导出席企业的重要活动,加深政府部门对企业的良好印象。

四、媒介关系

新闻媒介具有的信息传播功能直接关系到组织的信息扩散及组织在公众舆论中的形象。新闻媒介关系就很自然地在组织外部公共关系实务中占据很重要的地位。媒介关系是指组织与新闻媒介机构及其工作人员(记者、编辑等)的关系。媒介公众一方面是组织公共关系的工作对象,具有对象性的特点;另一方面它又是组织与其他社会公众建立广泛而深刻联系的桥梁和纽带,具有工具性的特点。因此,媒介是组织的特殊公众,从某种意义说,媒介是其他公众的代言人。

(一)把握舆论引导的规律

拥有良好的媒介关系在一定程度上就拥有了舆论优势,拥有了传播竞争力。媒介公众在很大程度上代表了民意的潜蕴,媒介是公众舆论和公众情绪的风向标、催化剂和导航员。把握舆论规律是组织与媒介建立良好关系,更好地运用传媒这一工具的前提。

公共关系可以通过传播活动的开展,为组织制造舆论、强化舆论和引导舆论,从而争取公众对组织的了解和理解、支持与合作。

(二)保持与传统媒介的合作

传统媒介一般是指在社会分工中专门从事社会公众信息传播的新闻媒介,以报纸、广播、电视、杂志为代表。即使在新媒体迅速发展的今天,传统媒介依然占据着主流媒体的地位。

1. 了解新闻媒介和新闻传播活动的特点

熟悉新闻传播活动的特点、规律，了解新闻媒介机构的性质、资信、工作时间、工作规律、工作分工状况，研究不同新闻媒介的级别、发行量、发行范围、收视率、覆盖面或影响范围等，这些将有助于组织更有效地协助或运用新闻媒介开展公共关系传播。

2. 尊重新闻媒介的职业特点和权利

组织应该充分理解媒介公众对组织的期望和诉求，包括：平等对待、真实的信息来源、尊重媒介的活动规律和职业尊严、有机会参加组织重要的社交活动、提供采访的方便条件等。企业要尊重媒介的公共立场，尊重新闻媒体的职业特点，尊重新闻媒体对客观事实进行报道的权利。新闻媒体对于新闻事实的客观性和新闻价值都有自己的辨别力，被报道的组织与新闻媒介在立场上可能存在差异，组织不能粗暴干涉和无端指责媒介的报道，对于新闻媒介可能有的失实报道，要有起码的容忍态度，这是成功处理媒介关系的关键之所在。

3. 建立良好的个人关系和工作关系

组织与新闻媒介保持良好的关系是非常必要的。组织应该有专人负责新闻媒介的联系，公共关系人员在与新闻界打交道时，最重要的资产是信誉，最好的对策是实事求是。组织在日常的公共关系活动中，应该主动向新闻媒体提供各种新闻素材，为新闻记者的采访提供各种便利。支持新闻媒介的工作是与新闻媒介建立相互支持、相互合作关系的必要基础。

（三）关注并利用新媒体

新媒体传播的时效性更强，影响力也越来越大。新媒体时代的重要特征是话语权的变迁。充分关注并积极利用新媒体，可以争取组织在信息传播中的话语权。

1. 关注新媒体，了解舆情态势

新媒体时代使组织与相关公众之间获得互动的方式较之以往更加便捷。组织可以建设属于自己的网站，可以通过网络平台接受公众对组织的意见和建议；也可以通过互联网平台，及时进行舆情分析，将一切有可能引发组织危机的苗头，消除在萌芽状态。对企业来说，要与公众(通常是广大消费者)建立良好的沟通平台,细致耐心地解答公众关于企业产品、服务以及相关业务的疑惑,特别是在消费者对企业不满的情况下,要尽量满足消费者的要求,以免因小问题导致大危机。

2. 利用新媒体,实现与公众的高度互动

与传统媒体相比,网络、手机等新媒体可以大幅度拉近公众与组织的距离。新媒体技术使公众参与媒体、与组织高度互动成为可能。新媒体在信息的畅通性、便捷性和高效性方面,都远远超过传统媒介,组织应高度重视新媒体在与公众进行沟通中的重要性,利用新媒体,为公众提供各种咨询和服务、积极宣传组织文化、介绍组织在相关领域的成就和社会贡献,从而为组织赢得良好的社会声誉、形成良好的舆论基础。所有这些,都会在遭遇危机时,为组织处理危机赢得信任与支持,赢得舆论优势。

(四)开发自媒体资源

组织要积极开发自媒体资源,自媒体本身也是组织传播的重要途径。这里的自媒体指的是组织的自控媒介,是组织内部的新闻与信息传播平台,包括组织内部的新闻中心、网站、官方微博、报纸、电视、刊物等。通过组织自媒体资源的建设,使组织成为内外信息传播的最为权威的来源,提高组织信息传播的专业性,保持组织信息传播的一致性,并形成与公众媒体的无缝对接。

(五)正确对待批评报道

批评报道是对现实社会中的缺点、错误或问题、现象的揭露性、批评性的新闻报道,是新闻媒体实现其舆论监督的重要形式。对批评报道应持有则改之、无则加勉的态度,正视舆论,尊重新闻媒介,并及时、主动地将自己对这类传播的积极反应提供给新闻媒介。

批评报道有两种情况,一是报道属实;二是报道失实。对于属实的批评报道,组织应该以实际行动,做出切实的改进,并且举一反三,努力消除批评报道的影响范围和影响程度,并在更高层次上矫正由于批评报道对组织形象的损害。对于失实的或部分失实的批评报道,在采取行动前要全面调查和研究失实报道的原因,以真实的信息取信于公众。失实报道主要有以下原因:第一,不全面的报道。新闻媒介不了解事实的全貌和真相，以致报道以偏概全。第二，曲解事实。由于新科技、新思想、新方法等尚未推广，导致舆论按照原有的观念和认识来分析和看待事件，曲解事实。第三，报道失误。由于其他组织和个人的故意编造和恶意诬陷，导致新闻媒体被蒙蔽，引起错误报道。

组织应自觉接受新闻媒体的监督，即使批评报道并不是完全真实，但只要不是严重失实，就应该得到被报道组织的容忍。由于信息不对称的存在，新闻媒体的批评报道可能缺乏必要的信息支撑，而作为被报道的组织应该有一个容忍的义务以获得新闻媒体的信任、支持与合作。一个文明、民主、进步的社会，需要充分发挥新闻媒体的监督作用，对媒体的容忍有多大，社会的进步就有多大。

五、其他公众关系

（一）股东公众

股东实际上是组织的财政支持者，为组织的发展提供额外的经济支持。从公共关系的角度来分析，股东公众主要有三类：第一类是人数众多且分散的股票持有者，他们持有的股票份额不多，但是极为关心企业的盈利状况；第二类是占有较多股份的大股东或社会名流以及由股东推选出来的董事会成员，他们人数不多，但对企业重大政策和人事任免具有参与权和监督权；第三类是专业金融舆论家，包括证券分析家、股票经纪人、投资银行家等。

1. 股东关系的目标

股东关系的基本目标是树立企业在上述三类公众心目中的良好形象，稳定已有的股东队伍，吸引潜在的投资者。具体来说，股东关系的工作目标包括：鼓励股东关心企业事务，促进企业与股东的相互了解；争取股东购买或推荐购买企业的产品；鼓励股东增加投资，并减少股票转手率；提高企业在股东心目中的地位，进而提高企业在资本市场的吸引力。

2. 处理股东关系的基本原则

股东与企业之间的关系不是单纯的投资与分红的关系，投资者通过购买和持有企业的股份，表明了他们对某项事业和某个企业的信任，意味着他们将与企业休戚相关。因此，要把股东看作企业的主人。在处理股东关系时,要把握以下两个基本原则。

(1) 尊重股东的权利诉求。股东公众对组织的期望和权利诉求是:参加利润分配;参与股份表决和董事会的选举;优先了解经营动态;新产品的试用;有权检查账目、增股报价、资产清理以及合同所确定的各种附加权利等。企业有责任对股东的资金安全和收益负责,力争给股东以丰厚的投资回报。企业还有责任向股东提供真实、可靠的经营和投资方面的信息,不得欺骗投资者。在涉及股金运用和组织发展的问题上,应让股东享有充分的知晓权。平时也应建立经常的信息通报关系,让股东充分了解并关心组织情况。

(2) 吸引和激励股东参与组织经营活动。一方面鼓励股东献计献策,提合理化建议;另一方面,鼓励股东购买和使用本组织的产品,并利用他们的社会关系网络,宣传和推销本组织的产品。

3. 与股东公众的沟通途径

加强与股东公众沟通的途径是多种多样的,常用有以下五种。

(1) 年度报告。年度报告包括年度财务、生产、销售、人事行政等报告。年度报告是促进企业与股东信息沟通的最主要手段。

(2) 股东会议。股东会议有多种形式,除了股东代表大会、股东会会议、董事会会议之外,还有各种座谈会、茶话会或专题讨论会等。

(3) 信函。如致新股东欢迎信、给股东分红时的附信等。

(4) 企业内刊。如企业报、公共关系杂志、业务通讯等。

(5) 调查表。定期发放有关调查表,及时了解股东的意见和建议。

(二) 社区关系

社区公众是指组织所在地的区域关系对象,包括当地的管理部门、其他组织以及居民。社区是组织的根据地,是一个社会组织赖以生存和发展的基本环境。建立良好的社区关系可以扩大组织的区域性影响,进而使良好的组织形象向更大的范围辐射。在一个社区内,组织一般是最具人力、物力、财力的社会成员。组织的社区关系重点应着眼于尽可能满足社区对它的基本要求,要回馈社区,向社区提供就业机会;保护社区环境和秩序;关心和支持所在社区的政府机构,共同推动社区发展。组织的社区关系,主要包括以下四个方面的要求。

1. 避免或减少对社区其他公众正常活动的影响

组织应该为使社区成为一个良好的活动区域承担自身应有的责任,特别是企业,应避免或减少自身活动对社区其他公众正常活动的影响,做好三废(废水、废渣、废气)的控制与治理、减少噪音、安全生产等。

2. 组织的活动一般都应先立足本社区

社区公众与组织具有准自家人的特点,组织应了解其动向与需求变化,并尽可能及时予以满足。组织的一切经济、文化、科研等活动一般都应先立足本社区,然后扩及外地。可以说,立足本地是扩及外地的前提与基础。

3. 尽可能将组织的文化福利设施向社区开放

将组织内部非生产性、专业性的文化福利设施向社区开放,让社区公众都能分享。同时还可以适当安排社区公众参观本组织,使他们对组织的性质、活动有更深的了解,以便维护与社区公众之间的和谐关系,进而得到社区公众的长期理解与支持。

4. 积极承担社区内的公共事务或公益活动

积极承担社区内的公共事务或公益活动,这不但有惠于当地,而且有助于提高本组织的形象。比如捐助或修建公共设施(如公园、道路、风雨亭、图书馆等)、维护社区治安、出资组织或赞助文艺表演或体育竞赛、提供义务性的专业服务、兴办第三产业等。

(三) 行业协会关系

行业协会大都是某个行业的企业按照各自需要,自下而上自发组织起来的具有民间性质的非营利性的团体,也有极少数协会是以企业形式经营的。大型的行业协会会员数以万计,小的只有十几个甚至几个会员。

在与政府协调配合方面,行业协会向政府提供本行业发展趋势报告,负责贸易保护、市场损害调查和协调贸易纠纷,向政府反映本行业的共同要求,提出行业经济政策和制定行业标准,并协助政府制定和实施有关法规政策等。

在为会员服务方面,行业协会的工作主要包括规范行业内竞争行为、规划行业发展、提高行业竞争力、促进本行业的对外交流活动、维护本行业的企业利益等。

行业协会的立场对政府有很大的说服力,特别是企业面临危机时,权威机构的结论可以帮助企业扭转在公众(包括政府)心目中的不良印象,起到缓解、甚至化解企业的危机的作用;在企业发展顺利时,可以适当借助行业协会的客观评价(尤其是赞誉)在政府心目中留下口碑,从而得到政府的关心和支持。

(四) 名人和意见领袖关系

名人是指那些对公众舆论和社会生活有较大影响的人物,如党政要员,工商金融界的首脑人物,科学、教育、学术界的权威人士,文化、艺术、影视、体育界明星,新闻出版界的名记者、名编辑,社会生活中的热点人物等。

意见领袖是指在人际传播网络中经常为他人提供信息,同时对他人施加影响的活跃分子。意见领袖一般具有较强综合能力和较高的社会地位或被认同感。在社交场合比较活跃,与受其影响者同处一个团体并有共同爱好,通晓特定问题并乐于接受和传播相关信息。一个人只要在某个特定领域很精通或在周围人中享有一定声望,他们在这个领域便可扮演意见领袖角色。意见领袖可能是所谓的名人,名人也可能是某一领域的意见领袖。意见领袖作为媒介信息和影响的中介和过滤环节,对大众传播效果产生了重要的影响。事实上,这种传播方式不仅只是在两个层次间进行,而且常常是多级传播,一传十,十传百,由此形成信息的扩散。

名人和意见领袖往往是新闻或社会舆论关注的热点,能在舆论中迅速聚焦,对扩大组织的传播起着推广作用。处理名人和意见领袖关系要注意以下两个方面的要求。第一,要充分利用名人和意见领袖的资源。要注意他们的名气、名声与组织传播的相关性;借助于他们的知识专长;借助于名人的社会地位和社会关系;借助于他们的社会声望。第二,避免名人泡沫。在开展公共关系活动时,要避免滥用名人和意见领袖,应当避免名人泡沫,使之确实能够对组织形象的宣传起到促进的作用而不是相反。第三,注意法律纠纷。在利用名人和意见领袖开展公共关系活动时,要注意避免可能引发的法律纠纷,主要表现在保护名人的隐私权,注意肖像权、姓名权、著作权等。

1. 政府公共关系的原则和策略有哪些?
2. 市场营销创新与公共关系的契合表现在哪些方面?
3. 公共关系处理员工关系的策略有哪些?
4. 如何处理顾客关系?如何处理顾客投诉?
5. 如何处理媒介关系?

1. 以前,每逢员工退休,企业都会敲锣打鼓,把退休员工送回家,并送上"光荣退休"的大红喜报和镜框。但20世纪90年代以来,几乎所有企业中断了这一传统做法。面对员工的临时性、流动性增加,归属感、忠诚度减弱,企业如何借鉴传统的做法,处理好员工关系?请你就此问题,对自己所在单位或所熟悉的单位进行调查。

2. 中国出境旅游的迅速发展引起世界各国的关注,但是部分游客不文明的旅游行为时有发生,屡屡受到国内外媒体的披露。有些中国游客在国外的不文明行为,给旅游目的地国家或地区居民留下不好的印象,在某种程度上被用来指代全体中国人,进而会影响到国家形象、国际交流活动以及中国入境旅游市场的发展。你认为国家形象、国家公关与每一个公民个体有关吗?请你收集相关信息,列数旅游中的不文明行为。

3. 请收集几则有关批评报道的案例,比较被报道企业在面临批评报道时的对策有何异同。

第三章 公众研究

公众是组织公共关系工作的对象。组织在制定公共关系政策、策划开展公共关系活动之前,必须明确公众对组织的利益诉求、分析公众在公共关系情境中的心理现象和心理变化规律、预测公众行为。只有这样,才能有的放矢地开展公共关系活动。

第一节 公众的识别与细分

公众的识别和细分是组织公共关系工作的重要内容。组织应加强与公众的沟通,倾听公众的意见,尊重公众的权利,满足公众的需要,争取公众的理解,赢得公众的支持和合作。

一、公众的识别

公共关系可以在战略层面和战术层面两个层面上来识别组织面临的公众。

(一) 从战略层面识别公众

从战略层面分析,即从组织内外环境分析的层面来分析,公众构成了组织所面临的公众环境。公众环境是指组织运行过程中必须面对的社会关系和社会舆论的总称。这些社会关系和社会舆论范围很广,涉及组织内部和外部的方方面面,我们可以把在战略层面理解的公众称为泛公众或者公共受众,即一个组织在运行过程中必然面临的公众环境。

从组织内外环境分析,组织公共关系面临的公众包括所有的利益相关者,既包括内部公众,也包括外部公众。内部公众包括管理者、一般员工、投资者等;外部公众包括顾客、社区、媒介、政府、竞争者和合作者等。组织是在整合各利益相关者所投入的资源的基础上进行生产和创造的,必须从战略层面对利益相关者的权利要求作出正确分析和判断,并将其与组织的目标和利益加以权衡和比较,这是制定公共关系政策的出发点。

(二) 从战术层面识别公众

从战术层面分析,即从组织开展公共关系活动的层面来分析,公众是组织公共关系工作的作用对象。对于组织的特定公共关系活动来说,其工作对象总是具体的。

1. 问题公众

问题公众是组织公共关系工作中那些因面临组织行为引起的某一个共同问题而形成的工作对象。确定问题公众对于组织来说是既具有操作意义又十分经济的做法。泛公众构成了组织公共关系整体的公众环境,这种整体的环境对于公共关系的工作来说因为其过于宽泛而显得不够具体、难以把握,因而会使公共关系工作对象不清,方向不明。因此,泛公众对于公共关系活动的实施来说,并没有很大的实践意义。

2. 目标公众

目标公众是具体公关活动所针对的某一类或某几类特定公众。任何一项公关活动都有特定的目标,为有效地达到目标,组织在具体公关活动中必须通过调查研究,有选择地针对特定公众开展工作。

组织可以围绕着公共关系问题和目标来具体确定公共关系工作的中心对象,这些被确定的中心对象是在某一阶段或某一公共关系项目中,要与组织发生直接互动影响的公众不仅包括了问题公众,而且还包括了公共关系活动将要涉及的主要沟通对象。

3. 优先公众

优先公众是在组织公共关系工作对象中,必须优先予以考虑的工作对象。如果我们对问题公众和目标公众进一步分析就会发现,任何特定的公众,他们对组织的重要程度,以及他们对于问题的介入程度,或者组织对他们的价值判断,都是各不相同的,他们对组织的影响力和制约力也都是不同的。因此,组织必须根据一定的标准对公众进行必要的排序,经过排序,筛选出组织公共关系工作必须优先考虑的对象,这也就是所谓的优先公众。确定优先公众是非常重要的,将有助于组织集中资源做好公共关系工作。

二、公众的细分

在识别公众的基础上,我们还可以对组织公共关系的工作对象作进一步细分。公众细分就是按照公众的差异性,把整体公众分成若干具有相同或者不同特征的类型,以便组织针对不同类型的公众制定不同的公共关系策略。

(一) 根据公众的重要性程度分类

根据公众的重要性程度,可以将公众分为首要公众和次要公众。这种重要性程度是根据公众对组织的影响力以及组织对公众的期望值来确定的。例如,在酒店宾客关系中的VIP,指的是那些非常重要的人士,他们的特殊地位和身份以及由此而具有的社会影响力对酒店来说是至关重要的。

首要公众是对组织的生存和发展起着决定影响的公众对象。次要公众是指对组织的生存和发展有一定影响,但没有决定性意义的公众对象。

19世纪意大利经济学家帕累托提出的2/8定律,其核心内容是生活中80%的结果几乎源于20%的活动。首要公众在数量上也许只占整体公众环境的20%,甚至更少,但他们给组织带来的传播效益却可能占80%,甚至更多。这种分类方法有助于组织公共关系资源的有效配置。对于组织来说,公共关系的资源总是有限的,同时,具体的公共关系工作又受时限的影响。因此,保证首要公众可以使公共关系工作事半功倍。当然,在保证首要公众的同时,也应该兼顾次要公众。需要指出的是,首要公众和次要公众的区分并不是绝对的,次要公众也会向首要公众转化。

(二) 根据公众对组织的态度分类

不同的公众成员对组织的态度各不相同,在组织的不同发展阶段,由于环境的变化和公众本身需求的变化,公众对组织的原先态度也会发生各种变化。公众的态度是组织确定公共关系对策的依据。根据公众对组织的态度,可以将公众分为顺意公众、边缘公众和逆意公众。

顺意公众是指对组织持理解和赞成态度、具有积极行为取向的公众对象。逆意公众是对组织持否定和反对态度、具有消极行为取向的公众。边缘公众是指组织持中间态度、行为取向不明朗的公众对象,与政治选举中的中间选民和社会学中的沉默的大多数具有相似的意义。

在公共关系传播中,边缘公众是公共关系传播的竞争重点。组织首先要考虑的是如何引导他们成为组织的顺意公众、防止他们成为逆意公众。顺意公众是组织重要的资源,稳定顺意公众应该是组织公共关系的常规工作,同时不要忽视对逆意公众的转化。总之,公共关系的基本政策应该是:稳定顺意公众,争取边缘公众,瓦解逆意公众。

(三) 根据公众的组织状态分类

公众的组织形态是不一样的,有的是以组织或社会团体形式出现,有的可能以个人形态出现。根据公众的组织状态来分,可以将公众分为零散型公众和组织型公众。

零散型公众是指无固定组织形式的公众,他们在表达态度和采取行动时通常是以个人形态出现的。组织型公众是以一定的组织形式或社团形式出现的公众,他们通常以组织团体作为态度的表达者,在采取行动时也更多地体现了组织和团体的意志。

组织型公众又可以具体地分为权力型公众和非权力型公众。权力型公众主要是指政府及各类行政管理机构,也包括上级主管部门。非权力型公众指的是一般的组织和团体,如企业组织、社团组织、新闻机构等。在具体的公共关系活动中,组织型公众也通常会以其人员形态与作为公共关系主体的某一组织发生相互的联系,但他们表达的是组织团体的意志。特别是媒介公众(比如新闻机构的记者、编辑),其行为的价值取向往往是公共的,他们更多代表了民意的潜蕴。

由于组织型公众和零散型公众对组织的影响力和制约力的不同，组织在开展公共关系时的人员配备、资源投入等应该有不同考虑。特别是现代组织所面临的社团压力将越来越大，对于各类可能涉及的社团应该予以足够的重视。至于对新闻机构以及各级各类政府组织，应该由专人负责与他们的联系，这种联系应该是建立在日常工作中主动沟通信息的基础上的。

（四）根据公众形成和发展过程分类

在公众与组织的关系过程中，公众与组织的关系程度存在着一个日益密切或者日益疏远的变化过程。这表明，公众是一个开放的群体，公众的需求、态度、结构都会随着环境的变化而变化，而正是这种变化使我们可以把公众本身作为一个过程来分析。依据公众的形成和发展过程，可以将公众分为非公众、潜在公众、知晓公众和行动公众。这种分类的意义在于通过对公众形成和发展过程的分析来准确地把握开展公共关系活动的最佳时机，并且根据不同发展阶段的公众采取相应的公共关系对策。

1. 非公众

非公众是公共关系学中的特殊概念，指的是在组织的影响范围内、但不与组织发生直接互动影响的社会群体。可以把非公众理解为公共受众或消极公众。从公共关系的角度来说，非公众并不属于组织公共关系工作的工作对象。确定非公众有助于提高组织公共关系工作的明确性，减少盲目性，避免不必要的资源浪费。

2. 潜在公众

潜在公众指的是虽然面临着组织行为引起的问题，但是由于问题本身尚未暴露，或者他们本身还没有意识到问题存在的公众，潜在公众阶段是组织开展公共关系的最佳时机。如何见微知著、未雨绸缪，详细分析各种可能的发展态势，主动加强与有关公众的沟通，从而积极引导问题的走向，控制不利舆论，这对组织形象的维护，并在更高的层次上塑造组织形象来说是非常关键的。

3. 知晓公众

知晓公众指的是已经明确认识到问题的存在并且意识到问题的存

在与特定组织相关的公众。知晓公众处在行动公众的临界点,他们即将介入问题并谋求相关的权益。充分尊重公众的知晓权,满足公众的知晓需要,使公众对组织产生信赖感,这有助于促使公众采取组织所期望的行动,避免公众采取对组织不利的行动。

4. 行动公众

行动公众是指已经采取行动的并且要求组织采取相应行动的公众。行动公众是否受组织欢迎取决于组织的价值取向;消极的行动公众构成了组织的压力群体,组织必须采取相应的行动,变消极为积极、变压力为动力。

(五) 根据公众对于问题的介入程度分类

根据公众对于问题的介入程度,可以将公众分为积极公众和消极公众。如果从公众的发展过程来分析,知晓公众和行动公众都可以归类于积极公众,而非公众和潜在公众则可以归类于消极公众。但即使是知晓公众和行动公众,他们表现出来的态度和行动对问题的介入程度也会有差异。

积极公众是指介入问题的程度较深并积极谋求问题解决的公众,他们与组织的互动关系已经形成;消极公众尚未知晓问题的存在,或者虽然意识到问题的存在,但他们持消极观望或被动等待的态度。

积极公众是组织公共关系的重要目标,因为他们不仅知晓问题发生的原因和影响,而且关心问题的处理,并积极介入问题的解决过程。认真对待积极公众,集中资源处理好积极公众,不仅有利于控制事态的发展,也有益于控制舆论的态势。在密切关注积极公众的同时,也要关注消极公众的发展变化,他们往往是沉默的大多数。虽然他们通常持消极观望、谨慎从事的态度,但是如果问题的进程与他们对问题解决的期望之间差距过大,他们也随时会转化为积极公众。

(六) 根据组织的价值判断分类

从组织的角度来分析组织对各类公众的价值判断是不同的。根据组织的价值判断,可以将公众分为受欢迎的公众、不受欢迎的公众和被追求的公众。

受欢迎的公众是符合组织需要并主动对组织表示兴趣和沟通意向

的公众。不受欢迎的公众是对组织构成潜在的或额外压力和负担的公众。被追求的公众指符合组织的利益和需要,但对组织却缺乏兴趣和主动沟通意向的公众。

受欢迎的公众与组织有较大的共同利益,不存在现实的利益冲突和沟通障碍。不受欢迎的公众是组织不愿意主动与其交往但又不得不谨慎对待的,由于他们对组织的威胁和压力,组织在制订公共关系对策时必须对他们予以格外重视,这在危机事故、突发事件发生时特别明显。被追求的公众,如名人等,对于组织来说具有特殊重要的公共关系意义,借助于名人的地位、身份,可以提升组织形象的传播力。

第二节 影响公众行为的心理因素

影响公众行为的心理因素主要是个体的心理活动过程和个性。分析公众的心理和行为,可以提高组织公共关系工作的明确性和针对性,提高公共关系工作的科学性和有效性。

一、心理活动过程与公众行为

人的心理活动过程都包括认知、情感和意志三个过程,即通常所谓的知、情、意三个方面,它们反映了人类心理现象的共性。针对心理过程的这种共性,组织在开展公共关系传播时应以引起公众的注意为切入点,通过激发公众积极的情绪和情感,使公众形成组织所期望的态度,并进而改变或促进公众的行为。

(一) 认知过程

认知过程是人脑对客观现实反映的过程。公众的认知过程反映了公众对特定组织的整体了解和评价。它包括感觉和知觉两个阶段。感觉是公众借助于多种感觉器官接受来自组织方面的信息刺激,对组织产生初步的认识。知觉是在感觉的基础上,公众对组织有关信息产生综合的整体的反映,进而通过记忆、思维、想象对其做出分析、评价。

影响公众认知过程的因素包括主客观两个方面。从主观方面来说,主要有公众的生活方式、文化背景、社会阶层和个性特点等。从客观方面来考虑,主要包括刺激的信息内容、媒介和方法等。

在开展公共关系工作时,要充分研究公众的认知规律,具体来说,有以下三个方面的要求:

要考虑公众的文化背景和接受媒介的习惯,选择适当的传播媒介和传播时机;要利用公众思维定势的积极方面,克服其消极方面,做好具体的传播工作;要利用公众的感知、记忆、想象等规律进行形象识别系统各要素的设计和传播。

(二)情感过程

情感过程是人对客观事物是否符合自身需要而产生态度体验的心理过程。公众的情绪、情感是公众对组织是否符合并满足其需要而产生的,是对组织的态度和体验,它反映了组织与公众需要之间的关系:凡能够满足需要的,公众会产生满意的情绪和情感;凡不能够满足需要的,公众会产生否定的情绪和情感;凡与需要无关的,公众会产生无所谓的情绪和情感。

公众在不同的情境下,可以产生两种不同性质的情绪,即正性情绪和负性情绪。我们把以愉快、欢乐、兴奋等为主的情绪体验称为正性情绪,而负性情绪是以厌恶、愤怒、恐惧、悲伤、痛苦为主的情绪体验。两者对人们行为的交互作用产生两种不同性质的影响,即积极影响和消极影响。

在开展公共关系工作时,要充分研究公众的情感过程的规律,具体来说,有以下三个方面的要求:公共关系工作应该注意培养公众对组织的积极的情绪和情感,避免引起公众消极的情绪情感;公共关系传播的内容和手段要符合公众的道德感、美感和理智感;在处理与公众的关系时,要善于推广与应用情感投资的传播方式。通过情感投资,可以换取公众对组织的支持和合作,增强组织对公众的向心力。情感投资要以"心"为中心:与公众沟通时要有信心、耐心和交心;对公众的需要和问题要知心、关心和热心。

(三)意志过程

意志是个体自觉确定目标并根据目标支配和调节行动、克服困难以实现目标的心理过程。只有通过意志过程,公众才能做出抉择并付诸行动。自觉确定目标、自觉调节行动、努力克服困难、最终实现目标是意志行动的四个基本要素。意志行动的心理过程分为两个阶段,即采取决定阶段和执行决定阶段。

1. 采取决定阶段

采取决定阶段是意志行动的开始阶段,它决定了意志行动的方向和行动部署,是意志行动不可缺少的阶段。这个阶段包括行动动机的选择、行动目标的确定、行动手段的拟定等环节。行动动机反映了人们为什么要达到某一特定目标;行动目标是人的行动所要达到的是什么;行动手段则是人们借助于什么具体的行动去达到目标。

2. 执行决定阶段

执行决定阶段是公众意志过程的完成阶段,决定的执行是意志行动实现的关键阶段。意志行动的过程通常也是困难克服的过程,在这个过程中,公众要克服和排除多种多样的困难和干扰,这些困难和干扰来自两个方面:一是公众自身的主观方面的因素;二是客观的外部因素。执行决定的阶段总是与排除干扰、克服困难相联系的。困难的克服取决于以下主要条件:第一,坚定的信念,执行决定要求人们付出一定的意志努力,因此,意志品质发挥了重要的作用;第二,行动目标要具备实现的可能性,过高的目标或者过低目标都是不可取的;第三,想象力,即个体对于意志行动完成与否可能导致的后果的意识。

研究意志行动主要是分析心理对行动的调节过程,在开展公共关系工作时,要充分研究公众的意志过程规律,在公众采取决定阶段,要善于了解并增强或减弱公众的行动动机,这是引导并控制公众行为的基础;在公众执行决定阶段,可以通过各种形式的公关活动,促使公众作出符合组织价值取向的行动。

【案例】

您真的会洗衣服吗?

某公司生产了一种能使衣物恢复弹性、蓬松柔软的新产品——洗涤柔软剂。产品刚刚问世时由于人们对它的性能和作用不甚了解,尽管其性能优越,价格合理,也没能打开销路。为此,公司在通过报纸大做广告的同时,通过各种渠道向公众介绍自己的产品,终于使自己的产品找到了市场,销路大开。

公司广告中有这样一句极富吸引力的广告词:"您真的会洗衣服吗?"这句话抓住了公众的注意力,引起公众的极大兴趣和好奇。在公众对此产生兴趣之后,公司大张旗鼓地介绍传统洗衣法存在的问题,以及解决这些问题的唯一办法。他们通过各种公关手段向公众展示了一些众所周知的实际问题,如衣服过一段时间会变硬、毛巾板结、丝绸织物和化纤织品带静电、薄型衣裙裹身缠腿等虽不算大但确实使人感到麻烦的问题。要解决这一问题就必须在传统洗衣的"去污、漂清"两步法之后再加上一个"柔软"的步骤,这样就会使衣物去除静电、恢复弹性、蓬松柔软。通过这样的对比,公众对衣物洗涤柔软剂的需要便油然而生。

通过公司的介绍,人们会想到生活中不仅要干净卫生,舒适美观也是不可少的。特别是随着化纤织物等人工制品的增多,去除静电、蓬松柔软是不容忽视的问题,为这种既能解决问题又价格合理的商品解囊是值得的。于是人们从观念上开始认识和接受了这一新产品,一种新的消费观念和价值取向便引入了公众的生活,该公司的销售之门随之而彻底打开了。

资料来源:赵国祥、赵俊峰,《公关心理学原理与应用》,河南大学出版社,2000年。

思考分析:

1. 公司是如何运用公众的心理活动的规律打开洗涤柔软剂销路的?

2. "您真的会洗衣服吗?"这句广告词在促成公众购买行为方面有什么作用?

二、个性与公众行为

由于个人先天遗传因素的差异以及后天社会环境(如家庭、社会文化及个人所接受的文化教育、社会阶层等)的影响不同,人的心理活动各有其特点,这就形成了人的个性。个性一词在心理学中有其特定的含义,与日常生活中所说的个性不完全相同。心理学中的个性是指个体特有的特质模式及其行为倾向的统一体。个性包括互相联系的两个部分:个性倾向性和个性心理特征。个性倾向性即心理活动的倾向性,指个人对客观事物的意识倾向性,它是人们进行活动的基本动力,决定着人们对现实的态度、认识和活动的指向性,包括兴趣、态度、需要、动机、世界观和价值观等;个性心理特征即心理过程的特征,反映了人的心理的独特性和个别性,主要包括气质、能力和性格。这两大部分的有机结合,使个性成为一个整体的结构。

(一) 需要与动机

人的行为是由动机支配的,动机是由需要引起的,行为又是朝向一定目标的。需要是客观的刺激作用于人们的大脑所引起的个体缺乏某种东西的状态。人的需要既可以是生理或物质上的(如对食物、水分、空气等的需要),也可以是心理或精神上的(如追求社会地位或事业成就等)。

动机是人们行为产生的直接原因,它引起行为、维持行为并指引行为去满足某种需要。动机是由需要产生的。当人们产生的某种优势需要未能得到满足时,会产生一种紧张不安的心理状态,在遇到能够满足需要的目标时,这种紧张不安的心理就转化为动机,人的动机结构中最强烈的优势动机推动了人的行动,使之达成预定的目标。目标达到后,需要得到满足,紧张不安的心理状态就会消除。随后,又会产生新的需要,引起新的动机和行为。

1. 需要理论的主要观点

最有影响的需要理论是 1943 年马斯洛提出的需要层次论。马斯洛需要层次论的主要观点有以下三个方面的内容。

(1) 人类有五种基本需要。就一般人而言,具有五种基本需要,即生理需要、安全需要、社交需要、尊重需要和自我实现的需要。其中自我实现的需要就是最大限度地发挥个人潜力并获得成就的需要,这种需要往往是通过胜任感和成就感来获得满足的。1970年,马斯洛对他的需要层次论作了进一步阐述,在尊重需要后面又加了求知的需要和求美的需要,从而把人的需要分为七个层次。

(2) 需要是有层次的。马斯洛认为,上述五种需要由低到高依次排列成一个阶梯,当低层次的需要获得相对的满足后,下一个需要就占据了主导地位,成为驱动行为的主要动力。其中,生理需要和安全需要属于低级需要,尊重需要和自我实现需要属于高级需要,社交需要为中间层次的需要,基本上也属于高级需要。

(3) 行为是由优势需要决定的。马斯洛认为,在同一时间、地点、条件下,人存在多种需要,其中有一种占优势地位的需要决定着人的行为。当一种需要满足以后,一般来说,它就不再是行为的积极推动力,于是,其他需要就开始发生作用。但不能认为某一层次的需要必须完全满足后,下一层次的需要才成为优势。因此,马斯洛德的层次理论并非是一种"有"或"无"的理论结构,它只不过是一种典型模式,说明了需要动力作用的基本趋向。

2. 需要理论在公共关系中的运用

马斯洛的需要层次论对于搞好公共关系活动具有很强的指导意义。公共关系要使公众与组织产生合作行为,必须以满足公众的需要为出发点,这是公共关系的基本准则。

(1) 掌握公众不同层次的需要。公共关系人员要了解面临不同问题或处于不同发展阶段公众的需要特点及其变化规律,采取不同的公共关系对策,以引导和控制公众的行为。

(2) 满足不同公众的需要。马斯洛的需要层次仅仅揭示了人的需要的一般规律,实际上,每个人的需要并不都是严格地按其顺序由低到高地发展的,需要具体情况具体分析;在不同的情况下,人的需要强烈程度也是不同的。即使是同一个人在不同的时候和不同的情况下,需要层次也是不一样的。

(3) 立足公众的心理需要。由于公共关系工作本身的性质和特点,它不可能面面俱到地满足公众的各种需要,它要立足于满足公众的各种心理需要。其中,知晓需要和人格尊重需要是公众最基本心理需要。组织适时地将有关事实真相传播给公众,不仅可以满足公众的知晓心理需要,而且能够增加它们对组织的信赖感,从而促使他们成为组织长期的、稳定的公众。尊重需要是满足公众的独立自主的人格需求,人们的这种需要不仅在较重大、正式的场合表现出来,而且还会表现在社会交往的具体入微的细节中。

(4) 研究公众的优势需要。在现实生活中,人的需要往往不止一种,而是同时存在多种需要。这些需要的强弱也会随时发生变化。在任何时候,一个人的行为动机总是由其全部需要结构中最重要、最强烈的需要所支配、决定的。人的行为往往是由优势动机推动的。因此,研究公众的优势需要,强化或者改造公众的优势需要,使之与组织的需要相一致,这对公共关系的问题解决具有决定性意义。

【案例】

投桃报李

皮革服装在夏季该收藏起来了。可在炎热潮湿的夏季,皮革服装很容易发霉虫蛀,很难保管,这是令消费者很伤脑筋的。浙江省海宁市某皮革制衣公司考虑到顾客在夏季保管皮夹克的困难与麻烦,推出免费为消费者保管皮茄克的服务,赢得公众的喜爱和信任。公司投之以桃,顾客报之以李。第二年公司的利润比前一年增长了一倍。

资料来源:廖翠娥,《职业心理咨询》,中国青年出版社,2003。

分析思考:

1. 免费为消费者保管皮夹克的服务体现了哪一种公共关系观念?

2. 这种做法对于组织处理公众关系有何启示?

(二) 兴趣

兴趣（或者说喜好）是人们积极探索某种事物或爱好某种活动的认识倾向和情感倾向，正是这种认识倾向和情感倾向使人们对某种事物或活动予以特别的关注、面对某种事物时给予优先的注意。公众的兴趣倾向表现为对某个组织及其开展的某项活动的选择性态度和积极的情绪反应。兴趣与人们的年龄和职业有关。

1. 兴趣的特点

兴趣有助于公众产生注意力。公众如果对组织的活动、产品感兴趣，往往会注意收集和积累有关的信息，从而为行动做好必要的准备。兴趣有助于公众做出行动决定。兴趣的刺激作用使公众情绪高涨、精神愉快、注意集中、态度积极，从而促使公众采取行动。兴趣具有以下四个特点。

（1）指向性。兴趣总是指向某种客观事物的，有具体的对象和内容。

（2）差别性。兴趣指向的范围、大小、对象和内容是有区别的。

（3）时间性。兴趣在个体身上持续的时间长短即为兴趣的时间性。这反映了兴趣既是稳定的，又有迁移性特点。

（4）效能性。兴趣对个体实际活动产生一定的作用，这种作用是因人而异的。有的人的兴趣很容易付诸行动，越做越有兴趣，有的人则心向而往之，却不付诸行动，兴趣慢慢消退。

2. 利用兴趣规律开展公共关系工作

为了发挥公众的兴趣作用，在开展公共关系活动时必须注意公众的兴趣倾向。

（1）吸引公众的注意，刺激公众采取行动。组织的公共关系活动应该针对公众的兴趣特点，吸引公众对组织的注意力，通过强化公众的认识和情绪倾向，刺激公众采取必要的行动。

（2）识别公众的兴趣差异，有针对性地开展公共关系传播活动。公众个体的兴趣是多种多样的，不同公众个体的兴趣又可能各不相同，作为组织来说，不仅要研究公众兴趣的差异性，而且要根据自己目标公众的兴趣倾向来开展公共关系活动。

(3) 引导公众的兴趣。公众的兴趣既有稳定性，又有迁移性的特点。组织要根据自身的目标，使公众保持并强化对组织的兴趣；或者引导公众兴趣的迁移，使之符合组织的发展需要。

(三) 态度

态度是个体对某一客观对象的评价与行为倾向。态度对象包括人、物、事件、团体、制度以及代表具体事物的一些观念，人们对这些对象形成某种特定的意见倾向，表现出一定的看法、感情和行动倾向的组合，就是态度。

1. 态度的结构

态度是一种有着不同层次的、复杂的心理结构。不同的层次都会对行为产生不同的影响。而且，在一定条件下，个体并不是经常表现出与内心态度相一致的外部行为。所以，简单地观察个体的行为不一定能推导出其真实的态度。另外，态度影响到对人、事、物等多种活动的动机、信念及相应的行为倾向等多个方面，同时也受到需要、动机、信念、世界观、价值观等多种个性心理倾向的影响，并与它们联系密切。态度会使个体行为决策产生固定偏向性，但也会在其他情感、信念、价值观的改变过程中相应地发生态度的改变。从态度构成来分析，态度是由认知、情感和意向三种成分构成的。

(1) 认知。认知因素是指对态度对象带有评价意义的叙述。叙述的内容包括对态度对象的认识、理解、相信、怀疑以及赞成或反对等。认知因素是主体对态度对象的整体了解和评价，不仅是主体了解和判断事物的依据，而且也是形成情感体验的基础。因此，在态度的构成中，认知是基础，而且认知与价值观有内在的联系，主体对某一事物的态度往往取决于主体对该事物的价值判断。

(2) 情感。情感因素是指主体对态度对象的情感体验，如尊敬—蔑视，同情—冷漠，喜欢—厌恶等。情感因素调节着个体态度的表现。情感是态度的核心性因素。

(3) 意向。意向因素是指个人对态度对象的反应倾向或行为的准备状态，也就是个体准备对态度对象做出的反映。这就意味着态度具有动机的作用，制约着人们对对象的反应方式。

态度的这三种成分相互影响,协调一致,才能形成稳定的心理倾向。一般情况下,三者之间是一致的、和谐的。但事实上,情感和意向之间往往会不完全协调使得认知和意向之间也出现不完全协调。因此,通常会出现"知道是一回事,做起来是另外一回事"的现象,也因此,情绪唤起、情感引导对改变人的态度就显得很重要。

2. 态度的形成

态度的形成和改变不是一朝一夕的,一旦形成,态度具有一定的稳定性,但又不是不可以改变的。影响态度形成和改变的因素是多方面的,客观方面主要是社会生活环境中的各种因素;主观方面主要是指个性倾向性因素,个性倾向性因素作为各种心理活动动力调节着主体的行为。态度的形成一般经过三个阶段——模仿或服从、同化与内化。

(1) 模仿或服从阶段。个体看到别人的行为以后,便会产生仿效别人的行为趋向。这种仿照一定的榜样做出类似的态度或举动的行为过程就是模仿,模仿是掌握行为模式或行动方式所特有的一种学习方式,作为形成态度的开端,这是人们形成和改变自己态度过程中最常见的一个途径。模仿发展的基本趋势是从无意识、不自觉到有意识、自觉的模仿,从模仿榜样的外部特征到模仿榜样的内心特征、实质内容。态度的形成也可能开始于受到一定压力后的服从。服从是人们为了获得某种物质或精神上的满足或为了避免惩罚而表现出来的一种行为或态度。服从的特征往往表现为本身的行为或观点受到外界的影响而被迫发生的。导致服从的外界影响主要有两种情况:一种是在外力的强制下被迫服从;另一种是受权威的压力而产生的服从。

(2) 同化阶段。同化是指个体自愿接受他人的观点、信念、行为或新的信息,使自己的态度与所要形成的态度相接近,在这一阶段,同化者希望自己成为与施加影响者一样的人,个体由于在同化过程中满意地确定了自己所要认同的个人或团体的关系,因而采取一种与他人相同的态度和行为。

(3) 内化阶段。这是态度形成和改变的最后阶段,个体自觉地接受了新的观点、新的信念、新的信息,并使之成为自己态度体系的有机组成部分。进入这个阶段之后,态度就比较稳固,不易改变了。

3. 态度的改变

对各个对象因素,主体的态度都会表现出方向性的特点:肯定或是否定、赞成或是反对,亲近或是疏远,并由此产生一种反应的倾向性,即接近它还是回避它。态度的方向性特点使得态度的表现形式具有两极性,即正态趋向的态度和负态趋向的态度。当然也还有介于两者之间的中性态度,但它是短暂的。在正向、逆向的两极之间,态度具有程度的差异,有时反映出态度的极端性,有时则反映出态度的中性方向。

公众态度的改变包括一致性改变和不一致性改变。一致性改变是指公众态度的性质和方向并没有发生根本性的改变,只是态度强度的改变。不一致性改变是指改变态度的性质和方向。一致性改变包括逆向型和顺向型两种,不一致性改变又称为转轨改变。这就形成了改变公众态度的三个角度(如图 3-1)。

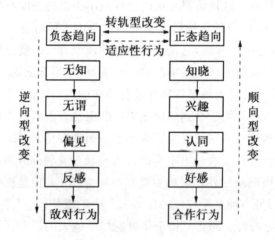

图 3-1 改变公众态度的三个角度

(1)顺向型改变。在与组织的关系过程中,公众会对组织产生不同程度的正态趋向态度,组织应该维持和强化公众正态趋向态度的发展,进而引起公众的合作性行为。

(2)逆向性改变。在与组织的关系过程中,公众会对组织产生不同程度的负态趋向态度,组织应该通过公共关系传播来弱化和改变这种负态趋势的发展,进而避免公众采取对组织的敌对性行为。

(3) 转轨型改变。当组织面临转型和变革时,需要公众的原有态度也发生相应的根本性改变。公共关系要根据组织的发展需要来引导公众态度,使公众态度符合组织的发展需要,进而采取适应性行为。

4. 说服与态度改变

说服是在信息沟通中改变他人的态度常用的方法。要有效地改变他人的态度,必须充分把握影响态度改变的各种因素,从而提高说服质量和效果。这些因素包括说服者、信息传递方式、被说服者以及说服过程中的情境因素。

(1) 说服者的条件。说服者的条件是影响对象会不会在接受传递信息之后改变原有态度的一个重要因素。说服者的条件主要包括说服者的专业性、说服者的可靠性、说服者的声誉等。说服者的专业性是说服者的身份具有使人信服的权威性,如说服者的教育背景、社会经验、年龄、职业和社会阶层等;说服者的可靠性是对象对说服者相信的程度,如说服者的人格特征、外表仪态、说话时的信心以及意图和动机等;说服者的声誉,其最主要成分是专家身份和超然的态度,如说服者是否是一个身份明确的权威或意见领袖、第三者的立场等。

(2) 说服的内容。说服内容要有说服力,这是指说服者所提供的信息要有说服力,主要表现为信息的差异性和信息的情绪性。信息的差异性是指说服者提供的信息与目标对象已有的态度对比,差异越大,促使态度改变的压力也越大;信息的情绪性是指说服者诉诸理性还是感性,一般来说,情绪唤醒的说服有更好的劝导效果,利用被说服者的情绪认同将有助于态度的改变。当然借助于理性说服也很重要。两者的结合就是通常所谓的"动之以情,晓之以理"。

(3) 说服的过程。这主要涉及说服过程中的方式、方法和技巧,如首因效应和近因效应以及提供信息的正反性等。首因效应和近因效应涉及问题、观点的排列技巧,先提出的观点可以引起目标对象的注意,最后提出的观点有利于目标对象的记忆。如果信息内容是对象可能接受的,首先提出较为有利;如果首先唤起对象需求,然后再提出问题,则更易于被接受。提供信息的正反性是指在表达一个有争议的问题时到底是提供正面理由还是反面理由,还是同时提供正反两方面的理由,这要根据说服对象的文化教育程度以及他原本态度和说服者的观点是否一致来决定。如果对象本来就赞同说服者的观点,提供正面理由可以坚定其原有的态度;如果对象的预存立场与说服者的观点相反,那么,提供正反两方面理由,比只提供一方面理由更有说服力;如果对象的教育程度高,提供两方面的理由更为有效;如果对象的教育程度低,并且原先就赞同说服者的观点,则一定要提供正面理由,反面理由可能导致对象的犹豫不决。

(4)态度的系统特性。接受者态度系统特性的因素包括态度的持续性、态度的两极性、态度所涉及关系的复杂性、态度前后的一致性、态度结构的协调性、态度的公开性、态度的激励性、态度与价值观的密切性等。具有上述特性的态度是较难改变的。

(5)接受者的人格特征。接受者的人格特征主要是指反映了人的心理独特性和个别性的个性心理特征,包括气质、能力和性格。气质主要以其灵活性和可塑性影响着态度的形成和改变,如多血质和胆汁质的人较易改变,黏液质和抑郁质的人则不易改变其态度;性格以其类型特征影响着态度的形成和改变,如内倾型和独立型的人不易改变,理智型的人善于通过认知因素改变和形成态度,意志型的人易于通过目的的明确而形成和改变态度,情绪型的人易受情感因素的影响而改变态度;能力主要通过感知及思维而影响态度的形成和改变,如通过感知和思维引进新的知识会促进相应态度的形成和改变。

(6)说服的情境因素。说服过程的情境因素包括时空因素和心理因素。时间因素是指说服的时间选择,一般要避免在体内低潮时间进行;时间因素还表现在对象的预警现象上,如果个体在接受某一与之相反观点的说服前,预先知道将会发生的情况,他将更有力地抵制这一观点的说服。说服的空间性因素表现在座位的设置排列和沟通环境气氛方面,空间因素会使对象表现出分心的现象,即在说服过程中,情境中的某些刺激因素会引起对象分心,从而干扰了对象对说服信息的注意程度。心理因素主要是指对象的情绪心理状态,在不同的情绪状态下,说服效果是不一样的,满意的情绪体验会使说服活动的效果得以强化,不满意的情绪体验则会使说服活动受到抑制。

【案例】

周恩来从容高论嬉皮士

1971年4月10日,美国乒乓球代表团和一批美国新闻记者,成为自1949年以后第一批获准进入新中国境内的美国人。4月14日,周恩来总理在北京人民大会堂接见了代表团一行,周总理与美国代表团成员一一握手后,作了讲话:"你们作为前来中华人民共和国访问的第一个美国代表团,打开了两国人民友好往来的大门",周总理问大家:"你们住得怎么样?习惯中国菜的口味吗?还有什么问题要提?"

科恩(19岁,洛杉矶圣莫尼卡的大学二年级学生)倏地站了起来,他长发披肩,穿了件西装,没打领带。科恩略微欠欠身子,大声说:"总理先生,我想知道您对美国嬉皮士的看法。"

大厅里静静的,人们都望着周总理。周总理看了看科恩那飘垂的长发,说:"看样子您也是一个嬉皮士。"周总理继而把眼光转向大家:"世界上有的年轻人对现状不满,正在寻求真理,在思想变化的过程中,在这种变化成型以前,这是可以允许的。我们年轻的时候,也曾经为寻求真理尝试过各种各样的途径。"周总理又将眼光转向科恩:"要是经过自己做了以后,发现这样做不正确,那就应该改正,你说是吗?"周总理略略停顿,又补充一句:"这是我的意见,只是一个建议而已。"

科恩是大学二年级学生,学的是历史和政治。科恩提这个问题,自有他的道理。他的这身打扮,他的谈吐,不要说在东方国家,就是在号称"自由世界"的美国,责难者也不在少数。他要听听红色中国的高层领导人的看法。本来,他得知周总理要接见他们时就想提出这个问题。美国领队知道后,劝他不要乱来,他点头答应了。但看到周总理后,他还是把这个问题提出来了。他原以为在这个最革命的国家,听它的总理评价嬉皮士,一定会听到诸如资产阶级、颓废的、没落的生活方式之类的训词,结果出人预料,周总理并没有用革命大道理训人,还表示十分理解当代青年的思想。科恩不由自主地为周总理所折服,敬佩而信服地听着。

第二天(1971年4月15日),周总理这番话几乎被所有的世界大报与通讯社报道。4月16日,科恩的母亲从美国加州威斯沃德托人通过香港,将一束深红色的玫瑰花送给周总理,感谢周总理对她儿子讲的一番语重心长的话。事后,基辛格评价说:"这整个事件是周恩来的代表作。"

资料来源:中国经济网,2006年7月24日;《深圳特区报》,2011年3月19日。

分析思考:

1. 周恩来对嬉皮士的态度是什么?
2. 周恩来在表达自己态度时的技巧有哪些?

(四) 价值观

从广义上来理解,价值观包括一个人的向往、希望、需要、兴趣、选择、责任和道德义务等内容,它体现为一个很广阔的选择行为方式的范围以及对这些行为方式好和坏、对和错、公正和不公正的评判标准。从狭义来理解,价值观是人们对事物意义大小的一种分级、分类或其他的鉴定方式以及进行这种评定的标准或准则。比较重要且具有代表性的这类准则有权利、尊敬、正直、感情、幸福、财富、技能和教育等价值观念,这些准则是人们判断自己合理的行为以及调整自己与其他人关系的基础。价值观是影响人们态度形成的核心因素。

1. 价值观的准则

价值观准则具体表现在三个层面,即个人层面、标准层面和理想层面。

(1) 个人层面。在个人的层面,价值观的准则表现为选择、愿望或兴趣的形式,比如个人在工作和生活上的需要、对家庭的需求、对组织的希望等,它体现了个人心理活动的社会性特点。

(2) 标准层面。这是个体或团体处在一些特定或标准的情况中所持有的某种价值准则,比如组织的规章制度体现的原则、标准,对破坏组织制度行为的处理方式和态度等。

(3) 理想层面。从理想的层面来分析,价值观建立在对或错、好或坏、公正或不公正这些准则上的合理性判断上,它远远超出了个人或一个特定组织团体的价值准则的选择,如公众对自由择业、公平竞争、社会的流动性、风险投资、参与社会管理等的认识与评价等。

2. 公众价值观与行为取向

对公众价值观的分析对于确定公众的行为取向、选择公众对象、制定公共关系目标、调整和协调组织与公众之间的关系都具有很强的现实意义。由不同的价值观所推动的公众行为取向是各不相同的。比如:经济性价值观以有效和实惠为中心,以实际利益为标准来衡量所有事物和关系,讲究经济和实惠;政治性价值观以权力地位为中心、以获取功名为目标,注重个人的名誉和地位;理性价值观以知识和真理为中心,注重事物的是非对错;社会性价值观以群体和他人为中心,以对他人、对组织和社会的奉献为目标,热衷于公益活动,注重为他人和社会服务。

3. 公众价值观的确立

帮助公众确立价值观主要从内外两个方面来进行:对组织内部来说,组织一方面要注意自身价值观的确立,使组织的价值取向与社会的价值取向相容;另一方面,公共关系要加强组织文化的教育,注意协调组织自身的价值取向与员工价值取向之间的距离和关系,从而形成组织全体成员认同的共同价值观,使员工产生共同的价值取向和行为取向。就外部而言,主要是针对消费者公众。组织要加强消费者教育,注意引导消费价值观,从而引导消费、创造消费,形成组织的稳定顾客和顾客对组织的忠诚度。

(五) 气质

气质是人的心理活动的动力特点,是个人与神经过程的特性相联系的行为特征。神经过程分为兴奋过程和抑制过程,有三个基本特征:一是神经过程的强度,指大脑细胞的工作忍耐力,有强弱之分;二是神经过程的均衡性,指兴奋过程和抑制过程的强度关系,有均衡和不均衡之分;三是神经过程的灵活性,指兴奋与抑制过程之间的转换速度,有灵活和不灵活之分。

1. 气质的心理特点

神经过程的特性必然在心理活动中表现出来,成为稳定的心理特点,这些特点主要体现在心理活动的动力上。

(1) 心理活动的强度。如情绪、意志过程的强弱。

(2) 心理过程的速度和稳定性。如知觉的速度、思维的灵活性、注意集中的时间长短等。

(3) 心理过程的倾向性,包括外倾性和内倾性。外倾性是指心理活动过程倾向于外部事物和人,从而获得心理需求的满足;内倾性是指心理活动过程倾向于内心世界,体验自己的情绪。

2. 气质差异的行为特征

被誉为"医学之父"的希波克拉特根据人体内何种体液占优势的假设,提出了多血质、胆汁质、黏液质和抑郁质四种类型的气质。俄国的生理学家巴甫洛夫通过对高级神经活动类型与规律的研究,提出了活泼型、兴奋型、安静型和抑制型四种气质类型。

(1) 多血质。热情、活泼、好动、情绪易于转换、反应灵敏,行为的外倾性明显,属于活泼型。

(2) 胆汁质。喜形于色、易于冲动、情绪变化激烈、胆量较大、好猛干,行为外倾性明显,属于兴奋型。

(3) 黏液质。情绪变化缓慢、安静稳重踏实、固执多疑、反应从容不迫、言行拘谨自制,行为内倾性明显,属于安静型。

(4) 抑郁质。心绪消沉于内、反应迟钝犹豫、冷漠孤僻寡欢、多疑内省仔细、言行缓慢腼腆,行为内倾性明显,属于抑制型。

3. 气质差异在公共关系中的运用

气质差异在公共关系工作中集中运用在两个方面:一是选择公共关系人员;二是公共关系人员与公众个体的交往。各种气质类型都有其积极的一面和消极的一面。在选择公共关系人员时,要注意从业人员与公共关系职业相关的气质特征,比如工作的忍耐力、行为的强度、速度和灵活性等。公共关系人员在与公众个体交往时,应当了解个人与人际关系相关的气质特征,主要是心理过程的倾向性,即内倾性和外倾性。对于不同气质类型的公众,应该注意不同的沟通方式和沟通技巧的运用。

(六) 性格

性格是人对现实的稳定态度和习惯化的行为方式。性格是个性心理特征的核心部分。个性心理特征中的气质和能力,它们原来对现实是中性的,但在主体的性格表现中,它们带有一定的意识倾向性,从而作用于客观现实。

1. 性格的特征

性格具有多方面的特征,这些特征集中在某一个体上,就会形成具有特色的整体。性格具有以下四个特征。

(1) 情绪特征。情绪特征主要表现在情绪和情感活动的强度、稳定性和持久性上。如冲动还是冷静、稳定还是波动、乐观还是悲观、抑郁还是开朗等。

(2) 意志特征。意志特征主要表现在意志力强弱和自控水平上,如是坚强还是懦弱、明确还是盲目、独立还是依赖、镇定还是慌张、主动还是被动等。

(3) 理智特征。理智特征主要表现在对客观事物认识的方法和速度上。如感知事物是主动摄取还是消极灌输、分析问题是细致还是粗略、思维方面是阻滞还是顺畅、想象方面是空幻还是现实等。

(4) 社会特征。社会特征主要表现在对社会、集体、他人、个人活动的关系和态度上。如交际还是独处、同情还是冷酷、节约还是奢侈、谦虚还是傲慢等。

2. 性格差异及其行为特征

(1) 按何种心理机能占优势划分。按何种心理机能占优势划分,性格可以有以下四种。

① 理智型。理智型性格的行为特征是善于思考问题,三思而后行。

② 情绪型。情绪型性格的行为特征是情绪易于波动,并左右行动。

③ 意志型。意志型性格的行为特征是明确目的，自觉支配行动。

④ 中间型。没有某种心理机能占优势，而以某两种心理机能相结合为主。

(2) 按思想行为的独立性划分。按思想行为的独立性划分，性格有以下两种类型。

① 顺从型。顺从型性格的行为特征是独立性差，易受暗示，不加批判地按照别人的意旨办事，在紧急和困难的情况下表现出惊慌失措。

② 独立型。独立型性格的行为特征是独立性强，善于独立思考问题和解决问题，不易受外来因素所干扰，在紧急的情况下镇静自如，积极发挥自己的作用。

(3) 按心理活动的倾向性来划分。按心理活动的倾向性来划分，性格有以下两种类型。

① 外倾型。外倾型性格的行为特征是善于表露情感、表现行为，与人交往显得主动而活跃。

② 内倾型。内倾型性格的行为特征是不善于表露情感、表现行为，与人交往显得沉静而孤僻。

3. 性格差异在公共关系中的运用

(1) 注意选用公共关系人员。在选用公共关系人员时，要特别重视对其性格方面的考虑。公共关系人员经常要直接或者间接地与公众打交道，因此在性格方面，公共关系人员最好具有外向、独立和富有理智的性格。公共关系人员的性格应该在公共关系实践中不断进行自我调节，使其豁达化，能被公众接受，这是公共关系人员成功进行沟通协调的一个关键性因素。

(2) 善于与不同性格类型的公众沟通。公共关系人员不仅要善于调节自我的性格，而且应当了解和掌握公众对象的性格特征，以便对症下药。例如，对于理智型的人，应当通过提供有关信息，让他们自己考虑解决问题的态度；对于独立型的人，要多启发独立思考，切忌施加压力，以免引起逆反心理，不利于其态度的改变和发展。

(3) 加强对公众行为的预测。在对公众行为的预测中，对性格行为的预测更有意义。应该切实掌握公众对象的性格类型，借以推测他们可能表现出的态度及相关的行为方式,以便采取预防性措施,并在沟通中采取不同的沟通方式和沟通技巧。

第三节 几种典型的公众心理现象

在处理公众关系在策划开展公关活动的过程中,要特别注意研究公众典型的心理现象,如知觉的选择性、心理定势、从众心理、逆反心理和流行心理等。

一、知觉的选择性

知觉是人的大脑对直接作用于感觉器官的客观事物的整体反映。知觉之所以能够反映当前事物的整体,是因为在此之前,已经历了对该事物各种属性的感觉,并在脑中储存着相应的感觉信息组合。知觉为思维提供了感觉信息,而思维又对感觉信息进行加工处理,把知觉组织起来,使其获得某种意义,使我们认识到事物的名称、性能、因果关系等。

由于许多事物同时对人们发生作用,但是在同一时间内,人们能够清晰地知觉到的对象总是有限的,因此,在知觉过程中,为了清晰地反映对象,人们总是从许多事物中被动地或是主动地分出知觉对象,这就是说,人的知觉是有选择的。正是这种选择性使得人们在同一时间、同一场合中要面对着众多信息的时候,只能有选择地感知其中的少数内容并形成清晰的知觉,而对大部分内容则视而不见,听而不闻。

(一)知觉选择性的类型

1. 知觉的被动选择性

在知觉过程中,由于某些客观事物在相互对比中,有的呈现出较明显的特点,迫使人们去知觉它,这就是知觉的被动选择性。影响知觉选择的客观性因素主要有以下三个。

(1)知觉对象本身的特征。那些刺激作用强烈而突出的事物在一开始特别容易引起人们的无意注意,成为知觉对象。

(2) 对象与背景的差别。对象与背景的差别在一定程度上取决于客观事物本身的特征,并在它们的对比中加强这种差别。在同一时间的知觉过程中,人们清晰感知到的事物成为知觉对象,而模糊感知到的其他较多的对象则成为对象的背景。如果这种对象与背景的差别越大,人们就越容易把对象从背景中分出;反之,这种选择就越困难。

(3) 对象的组合。在许多时候,知觉所反映的事物整体,不一定只是一个对象。在一定的条件下,人们能够把若干事物组合成一个整体作为知觉对象。知觉的组合是按照以下原则进行的:第一,接近原则。在空间上接近的对象容易被感知成一个整体。第二,相似原则。如果一些对象的性质和形状相似,则它们容易被组合成一个整体进而被感知。第三,闭锁原则。当几个对象共同包围在一个空间时,人们往往把它们组合成一个整体来知觉。第四,连续原则。如果几个对象在空间或时间上连续地存在着,则它们容易被组合成一个整体进而被感知。

2. 知觉的主动选择性

在知觉的过程中,个人某些主观因素的作用在不同方面和不同程度上影响着知觉的选择性,表现为主体主动地感知对象,这就是知觉的主动选择性。影响知觉选择性的主观因素有以下几个方面。

(1) 需要和动机。需要是人对客观现实的需求的主观反映,而动机则引起行为、维持行为并指引行为去满足某种需要。凡是能够满足需要、符合动机的事物往往能够引起有意注意,成为知觉对象,反之,与需要和动机无关的事物则易被知觉所忽视。

(2) 兴趣。兴趣是动机的进一步发展,指的是个体热切地追求知识或从事某种活动的外显性意向。兴趣在更大的程度上影响制约着知觉的主动选择性。感兴趣的事物较容易从复杂的环境中被注意到,成为知觉对象;不感兴趣的事物,即使被注意到了,往往也会从知觉中随即消失。

(3) 性格和气质。性格是人对现实的稳定态度和习惯化的行为方式。性格在意志、自尊心、情绪、对人的态度、权力需求、竞争心理等方面影响着人的知觉选择性,气质主要是受神经过程的特性决定的行为特征,它往往与性格交织在一起。气质对知觉选择性的影响主要体现在一定的时间内知觉的速度和数量上。

（4）经验知识。个体过去通过认知积累的与当前知觉有关的经验知识往往以信息的形式储存于大脑中，并成为信息系统，经验和知识会使熟悉的对象易于从环境中分出，成为知觉对象。

（二）知觉选择性的公共关系意义

如何提高对公众组织传播信息的注意，提高公共关系的传播效果，这要求公共关系人员去研究是哪些因素影响了公众的知觉选择，这些因素又是如何影响公众知觉选择的，这将有助于组织根据公众知觉选择的特点并充分利用相关主客因素进行信息的设计和传播，以促进公众选择性知觉的产生。

1. 信息的结构性因素

信息的结构性因素主要是指信息形式上的因素，即具有相互作用和关联的信息客观性要素的匹配和耦合方式。由于知觉被动选择性的存在，在进行信息的设计传播时，充分利用信息结构性因素的影响。信息的结构性因素包括信息刺激的强度、对比度、重复率和新鲜度。

（1）信息刺激的强度。信息刺激的强度是指传播者运用一些超乎常规的做法来传播信息，以引起受众的注意。信息刺激的强度（如篇幅、字号和音量等）在一定限度内越大，人们对这种刺激的注意度就越高。当然，刺激强度不能超过受众的感觉阈限，否则适得其反。

（2）信息刺激的对比度。信息刺激的对比度是指在传播信息过程中运用对比的方法，强化传播效果，吸引公众的注意。一般而言，增强信息各元素之间的对比，包括图案的大小、版面的虚实和色调的对比、画面的动静、空白的对比、色彩的明暗、强弱的对比、声响的节奏、高低的对比等，有利于引起公众的知觉选择。

（3）信息刺激的新鲜度。信息刺激的新鲜度是指传播发送者将所传播的信息在内容形式上不断地调整、创新，给接受者以新鲜感。信息的内容和形式如果总是一味地重复，久而久之会使公众厌倦、麻木。因此，在信息传播过程中应不断改变调整内容、创新方式，以引起公众的注意。

（4）信息刺激的重复率。信息刺激的重复率是指将同一信息多次重复传播,以引起受传者注意、扩大接收面、增强起受传者的印象。信息的重复出现,势必增加其刺激强度,并且与频率低的信息形成鲜明对比。信息刺激重复率是信息刺激强度和对比度的综合运用。当同一内容无论以同一形式还是不同形式重复出现时,它往往会在受众中间引起注意,引起巨大的心理反响。

2. 信息的功能性因素

信息的功能性因素主要是指信息内容与公众之间的关联程度。信息内容与公众之间在经验、利益以及心理状态方面的相关性程度不同,决定了信息引起公众注意并取得效果的功能作用也是不同的。功能性因素包括延缓性因素和即时性因素两大类。

(1) 延缓性因素。延缓性因素是指信息能对公众较长时间发生作用的因素,这往往与文化、社会因素长期作用下形成的比较稳定的公众个人特征有关。长期以来,不同国家和地区,不同的民族,形成了各自的伦理道德、风俗习惯、宗教信仰,人们的心理素质、文化素质、道德水准等各不相同。这样就使不同区域的公众对某些信息已形成了固有观念,作为传播者,要想获得良好的传播效果,就必须注重延缓性因素的作用,否则容易陷入传播的误区。

(2) 即时性因素。即时性因素是指信息在短时间内满足公众的需求并即刻发生作用的因素,这往往与公众接触信息的心理状态,如需要和利益、情绪与情感有关。传播者注意观察和研究公众的需要、感情和生活规律,不失时机地开展传播沟通活动。

二、心理定势

心理定势是人的认知和思维的惯性、倾向性,即按一种固定了的倾向去认识事物、判断事物、思考问题,表现出思维的倾向性和专注性。这种倾向性对人们的态度和行为既有积极的作用,又有障碍和束缚的消极影响。

(一) 心理定势的表现

1. 第一印象效应

第一印象效应是指最初接触到的对象信息对人们以后的评价和行

为活动的影响。第一印象效应也称首因效应,即对象给人最先留下的印象往往左右了人们对对象的整体判断,影响着人们对对象以后发展的长期看法。第一印象一旦形成就比较难以消除。

2. 最后印象效应

最后印象效应是指对象给人留下最后的或最近的印象往往非常深刻,难以消失,进而影响了对对象的认识和看法。最后印象效应也叫近因效应,与首因效应相反。

3. 片面印象效应

片面印象效应是指人们在认识事物或人的时候,往往会把对象的某一些突出特征或品质推广为对象的整体印象和看法,从而掩盖了对象的其他特征或品质,形成某种幻化的知觉。片面印象效应也叫晕轮效应,是思维时以点盖面的结果。

4. 刻板印象效应

刻板印象效应是指人们往往自觉或不自觉地凭借固有的经验和固定的看法去判断、评价对象的特征,并对该对象中的个体加以类推。这种看法一旦在人的思维中定了型,就会造成先入为主的思路。

(二)对公众心理定势的利用

公共关系人员在分析公共关系现象、处理公众问题时既要避免自身的心理定势的消极影响,又要注意对公众心理定势的利用。

1. 第一印象效应与良好的组织形象

无论是人、产品、环境,还是组织行为和组织形象,都要尽可能给公众留下良好的第一印象,避免因为不良的第一印象而造成知觉的片面性,或者因为不深刻的第一印象对组织的传播活动产生不了共振效应。

2. 最后印象效应与组织形象的更新

最后印象会产生近因效应,关于对象的新信息、最近的信息会对人的认识和看法产生新的影响,甚至会改变原来的第一印象。因此,公共关系传播工作要注意用新的信息去巩固、刷新公众心目中原有的良好印象,或尽力改变原来的不良印象。

3. 片面印象效应与名人公关

公共关系传播活动可以适当地利用片面印象效应来扩大组织或产

品的影响,美化组织产品的形象,如开展名人公关,借助于名人的身份、地位和社会影响来扩大组织的传播效果。当然,在开展名人公关时,也要注意技巧和分寸,避免引起公众的反感和讨厌,特别要忌讳借用名人做不切实的宣传来蒙骗公众。

4. 刻板印象效应与顺意公众

公共关系一方面要研究和顺应公众的某些刻板印象,使组织的形象与公众的经验相吻合,稳定和发展顺意公众;另一方面也要努力改变公众某些狭隘的成见以及由此而对组织及其产品的误解,进而引导公众的观念,转化逆意公众。

三、从众心理

从众心理是指公众放弃自己个人的意见而采取与大多数公众成员一致的态度和行为。从众性是与独立性相对的一种意志品质,从众性强的人缺乏主见、易受暗示,容易不加分析地接受他人意见并付诸实施。随大流就是一种典型的从众心理的表现。

(一)从众心理的原因

从众行为的产生来自个体心理上的不坚定和外在环境的影响。外部环境主要是个体所在群体的影响,诸如群体规模、群体的一致性、群体的凝聚力、个体在群体中的地位等。一般来说,群体规模越大,持有一致意见或采取一致行为的人数越多,则个体所感到的心理压力就越大,也就越容易从众;群体的凝聚力越强,群体成员之间的依存性以及对群体规范的认同性越强,个体的从众倾向也越强,在群体中地位高的个体,一般不会存在从众压力。

从公众成员的个体方面来探讨其原因,主要是因为个体不愿意标新立异,担心与众不同而感到孤立、不舒服。而当他的态度和行为与他人一致时,则会产生"不会错、没有错"的安全感。影响从众心理的个体方面的原因包括以下三个方面。

1. 知识经验

个体对刺激对象越了解,掌握的信息越多,就越不容易从众,反之则越容易从众。

2. 个性特征

影响从众心理的个性特征包括了个体的能力、情绪、性格、价值观等。一般来说,观察能力和分析判断能力弱、专业知识少的人,比较容易从众,反之,则不容易从众;自尊心和自信心强的人、主观任性的人,不容易从众;情绪不稳定的人、焦虑多、对群体压力的承受力低,容易从众;独立型性格的人,不易从众;顺从性格的人,容易从众;对社会评价、社会舆论敏感的人,容易从众;墨守成规、受旧观念束缚的人,也容易从众。

3. 其他因素

其他因素包括公众个体的生活经历、性别差异等。长期独立处理问题机会多的人,不易从众;反之,则容易从众。许多实验表明:不同性别的人群在不同问题所表现出来的从众心理存在差异,但长期以来,人们认为女性比男性更容易从众。

(二) 从众心理的表现

1. 表面从众,内心接受

这就是通常所谓的口服心服。个体处于这种状态时,个体心理上并没有冲突。当组织的目标与个体的期待和利益一致时,容易与组织的目标产生平衡和认同。这是公众与组织最理想的关系。

2. 表面从众,内心拒绝

这是通常所谓的口服心不服。即表面反应与内心反应不一致,这是权宜从众或者假从众。此时,个体在心理上处于不协调的状态。

3. 表面不从众,内心接受

这是一种口不服心服的暗从众。如在一些公开的场合并不同意某种态度、行为或要求,但内心却暗中赞同,这种情况通常由于个体地位、身份不便于表现其真正的内心状态,因而不宜或不敢公开表示从众。

4. 表面不从众,内心也拒绝

这是一种反从众的心理状态。独立性较强的人会持这种态度。

(三) 从众心理的公共关系策略

公众的从众行为对组织的作用,既有积极的一面,也有消极的一面,在公共关系传播工作中必须区别对待。

1. 充分利用从众行为的积极作用

公众的从众行为对于公共关系传播活动具有推动作用。利用公众从众行为时要注意以下三点的要求。

(1) 广泛宣传组织文化。公共关系应该通过各种方式宣传本组织的文化,制造和强化公众从众的组织氛围,强化公众的积极的心理定势,依靠心理的促进力量,收到潜移默化的良好效果。

(2) 做好目标公众和优先公众的工作。在组织的传播中,他们往往具有意见领袖的作用,能够使其他公众有一个顺从的公众对象。在组织内部,榜样的力量也能够产生这样的作用。

(3) 扩展公共关系传播活动的影响范围。公共关系活动的规模在一定程度上扩大了组织的影响范围,从而提高了公共关系传播活动的受众面。

2. 警惕和防止从众行为的消极作用

从众行为容易使公众个体倾向于舆论一致、传统观念和流行思想,对于外部公众而言,当组织面临危机或者组织推出新的理念、新的产品时,公众从众心理和从众行为的消极影响对于组织的期待来说是极其不利的障碍。对于内部公众而言,从众心理和从众行为将束缚员工的创造力和创新精神的发挥。

四、逆反心理

逆反心理是客观环境与主体需要不相符合时产生的一种心理活动,带有强烈的抵触情绪。逆反心理与从众心理不同,是个体对外界的劝导做出抗拒的反应,这种相反的反应使个体有意识地脱离了习惯的思维轨道,向相反的思维方向探索。

(一) 逆反心理形成的因素

逆反心理作为一个传播现象和心理现象,它广泛而长久、渐进而深刻地影响着公共关系传播的效果,它可使公众对传播信息的接受值为零甚至负值,产生零效果和负效果。

1. 诱发公众逆反心理的主观因素

(1) 好奇心。当某事物被禁止时,最容易引起人们的好奇心和知晓欲,尤其是在只做出禁止而又不加任何解释的情况下,浓厚的神秘色彩极易引起人们的猜疑、揣度、推理,以至不顾阻力地寻根究底或尝试。当组织对某一事物表明否定时或者刻意隐瞒回避时,公众了解的愿望就会越加强烈,就越想探究其中的原委,公众注意程度会增强。

(2)个性。公众个体都有不同的个性特征,有些人会通过否定权威和标新立异来求得心理上的自我肯定和满足。当组织传播某一观点和立场时,一些人会表示出一种与之相反的观点以示其独特的思想,有意采取与其他人不同的态度和行为,以引起别人的注意,希望社会承认他的价值和地位,从而获得与社会之间的认同。

(3)自由选择受阻。心理学家布雷姆在1966年提出了心理抗拒理论。他认为,每个人在某一个期间都有一套可供自己选择的行为,即自由行为。当这种自由行为受到威胁时,个体就会体验到心理抗拒。根据这一理论,每当人们的自由选择受到限制或威胁时,维护这种自由行为的愿望会更加强烈。在组织公共关系传播中,由于各种原因,组织所运用的传播媒介、传播内容与传播方式或多或少地存在不能满足公众需求的方面,当公众因为自由选择的需求不能获得完全满足时,就会产生逆反心理。

2. 诱发公众逆反心理的客观因素

(1)公共关系传播内容和方式。如果传播内容失实,传播方式虚夸、片面或极端,公众就会有被欺骗的心理,进而对组织产生怀疑、不信任的态度,并对组织后续的其他活动和传播内容不信任,形成了逆反心理。

(2)组织形象失衡。如果组织形象与公众期待之间产生的失衡,公众会对组织产生反感厌恶情绪,导致逆反心理产生。因为公众有一种心理倾向,即对组织评价与对传播内容保持平衡,如公众对组织持否定态度时,对组织的公关活动及其传播内容也会持否定态度。

(3)传播信号刺激过度。对传播信号刺激到一定程度,会使对象处于自我抑制状态。也就是说,当刺激强度达到一定极限时,信号强度越大,公众接受信息的概率和接受值就越小,公众对信息的逆反程度也就越强。如果传播信号的强度超过公众心理的承受能力,公众就会表现出对信号的抵制,产生对信息的逆反和抗拒。

（二）逆反心理的形式

逆反心理作为一种心理抗拒反应，是个体在适应环境过程中的一种常见的心理现象。典型的逆反心理有以下三种。

1. 超限逆反

超限逆反是机体过度地接受某种刺激之后出现的逃避反应。对任何刺激，人的接受能力都是有限的。如果超过限度，对个体就是一种压力，甚至是伤害，个体就会采取措施来逃避刺激。物极必反说明的就是这个道理。在公共关系传播中，特别是广告传播中通常使用反复的方法增强效果。但是，机械地、连续性地使用同样的刺激物、强度过大、时间过长、频率过密，就会容易引起接受者超限逆反。

2. 自我价值保护逆反

自我保护是个体维护心理平衡的一种自发性行为，使自我免受危害，保持自我和谐统一。自我价值和尊严对人的生活具有特殊的意义。当外在的劝导或影响威胁到人们的自我价值的时候，人们就会有意无意地进行自我价值保护，对外在的影响起对抗的反应。

3. 禁果逆反

禁果本意是犹太教、基督教故事中上帝禁止亚当和夏娃采食的果子。现代人常以禁果比喻渴望得到但不能，或很难得到的事物，或很想做但明知不应该或做了会受到惩罚的事情。被禁食的果子特别甜，被禁止的事情偏有人做，这就是禁果逆反，它是指理由不充分的禁止反而会激发人们更强烈的探究欲望。探究未知是人类的一种基本需要。如果没有充分的理由，而对事情简单的禁止，那么该事情就会对个体产生特别的吸引力。

（三）逆反心理的公共关系策略

针对公众的逆反心理，组织要具体分析其产生的原因。为避免公众的逆反心理，在开展公共关系活动时应注意以下三个方面的策略。

1. 尊重公众价值

公共关系工作人员应当细心研究公众的需要和权利，提高公共关系活动内容和方式的可接收性，切忌有损公众尊严、侵害公众的利益、违反特定公众风俗习惯的行为，充分尊重和顺应公众的价值，不能让他们感觉到自己的价值被剥夺。

2. 力求真实全面

公共关系传播应尽力做到信息的真实、全面和准确,切忌提供陈旧过时的信息、切忌过誉溢美之词。一旦发现已传播的内容不真实、不全面、不准确,应立即采取纠正措施,以取得公众的谅解和信任,防止逆反心理的产生。

3. 改进传播方式

开展传播活动应遵循适度原则。适度原则包括质与量的适度。在质的方面要求传播应实事求是、留有余地、讲究分寸;在量的方面要注意传播的信息量和刺激量要适度,信息量过大、刺激过度就容易造成传播对象的厌烦情绪,同样也会产生逆反心理。

【案例】

奇特商店的奇特开张

广州市有一个乡办的工艺电镀厂,又小又破,知之者寥寥。新上任的厂长为了打开销路,决定生产塑料雕塑,并在表面电镀一层金属,制出的工艺品有许多是仿出土文物,那斑驳的外表几乎可以乱真。

为了提高企业的知名度,这个乡办厂向广州各界人士发出信函,告诉大家出售电镀工艺品的商店即将开张,下面注明:"开张提价酬宾"。许多接到信的人都深感震惊,有些人认为打印错了。因为一般新开张的店铺,都是减价酬宾,以谋个人缘,图个热闹,这叫开业大吉。有好事者便打电话询问电镀厂,是否打印错了。回答是:"没有错,就是提价酬宾。"这更加引起了人们的好奇。一位记者带着疑虑采访了该厂厂长,询问开张为何提价酬宾。厂长答道:"工艺品造价以艺术价值论。开张出售的电镀工艺品都是著名的雕塑家制作的,而且件件限制生产,件件都是绝活儿,物以稀为贵,所以开张提价酬宾。"

开张的日子到了,工艺品小店铺没有放鞭炮,也没有请客。他们在店铺门口放上了一位傣族少女电镀塑像,古铜颜色,婀娜多姿,既有现代感,又有古典美,立刻吸引了无数过往行人。那些接到信函的单位和媒体的记者,纷纷前来,于是小小店铺人山人海。

这家电镀厂很快成了各报报道的主角。广州《羊城晚报》头版进行了报道,标题是"奇特商店的奇特开张",外加一幅店铺照片,小店铺成了大明星,工艺品电镀厂的声望顿时大增。前来购买的顾客也从此络绎不绝。

资料来源:http://www.heyunfeng.com,2008年6月28日。

分析思考:

1. 开张提价酬宾针对了哪一种公众心理?
2. 小店铺成为大明星的成功之处何在?

五、流行心理

流行心理是指个体或群体在短时期内形成的一种相互影响、相互感染的心理定势。流行是社会上很多人都去追求某种生活方式,使这种生活方式在较短时期内到处可见,从而导致人们彼此之间发生连锁性的感染。流行一般表现为突然迅速的扩展与蔓延,又在较短时间内消失。流行的变化有一定的周期,且其变化总是从一个极端到另一个极端。流行心理定势形成和作用时间都相对较短,但因其爆发性强而对公众的态度和行为产生剧烈影响。

(一)流行的特点

1. 新奇性

流行项目既可以发生在人们的物质生活方面追求上(如衣服、装饰、化妆),也可以发生在人们的精神生活方面追求上,如音乐、绘画、文学、科学、思想,尤其是文化娱乐方面。在生活的一切领域都存在流行项目,而且它们都是在某种意义上给予人们新奇、珍贵的印象。新奇性是流行项目最显著的特征。当然,所谓新奇性是相对而言的。

2. 选择性

流行是从具有类似机能的东西中进行选择作为前提条件的。人们如果没有选择某个特定的流行以外的东西,而不得不采用它的话,那个东西就不能称之为流行。比如借助于某种强制性的力量并以很快的速度普及起来的,并不能称之为流行。

3. 时效性

流行有很强的时效性,往往表现为在短时间内迅速兴起、扩散,达到顶峰后又迅速衰退、消失,或者从此成为经典。扩展与蔓延的速度很快,消失的速度也很快。流行形成的必要条件是被社会上尽可能多的人所采用,但是有更多的人采用,作为它的重要特点的新奇性也就丧失得愈快,这就是说,某个流行项目所以能够流行是由于广泛的普及和新奇性这两种相互矛盾的力量以微妙的关系保持平衡的结果。流行的时效性也正是保证其新奇性特征的必然要求。时效性特征并不会降低流行的影响,相反,正是这种时效性增加了流行的吸引力。在这种情况下,人们在选择某种流行项目的时候往往容易产生盲目跟风或随波逐流的现象。

4. 周期性

流行是周期性地运动着的,今天流行的东西,明天将不再流行。周期性具有以下两层涵意:一方面,几乎每一种流行项目都要经历从诞生、兴起、传播、高峰、衰退直至消失的过程;另一方面,流行往往会出现周期性的反复。流行过后的某些项目,随着社会的变迁,在一定的文化和心理条件下可能卷土重来,再次成为流行。当然,周期性反复并不是简单的重复,重复的只是流行的载体形式,不同的是流行所蕴涵的内在意义。流行所表现出来的周期性仅仅是一种形式上的循环往复。因为流行的周期性特点,人们可以从现在正在流行的项目能够相当准确地预测近期的流行趋势。

(二)流行的心理机制

流行受社会文化因素的制约。在一个开放的社会形态中,社会对于新事物持有更多的包容和宽容,流行较易形成。流行也必须借助于发达的宣传工具和网络的积极推动,许多现代的流行项目,往往是生产者预先有计划的创造出来,借助于大众传媒、社交网络、会展、销售网等交易推广和普及的。从流行的心理因素分析,人们追求流行基于心理上的种种需要。

1. 模仿与从众

模仿与从众是流行产生和传播的心理机制,是流行不断向前发展的动力所在。模仿是个人有意或无意地对于某种刺激做出类似反应的行为方式。就流行而言,可以根据时尚追随者的目的将其分为虔诚性模仿和竞争性模仿。虔诚性模仿纯粹是出于模仿者对模仿对象的尊敬或崇拜,竞争性模仿是模仿者为赶上甚至胜过模仿对象的行为。关于流行现象中的模仿主体,基本上有三种情况:第一种是自上而下的纵向传导,社会的上层人物是流行的始创者、倡导者,是被模仿的对象,普通大众是流行的追随者,模仿上层人士的行为方式,流行的传播走向呈现为一种上行下效的趋势,这种下行性流行是最为常见的。第二种是自下而上的纵向扩散,即上行性流行,先由社会上的普通群众开始,然后向上推广、传播,也就是上层人士成为模仿者,追随源于普通大众的行为方式,最为典型的例子是牛仔装的上向流动。牛仔装本是美国西部矿工和牛仔们的工服,20世纪70年代却进入上流社会,名门贵族也竞相穿起了牛仔裤。第三种是社会各阶层或群体的横向扩散,即由某一群体兴起,借助于社会作用,广泛普及与传播到其他群体或阶层。

追逐流行并非总是一种积极主动行为。对于那些被动追逐流行的人而言,追求流行只是一种从众行为,为了显示自己并没有落伍或者不愿意被边缘化、被孤立地成为社会的另类,而通过从众,在自己的知觉、判断、认识上表现出符合于公众舆论或多数人的行为方式。从众心理能够满足他们心理上的安全感、归属感。

2. 趋同和求异

社会心理学家指出求新与好奇是人的本能需求,人类本能地具有渴望新鲜事物以及厌弃陈旧事物的心理倾向。这种心理倾向与人们对流行的追求有密切关系,流行本身的新奇性特点可以满足人的这种需求。流行以其创造性的不断变化的生活方式,满足人们追求冒险和新奇经验的欲望。

但人的心理动机常常会互相矛盾,既有趋同的一面,又有求异的一面。当一个流行项目刚刚兴起时,人们为了标新而追求流行,当该项目广为传播时,人们为因趋同而追求流行;当该流行项目持续一段时间,变得司空见惯,毫无新意时,人们又会产生厌弃心理,开始追求另一些新颖的事物。于是,新一轮的流行又开始传播。趋同和求异这对互为矛盾的心理动机,使得人们在社会生活中互相模仿、互相追逐、互相竞争,使得流行周而复始。

3. 自我展示与自我防御

有些人希望借助于创新显示自己的与众不同,这些人往往是在张扬个性、标新立异、表现地位等心理驱使下追求流行的。当然也有些自卑的人,觉得自己社会地位较低、受到忽视,承受着种种束缚,希望改变现状,避免心理上的伤害与压抑,他们往往追求某种流行实现自我防御。

(三)流行的表现形式

流行心理的最典型的表现形式是时尚、社会舆论和流言、骚乱。本书在第一章对舆论的规律已经做了专门阐释,这里重点介绍时尚、流言和骚乱。

1. 时尚

时尚是指社会上相当多的公众在一段时期内对某个特定的观念、行为、语言或生活方式等产生崇拜性追求,并且公众相互之间产生连锁性模仿的现象。时尚具有明显的时代特征,有些时尚在流行过后会被保存下来,变成风俗或习惯,时尚本身并不是心理定势,它只是心理定势的表现形式。

(1) 时尚观念。时尚观念是指观念形态的时尚,也就是存在于人类思想观念上的时尚,是某一时期人们思维意识中基本达成共识的、形成统一价值观的某种思维意识。在社会成员的思想观念中,必然有某些观念在一定时期和阶段处于领先地位并且为社会成员所争相仿效,这些观念会以多种形式表现出来,从而形成观念形态的时尚。时尚观念是可变的,随着世事的变迁,时尚可能成为过去和历史,甚至当时的时尚可以成为后来传统的一部分,在这个过程中,时尚观念体现的是文化传承中的文化创新。一种具有创新性的文化,往往具有冲击人们的惯性思维革命性力量,从而带来全新的文化体系和解读,创造出时尚观念。

(2) 时尚行为。时尚行为是人们在时尚观念基础上形成的一些特定的行为方式。人类在生存发展的过程中,必然会形成社会成员的各类行为方式,人们在面对各种各样的行为方式时必然要做出选择。在一定的地域和时段上,就会出现某些特定的行为方式为社会成员所采纳、尊崇和仿效,以至于这些行为方式成为一种社会时尚。因此,时尚行为本质上是一种社会行为。以人类的管理活动为例,管理活动伴随人类社会的产生而出现,又随着社会的向前发展而不断进步,在这个过程中,管理理论、方法、手段不断推陈出新。纵观近100多年的管理实践,新的、时尚的管理方式不断出现,管理时尚是帮助组织寻求突破、获得最优绩效,并将企业发展提升至新阶段的真正动力。

(3) 时尚产品。时尚产品是在一定的时间段和地域引领社会消费潮流的消费品,是由人的时尚观念与时尚行为转化而来,但已与人的观念和行为完全分离开来,成为时尚的物化表现形式。时尚产品已经进入衣食住行以及精神文化等个人消费的所有领域,如:服饰、美容化妆、饮食保健、奢侈品、娱乐、建筑等。社会经济的发展和人们物质文化生活水平的提高,特别是电子和信息技术的发展,为时尚产品的升级换代提供了强大的、持续不断的推动力,大大刺激了各类时尚产品的消费需求,时尚产品的种类不断增多,范围也不断扩大。

2. 流言

流言是指那些没有确切依据而在人群中相互传播的一种虚假信息。流言与舆论相似,但是流言更多的是指在公众中流传的不确切的、带有煽动性的消息。如果流言指向某一个组织,可能使该组织陷入困境。而社会领域的流言,则可能引发群体性事件,造成社会的不安定。80%的流言可能并无主观恶意,也没有较大的负面影响,而恰恰是20%左右的流言,具有巨大的煽动性和杀伤力。对于流言形成的原因,可以从社会情境和公众心理两方面来分析。

(1) 社会情境。美国心理学家奥尔波特指出流言发生有三个条件:一是在缺乏可靠信息的情况下,最易产生与传播流言;二是在不安与忧虑情况下,会促使流言产生和传播;三是社会处于危机状态下,如战争、地震等,人们容易产生恐怖感与紧张感,流言也就容易传播。

(2)心理原因。人们在观察事物、认知事物的过程中,往往不够细致,要么注意到其中符合自己经验认知的某些内容并传播它,要么对上一个传播者的某些含糊言辞,凭借自己的经验来理解并且自圆其说,致使原有信息失真、失实、遗漏,再加上个人愿望、恐惧、忧虑、怨愤等情绪作用,就有可能不自觉地对信息进行歪曲,于是流言也就形成和传播。奥尔波特指出,流言是由公众对事件的关注程度和事件本身的暧昧程度的合力决定的。只要其中的任何一个因素不存在,流言都不会产生。

3. 骚乱

骚乱是指在某一特定场合或局部范围内发生的扰乱和冲击社会正常秩序的群体行为。骚乱总是因为某些自然原因或偶然事件引发的,具有极大的破坏性。无论是组织内部公众的骚乱还是组织外部公众的骚乱,都会对组织的形象、对公共关系工作产生严重的后果,如何防止和疏导骚乱,是包括政府组织在内的所有社会组织的责任。

(1)骚乱发生和发展的心理过程。骚乱发生和发展的心理过程包括躁动、激动、疲惫、平静等几个阶段。躁动是心理上的浮躁不安,是自我表现的欲望受挫时的一种心理表现,是潜藏在骚乱背后的心理定势,随时都在寻找突破的机会;激动是因某种外部刺激而激发出来的强烈的情感反应和兴奋状态,如愤怒、不平,这种状态下,骚乱处于一触即发之际;激情是强烈的、短暂的、爆发式的情感状态。处于激情状态下,人的理智受到阻碍,自我控制能力减弱,加之由于群体间的激烈互动而产生的交互感染作用而产生的法不责众心理,因而自我表现的欲望得到痛快淋漓的发泄。这时候骚乱行为发生并且迅速达到高潮;疲惫是激情开始消退,心理上由于剧烈变革而处在疲惫状态,此时,骚乱已经接近尾声。最后,骚动能量发泄完毕,欲望得到满足,心理恢复平静,骚乱结束。

(2)骚乱的特点。骚乱是一种暂时性的无政府状态,具有突发性、发泄性、交互感染性、破坏性和短暂性的特点。

① 突发性。骚乱是无计划、无组织的群体行为,是一群人对某种

刺激的过敏反应。一般没有事先充分酝酿的过程,常常突然发生,难以预见。

② 发泄性。骚乱是丧失理智的冲动行为,一种盲目的狂热的情绪发泄,骚乱的参加者常常以歇斯底里的方式表现自己的激情。

③ 交互感染性。骚乱的参加者之间的情感和言行容易相互感染和模仿。

④ 破坏性。骚乱冲击或扰乱正常秩序,常常引起围观、起哄,使事态进一步升级和扩大。

⑤ 短暂性。骚乱靠激情支持,激情的特点是爆发猛烈、消失也快,维续时间短暂,所以骚乱往往是一时性的。不过骚乱对于公众心理和行为影响以及对组织形象的潜在影响却是长期的。

(四)流行心理的公共关系策略

流行作为一种社会心理现象,虽然不具备强制性,但它对公众行为的影响及其产生的后果是很大的。如果能根据流行的特点及其形成的原因、因势利导、有的放矢地开展公共关系活动,必定能更好地顺应公众的心理需要,从而实现社会组织本身发展的目的。

1. 关注流行和时尚

在公共关系活动中,时尚往往为人关注。但这种关注常常是在时尚形成之后,而不是在时尚将起之前,所以还是被动的。组织要创造和保持良好形象,就要把握公众"同中求异、异中求同"的心理特点,开拓创新,做到"人无我有,人有我好,人好我新",同时要加大宣传推广的力度,引导公众的观念行为,引领时尚流行的趋势。企业,特别是对生产销售与流行、时尚相关的企业来说,如果落在了流行与时尚的后面,就有可能存在逐渐被公众抛弃、逐出市场的威胁。为此,可以选择以下两种基本策略。

(1)创造流行、引领时尚。企业可以凭借着自身的行业地位,较为准确地预测流行态势及流行项目,经过筛选有意识地对生产经营的产品进行集中推销宣传,凭借自身的媒介资源,如大众传媒、专业公关公司、展览会、销售网络等,迅速地创造流行、推出流行、普及流行。

(2)跟随流行、模仿创新。并不是所有企业都有能力创造流行、引领时尚的。对于这些企业来说,如何保持对市场发展的职业敏感,去抓住流行、跟随时尚,也未尝不是一种生存之道。因此如何在模仿中创新,而不只是一味跟风、盲目仿造,是至关重要的。

2. 引导舆论、制止流言

社会舆论和流言对组织的影响可能要比流行时尚心理定势更直接、力度更强。社会舆论之所以形成,容易被公众接受与传播,首先是因为社会舆论代表了公众的倾向性意见和综合观点,舆论所指涉的事件或问题总是社会矛盾集中的、尖锐的反映,其背后有着深刻的社会、历史、经济、文化方面的原因;其次是公众心理上的原因,这种社会矛盾反映在人们生活的方方面面,公众在主观上早就有了心理感受与心理准备,这种心理倾向遇到了舆论信息,个人原先的心理状态就被唤醒而被转变为个人意见。公众的激烈情绪是无法压抑的,他们一旦接受了舆论,就会很快把它加以扩散,致使舆论的形成与传播带有浓厚的情绪色彩。而在这个过程中,必然伴随着不确切的、带有煽动性的消息的流传,便形成了流言。流言一经形成并广为传播以后,就会成为一种社会心理环境。在复杂多变的社会环境中,诋毁组织的攻击性流言一旦发挥作用,对组织的生存和发展对组织形象以及会产生严重不利的影响。作为组织来说,有针对性地制止流言是非常艰巨的公共关系工作。

(1) 建立舆论和流言的分析评估制度。这是引导舆论、消除流言的基础性工作。舆论和流言更多地会在利益相关的群体之间传播,分析时的重点是舆论和流言流传于何类群体,为何流传,流言会向什么方向发展?等等。

(2) 加强对公众舆论的研究和引导。要分析和控制流言产生和传播的一般规律,分析流言的起因、传播流言的动机和背景。

(3) 消灭信息真空状态。应针对流言,组织立即提供全面、确凿的事实真相,消灭信息模糊的真空状态。

(4) 争取政府的支持。争取政府主管部门的支持,可以提高人们对信息来源的信任程度。

(5) 争取媒介的支持。争取新闻媒介的支持,可以让人们通过新闻媒介获取完全正确的信息,还可以利用人们对意见领袖人物的信任感,通过意见领袖做出权威的解释。

(6) 给公众提出忠告。当流言发生以后,不要仅仅简单地反驳,而要给公众以适当的忠告。

3. 预防和疏导骚乱

中国社会正处在转型期,现实中不合理、不公正的现象大量存在,公众内心积存了一定的躁动能量并可能以一种突发性事件为契机引发骚乱,这是政府组织必须正视的社会现实。如何防止和疏导骚乱,是政府组织的重要职责。

对其他社会组织而言,无论是内部公众的骚乱还是组织的外部公众的骚乱,都会对组织产生严重的后果。组织一方面要坚持管理的公平公正性,切实维护员工的权益,保证和谐的内部氛围,避免内部公众可能出现的群体性事件;另一方面也要妥善处理与各类外部公众的纠纷和冲突,避免可能出现的危机。另外,在开展各种公共关系活动,特别是户外活动时,不仅要周密策划,而且要加强实施中的安全控制,做好各种风险预案。

1. 常见的公众细分的标准有哪些?各种公众细分的意义是什么?
2. 影响公众行为的心理因素有哪些?
3. 改变公众态度三个角度是什么?
4. 说服是在信息沟通中改变他人的态度常用的方法,如何提高说服的质量和效果?
5. 知觉选择性的类型有哪些?知觉选择性的公共关系意义是什么?
6. 从众心理的原因有哪些?从众心理的表现形式有几种?
7. 公众逆反心理形成的原因有哪些?逆反心理的形式有几种?
8. 流行的表现形式有哪些?流行的心理机制是什么?
9. 企业针对流行与时尚的公共关系策略有哪些?

10. 组织制止流言的公共关系策略有哪些?

1. 请分析一个危机案例,指出危机公关主体的问题公众、目标公众、优先公众分别有哪些?

2. 请以你所在的组织为例,用图表的方式列出公众环境中的主要利益相关者及其对于组织的权利诉求。

第四章　公共关系传播

　　传播是人与人之间、人与群体或人与社会之间,通过有意义的符号进行信息传递、信息接收和信息反馈活动的总称。现代社会,高度发达的信息传播事业,促进了人类文明的高速发展和进步。公共关系本质上是组织与各类相关公众之间所开展的各种传播活动,要提高公共关系活动的效果和效益,必须研究传播的要素和过程,把握传播的原理和规律,熟练运用各类传播媒介和传播方式。

第一节　公共关系传播的基本原理

一、传播的要素和过程

　　传播是传受双方之间相互影响、相互制约、相互作用的信息交流的过程。传播者与受传者双方在传递、接收和反馈等一系列过程中获得信息,没有信息,就没有传播;同时,传播者通过有意义的符号与媒介把自己的某种信息传递给受传者,受传者根据传播者提供的信息,经过分析、推理来领会或把握对方的意图,因此,传播又离不开符号与媒介。传播的过程包括了以下基本要素,这些要素之间的相互影响和相互作用构成了传播的完整过程。

（一）传播者

　　传播者是信息的发布者,是信息传播的源头,在传播学中被称为信源。在社会传播中,传播者有三种类型:个体、群体和组织。在公共关系传播中,传播者是某一个具体的社会组织或者代表组织的个人。

传播者的任务是提供信息、对信息进行编码以及对信息的再反馈。提供信息是指在传播中,传播者要根据自身目标的要求,选择和收集适当的信息内容,并以一种能使受传者能够理解的方式,组织和编排信息内容。信息编码指通过加工处理把要传递的信息内容转换为适宜于传递的信号的过程,没有编码过程,传播就无法进行。信息再反馈是指当受传者把接受信息后的反应反馈给传播者后,传播者对受传者的反应进行译码(认识、分析),然后对信息传播效果给予再反馈。在传播过程中,传播者对传播结果给予再反馈是非常重要的。

(二)受传者

受传者是传播过程中接受信息、反应信息、利用信息的一方,是信息传播的对象,在传播学中又被称为信宿。没有受传者,传播就毫无意义。在公共关系传播中,受传者是组织面临的公众。在开放的传播条件下,信源和信宿的角色可以互相转变。

受传者需对接收到的信号进行译码和反馈。译码就是受传者对接收到的信号做出解释或理解,从而使信号转化为传播者始初信息的过程。反馈是指受传者对接收到的信息的反应或回应,也是信宿对信源的反作用。反馈的程度与传播的效果直接相关。只有当传播者发出的信息被受传者接受并理解时,传播才算真正发生,在此之前,都仅仅是信息传递。传播者可以根据反馈来检验传播的效果,并据此调整下一步的行动。

(三)信息

信息是传播的内容,信息是由一组相互关联的有意义的符号组成,包括消息、情感、思想、态度和观点等。信息是经由媒介传达的。组织在确定传播的信息内容时,必须要选择适当的信息符号,不同的符号适用于表现不同的信息内容,适用于不同的传播对象。组织应努力扩大与公众的共同经验范围,寻找更多的共同语言,从而更好地引起公众对传播的兴趣和共鸣。在提供信息内容,针对受传者的特点,将信息内容与特定对象的兴趣和利益联系起来,通过传播引起公众的兴趣,提供满足其需求的信息。

(四) 媒介

媒介是用以记录和保存信息并重现信息的载体,是信息的表现形式和承载信息的物质形式。在公共关系传播中,媒介与信息密不可分,离开了媒介,信息就不复存在,更谈不上信息的传播。人们用各种媒介记录、保存、处理、传递、表现信息,如语言媒介、音像媒介、实物媒介等。媒介的表现形式和载体有:报纸、杂志、电视、广播、网络等。在不同的传播活动中,应根据需要选用不同媒介,既可以使用一种媒介,也可以几种并用,还可以交叉使用。

(五) 信道

信道是指信息从信源到达信宿的传播途径或渠道,是连接信源和信宿的纽带,也是信息传播的中介。传播信道主要有口头渠道、印刷渠道、电子渠道等。信道的质量决定了传播是否畅通高效,信道的性质和特点决定了对媒介的选择。

(六) 噪音

在传播过程中存在着各种干扰因素,即为噪音。噪音是各种影响传播有效性的因素,可能是传播者编码的问题,也可能是受传者译码的问题,还可能是媒介和渠道的选择问题。此外,传播过程的物理环境、社会文化环境、传受双方的心理因素等也都会影响传播的有效性,影响传播质量,降低传播效果。因此,在开展公共关系传播时要充分认识并清除传播过程中的干扰,以便改进传播质量,提高传播效果。

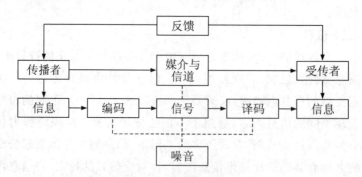

图 4-1 传播的要素和过程

二、公共关系传播的有效条件

公共关系传播的有效性是指公共关系传播的质量和效果。公共关系传播的有效条件一方面取决于上述要素的相互作用；另一方面还受各种隐含要素的影响，比如：时空因素、心理因素、文化因素等。传播的有效性要求传播过程在传播者、传播的信息、媒介、受传者和传播环境等各个方面具备一定的良好条件，这也是公共关系传播管理的重要任务之一。

（一）树立传播者的声誉和形象

传播者是传播活动的起点，是有效传播的第一个重要条件。传播者自身是否具有良好的形象和声誉对传播效果的影响极大，传播者最好具备权威性、客观性和亲密性的特点。权威性是指传播者是所传播内容领域的权威，或是受传者心目中敬佩的人物或崇拜的偶像。客观性是指传播者在受传者心目中立场客观、态度公正，所传播内容与自身没有直接利害关系。传播者客观性越强，传播效果一般就越好。因此组织在传播时，应始终保持客观、公正的态度。亲密性是指传播者与受传者之间没有心理隔阂、关系融洽，要获得这种亲密性，要求组织必须尽量站在公众的立场上，了解并尊重其需求，努力营造与公众亲密和谐的关系。

（二）加强对受传者的研究

受传者作为传播过程中互动的另一方，是影响传播效果的重要因素，有效的传播离不开对受传者的分析。一方面，传播效果取决于受传者接收信息的多少和对信息的理解程度；另一方面，受传者在传播系统中并不完全随传播者的意愿接收信息，而是往往根据自身的需求、兴趣、知识、经验、价值观、习惯等对信息做出自主的选择。因此，组织应该对受传者进行全面细致的考察，选择能引起受传者兴趣的媒介进行传播，并依据他们的需要随时调整传播的内容和形式。

（三）提高信息的质量

信息质量是指信息对受传者的价值。受传者面临着大量的信息选择，只有那些最有价值的、最适合其自身需求的信息才能引起其有效注意,才有可能产生良好的传播效果。公共关系传播的信息质量指标一般有三个方面。

1. 可靠性

可靠性是指信息的真实性。公共关系传播的信息必须合乎客观实际。每一个具体事实所包含的时间、地点、人物、事件、原因和经过都应该经得起核对。这是对信息内容最根本的要求。信息是真实的还是虚假的,其真实性所占比重多少,决定了受传者对信息的信任程度。

2. 相关性

相关性是指信息与受传者的关联程度。一般说来,人们愿意接受那些能给他们带来更大回馈的信息,信息的内容决定了受传者的态度,因此,信息的内容必须对受传者具有意义,必须与受传者原有观念具有同质性,必须与受传者所处的环境相关。

3. 精确性

精确性是指信息必须用简明的语言表达,所用的词汇对传播者与接受者来说都代表同一含义。复杂的内容要列出标题或采用分类的方法,使其明确与简化。信息需要传递的环节越多,则越应该简单明确。一个组织对公众传播的口径要保持一致,不能多种口径。另外,应避免用模糊的语言符号,如"大概""也许""可能""差不多""前不久"等。要提高信息的质量,还应该注意信息制作方式,即信息的组织形式和表达形式。在信息制作上要对受传者进行明确的定位,保证所传达的信息易于获取、理解和记忆。

(四)选择合适的媒介和信道

在信息传播过程中,不同渠道在传播的不同阶段具有不同的影响,应该有针对性地选用不同渠道,以达到向目标公众传递信息的作用。渠道的性质和特点又决定了对传播媒介的选择,不同传播媒介的不同传播特点,也影响了传播主体对于传播媒介的选择。可以说,对于传播渠道和传播媒介的选择是提高传播效果的前提。使用不同的传播媒介和渠道,会导致对同一信息作不同侧面的强调,实际上也就是对信息内容和形式做出有效的处理。组织开展公共关系传播活动时,应该根据不同传播媒体的不同特点以及特定公众接收媒体的习惯,有的放矢地选择不同的传播渠道和传播媒介,从而确保组织的公共关系传播活动达到预期的效果。

(五)注意传播环境的影响

公共关系传播活动总是在一定的环境中进行的,环境包括了影响传播效果的各种隐含因素,诸如时空环境、心理环境和社会环境等。环境不同,传播的形式就不同,即使是同样的传播内容也会有不同的传播效果。

1. 时空环境

从时间因素看,时间对传播效果的影响体现在两方面,一是单位时间内所传播的有效信息量,它反映了传播的有效信息量的大小;二是传播时机的选择,即在何时进行传播,传播时机的选择适当与否,会直接影响传播的效果。

从空间因素来看,空间是指传播活动的物理环境。空间环境影响传播效果也有两个方面,一是要考虑传播的地域,媒体本身的辐射和影响范围;二是要创设良好的空间环境,主动把握有效空间,包括视觉空间(光线、色彩、造型)、听觉空间(音量、音调)与座位的排列设置,这些都将影响到传播活动的环境气氛并最终影响到传播的效果。

2. 心理环境

心理环境主要是指传受双方(特别是受传者)的情感和心理状态。心理学研究表明:在不同心理和情感状态下,人们接受信息的效果是不一样的。人们在某种社会活动中的情绪状况是否愉悦,是影响其参与这种活动效果好坏的重要因素。在愉悦的情绪下参与社会活动,人们对所接受的信息容易做出积极的反应,因而传播活动就能取得较好的效果。相反,在郁闷的情绪下参与社会活动,人们对所接受的信息难以做出积极的反应,因而传播活动的效果肯定很差。因此,在开展公共关系传播时,一定要注意了解和把握公众的心理动态和感受,以获得理想的信息反馈和情感共鸣。

3. 社会文化环境

一切传播活动都是在一定的社会文化环境中进行的,在不同的社会文化环境中,同样的传播活动会产生完全不同的效果。社会文化环境,主要指传受双方的社会关系以及与社会关系密切相关的团体背景、社会规范、文化习俗等。传播是一种文化现象,它反映了广泛的时代文化背景,受到文化特质的制约。在传播过程中,传受双方的文化差异往往影响传播效果。具有不同文化履历、习俗、性格、思维方式及价值观的人,对同一信息会产生不同的认识和感受。因此,充分研究社会文化背景来选择传播手段和传播媒介,是创造有效公共关系传播的重要条件。

对传播要素和过程以及公共关系传播有效条件的分析,目的在于帮助组织把握传播的基本规律,克服传播过程中的干扰性因素。传播中的干扰性因素——噪音,存在于传播过程的三个基本环节,即作为传播者的编码环节,受传者的译码环节和媒介渠道环节,也会受到各种环境因素的影响。如何客观地研究传播规律,系统地分析各种干扰性因素,从而提高传播技巧,改善传播的效果,将决定公共关系传播活动的成效。

三、公共关系传播的原则

公共关系传播活动既包括了对组织内部的传播,也包括了对组织外部的传播。公共关系传播,既要遵循组织管理的一般原理,又要符合传播学的基本规律和原则。全面客观地掌握信息,实事求是地传播信息,是对公共关系传播的最基本要求。在这个基本前提下,还应该遵循下列基本原则。

(一) 目的性原则

公共关系传播活动旨在影响公众的态度。态度的构成有三个心理层次,即知、情、意。因此,公共关系传播活动改变公众的态度相应地也可以分为三个层次:知晓层次、情感层次和行为层次。相对于这三个层次的传播活动,也就构成了公共关系传播三个层次的目标。

1. 提供信息

向公众提供组织的有关信息,目的是引起公众注意,这是公共关系传播的基本的目标。在这一层次的传播中,主要内容是组织自身运行的情况、状态和趋势等;主要对象是组织的潜在公众和一部分可能成为组织公众的非公众；主要任务是促使公众了解组织，在公众心目中初步建立起良好的组织形象。以信息传播为目标，通常是初创组织或者建设型公共关系活动的主要目标。要引起公众注意，信息的制作是十分关键的。在制作信息时，特别要注意对受传者的定位，要重视研究目标公众的心理需要、情绪情感之类的心理机制，这样才能在信息内容的设计上，更有针对性，同时还要讲究信息制作的技巧，注意信息强度、对比度、新鲜度和重复率以更好地吸引公众的关注，使公共关系传播向公众提供的信息更具有针对性和说服力。

2. 联络情感

联络情感是组织公共关系传播工作的一项长期任务，组织通过情感投资，以期获得公众的赞誉、信任和支持。在组织内部，可以通过公共关系来推广情感投资的管理方式，以情感作为资本，通过关爱员工，以争取员工的拥护，增强组织的凝聚力，提高员工的士气、积极性和创造性。公共关系是组织寻求情感投资管理方式的有效方法和途径。在组织外部，可以通过社会赞助、公益广告、服务型公共关系活动等方法和手段，争取公众的好感，塑造组织的良好形象。特别是对于顾客公众，随着体验消费时代的来临，情感型购买成为顾客的主要购买动机，公共关系作为一种行之有效的促销手段，在与顾客公众保持和建立良好关系方面，发挥了独到的作用。

3. 改变行为

改变公众的行为是公共关系传播的最高目标，改变行为意味着：引起并强化组织所期待的公众行为反应，消除和弱化组织所不希望的公众行为反应。这一层次的传播目的，不仅是要塑造良好的组织形象，更主要的是要求目标公众和潜在公众有实质性的行为表现，增加公众采取有益行为的可能性。公众对组织产生认识和好感，与采取实际行动之间并不是一回事。因此，要做好这层次的传播活动，必须注意以下三点要求。

（1）寻求公众的需求点。行为层次传播，应该诉诸公众的需求。人的需求是产生行为动机的心理机制。确定公众对组织的需求点以及与满足与公众需求有关的所有期望，这是有效传播的关键。

(2) 提供方便公众采取行动的信息。明确需求可以增加公众采取行动的可能性，但可能性并不一定有行动的现实性。因此在传播中，要提供方便公众采取行动的各种信息，明确公众达到行为目标的途径和方法，途径和方法越是简便、具体和直接，公众越是有可能采取行动。

(3) 注意传播的时效性。行为层次的传播要注意时效性，要注意研究公众行动的过程和特点，选择最佳的传播时机，以避免组织的信息到达前，公众已经采取行动。

（二）双向性原则

双向性传播能够提高信息互动的质量，使信息传播更为准确和完善、迅速消除沟通障碍，同时也可增加沟通过程中单位时间内的信息内容。双向性原则的具体要求有以下几个方面。

1. 满足公众的心理需求

要使公众在组织的公共关系传播中产生合作行为，必须把满足公众的心理需求作为基本的准则和出发点。公众的需求是多方面的，公共关系工作的性质决定了公共关系传播过程不可能去满足公众的所有需求，它主要立足于满足公众的心理需求。

(1) 公众心理需求的多样性。公众的心理需求是多种多样的，在公共关系传播中，要特别注意公众的知晓心理需求和尊重心理需求。

① 知晓心理需求。知晓权是最基本的人权，知晓需求是人首要的心理需求，它指的是人们了解周围事物真相的需求。公众有权力在第一时间了解全面、客观、公正的事实真相。将有关的事实真相及时、全面而客观地传播给公众，不仅可以满足公众的知晓心理，而且能够增加公众对组织的信赖感，进而可以促使他们有可能成为组织长期的、稳定的顺意公众。

② 尊重心理需求。尊重是人高层次的心理需求。一般来说，所有人都希望别人的高度评价，需要自尊、自重，或为他人所尊重。尊重心理需求包括两个方面：一是在其面临的环境中，希望有实力、有成绩，并要求独立和自由；二是要求有名誉或威望、学识、关心、重视和高度评价。如果此类需要得到满足，就能够使人奋发向上，积极进取；相反，如果这类需求得不到满足，就会使人产生自卑感、软弱感、

无能感,从而丧失基本的自信。要满足人的尊重需求,首先要重视人的独立性、自主性和主动性,虚心征求与听取公众的意见,尊重公众的选择以及风俗习惯;其次要注意礼仪,设身处地地为公众着想,对公众成员要一视同仁,尤其要平等对待一些弱势群体的公众;最后,要注意交往策略和艺术。

(2) 公众心理需求的个体差异性。公众的心理需求有很强的个体差异性。这种差异性概括起来讲,主要表现在需求的强弱、高低上。强弱主要是指不同的公众个体对于同一种心理需求,或者不同的心理需求对于同一个体,其需求强度是各不相同的。高低主要是指不同文化层次、收入层次的公众,对于不同的心理需求会表现出明显的差异。研究公众对象心理需求的差异性,能够使组织的公共关系传播做到区别对待、因人而异,从而取得良好的传播效果。

2. 具备反馈意识、建立反馈机制

如果说信息传递过程是信息分享过程的话,信息反馈,则是信息的回流,即信息经由接收者的领会、理解,通过某种方式,信息接收者将自己的意见和态度按照原来传递路线相反的路径进行逆传递。反馈构成了传播的互动循环过程。反馈,不仅要求组织的公共关系人员具有反馈意识,而且还要求组织建立沟通机制,保证反馈的及时性和通畅性。具体来说,对于反馈有以下四点要求。

(1) 主动。主动反馈表现在不要对所接受到的公众信息简单地表示肯定与否定,应该主动提出组织的处理意见,补充、修正原始信息等。

(2) 适时。反馈应该迅速。当然,迅速并不是指越快越好,而是要适时,反馈时机要恰当,规定时间结点,讲究时效。

(3) 适路。适路指的是反馈的渠道要恰当有效,传播的内容不要偏离中心。

(4) 适量。适量指的是反馈的信息量要适当,突出重点,以免冲淡主要信息的传递。

(三) 一致性原则

一致性原则要求公共关系传播力求保持传受双方的和谐与一致。传播者和受传者认知上的不一致状态是一种客观存在,正因如此,传播才不仅是可能的,而且是必要的。不一致状态可能导致组织与公众的关系紧张。组织公共关系传播的过程是公众态度与组织期望之间趋于一致的过程,这种一致性,来自组织与公众之间的互动。一致性原则的理论依据是认知一致性理论。

1. 认知一致性理论的主要观点

认知一致性理论是20世纪50年代后随认知社会心理学的兴起与发展而出现的旨在探讨与预测人在接受新信息后为保持内部一致性而调整原有态度的一种理论。一致性理论认为:人总是力图保持其内部认知系统的平衡与和谐,其中的认知因素包括信念、思想、感情、态度、行动等。不平衡的认知状态具有动机性质,促使人改变其认知系统的某些因素,以恢复认知系统的平衡。一致性理论中具有代表性的是海德的认知平衡理论(P-O-X模式)和纽科姆的交往行动理论(A-B-X系统),其基本特点是在揭示态度改变的规律时,比较注重人与人之间在态度上的相互影响,在相互影响中改变态度。

(1) 海德的认知平衡理论。海德的认知平衡理论又称P-O-X模式。海德认为,个人在社会生活中建立的大部分与他人的关系是通过某些事件形成的。P代表个人,O代表有关系的某人,X代表有关系的某物、某现象或某观点。处在三角形某一端点的因素都与另外两个端点的因素有某种关系。这些关系有两种可能——正的或负的。它们都是由主体P的认知和态度决定的。平衡理论揭示了两个认知主体(P,O)与认知对象(X)的关系,这种关系分为四种平衡状态和四种不平衡状态两种,如图4-2所示。

在图中,凡三角形三边的符号相乘为正,即为平衡状态;凡三角形三边的符号相乘为负,则为不平衡状态。当出现不平衡状态时,P和O就会出现心理的紧张和关系的紧张,或一方改变主张,或改变对一方的看法,甚至解除双方的角色关系——从公共关系的角度来看,这是不可取的,在一定意义上意味着公共关系的失败。

海德的平衡理论强调人际关系对认知平衡的影响。传播的过程,就是由不平衡趋向平衡的过程,而其核心思想就是运用最小努力原则来预计不平衡所产生的效应,选择一条不必花费很大力气去平衡关系

 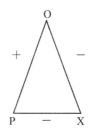  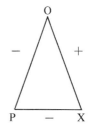

a. 四种平衡状态

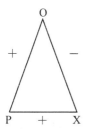 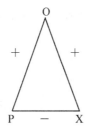 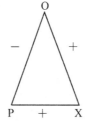 

b. 四种不平衡状态

图 4-2 认知平衡图

的途径。途径的选择,应该根据传播沟通的目的来决定。

(2)纽科姆的交往行动理论。纽科姆的交往行动理论又称为A-B-X系统,是对海德平衡理论的发展,它由3种要素、4种关系构成。3种要素是:认知者A,对方B,认知对象X;4种关系是:A-B感情关系,A-X认知关系,B-A感情反馈(B对A-B感情关系的认知),B-X认知反馈(B对A-X认知关系的认知)。4种关系构成认知主体A的认知系统(图4-3a);当把反馈包括在认知系统中时,A和B的地位是互换的,A是认知主体,又是认知对方;B亦然。于是,B作为认知主体出现时,也形成一个认知系统(图4-3b)。A的认知系统和B的认知系统组成一个复合系统(图4-3c),呈集合状态,是一种群体式认知系统。

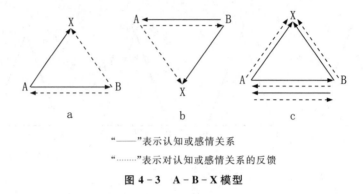

"——"表示认知或感情关系
"……"表示对认知或感情关系的反馈

图 4-3 A-B-X 模型

A-B-X 系统认为:人与人之间要求态度与关系一致的压力刺激了传播,在 ABX 三者关系处于不均衡的状态下,传播交流将会更加频繁;某人(A)对某一事物(X)的评价会影响到另一人(B)的态度方式和价值观的变化;人们总是注意与其现存立场相一致的信息源,并寻求能够支持和证实他们实际行为的信息。因此,人们应该在各自的价值体系内进行调整,使双方在心理上更接近,从而产生认知的一致性状态。在公共关系传播沟通中,寻求组织与公众对象的相同点,能使公众容易接受组织的观点,通过这种一致性的靠拢,使组织与公众关系中的紧张因素降低。

2. 一致性原则的实施

一致性原则要求在实施公共关系传播时,既要不断调整组织的立场和策略,使之符合公众的需要和期望,又要注意运用各种心理策略,去改变公众的立场和态度,使之符合组织的需要和期望,从而达到组织与公众的协调和一致。具体来说,要注意以下两点。

(1) 寻求和扩大共同经验范围。共同经验范围是指传受双方之间所具有的共同语言、共同经历和共同感兴趣的问题,双方对传播所应用的各种符号应有大致相同的理解,即双方的共识域。这是一致性原则的起码条件。沟通双方类似的经验越多,其共识域也就越大,沟通时的共同语言也就越多。共识域是提高信息分享程度的前提,也是提高传播有效性的保证,如图 4-4 所示。在公共关系传播中,由于组织的地位和实力,要求组织以公众为导向。因此,组织应该积极地去寻求和扩大双方的共同经验范围,并不断地调整自身的立场和策略。

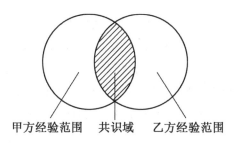

图 4-4 共识域

（2）相似性的人际吸引。寻找和扩大双方的共识域,主要的策略是运用相似性的人际吸引。相似性的人际吸引,是保持双方协调一致的平衡关系的重要保证。相似性的人际吸引是以情感认同为前提的,因此,在公共关系传播中,应该诉诸情感,增进组织与公众之间的情感互动和观点交流,使彼此认同,从而达到关系的协调和平衡。这也就是人们通常所说的晓之以理、动之以情,在情感沟通和理智沟通相结合时,更加侧重于情感诉求,以引起公众的情感情绪反应,从而促进公众对组织的一致性认知,激发其兴趣,争取其认同。

第二节 传播理论与公共关系传播

公共关系作为一种社会关系,是组织与其公众环境之间的信息交流关系;作为一种活动,是组织与公众之间的传播沟通活动,它所使用的手段和方法是各种信息传播沟通媒介,以及运用这些媒介所形成的各种信息传播沟通的方式。公共关系所运用的传播手段和方法,并不是公共关系专有的。传播学对于人际传播、组织传播特别是对于大众传播的研究所形成的各种传播模式和理论,都可以被公共关系综合地借鉴和运用。

一、5W 模式

拉斯韦尔的 5W 模式是研究传播结构方面的传播理论。拉斯韦尔是当代西方著名的政治学家,对传播学的卓越研究,使他成为传播学的创始人之一。1948 年,拉斯韦尔发表了被誉为传播学开山之作的论文——"社会传播的结构与功能",从传播的内部结构,分析了传播过程的五个要素或五个环节,由于五个要素的首字母都是"W",因此也被称为 5W 模式。

(一)"5W 模式"与传播学的研究范畴

拉斯韦尔认为,任何一个传播过程都可以分解为五个部分(5W),与传播过程的 5W 相互对应,拉斯韦尔同时提出了传播学的基本研究范畴即控制研究、内容研究、媒介研究、受众研究和效果研究。

传播者 → 信息 → 渠道媒介 → 接受者 → 效果

图 4-5　拉斯韦尔的 5W 模式

1. Who

Who,即传播者,也就是传播的主体。传播者既可以是单个的人,也可以是专门的机构。传播者在传播过程中负责搜集、整理、选择、处理、加工与传播信息。他们被称为把关人,他们的这种行为被称为把关,即对信息的控制行为。把关人的把关并非个体行为,它要受政治、法律、经济、社会、文化、信息、组织、受众、技术以及个人因素的影响。因此,对传播者的研究又称为控制研究。

2. Says What

Says What,即说什么,是指传播的信息内容。传播内容是传播活动的中心,它是由一组有意义的符号组成的信息组合。要实现有效的信息传播,就要对传播内容的生产、流动进行分析研究,也即相应的内容研究的环节,目的是为了调查与研究内容与传、受双方的关系,这对传播者把握传播内容及其社会意义具有重要的价值。

3. In Which Channel

In Which Channel,即通过什么渠道。这里的渠道是指信息传递

第四章 公共关系传播

所必须经过的中介或借助的物质载体。它可以通过邮件、电话、信函等人际传播媒介和人际传播渠道;也可以通过报纸、广播、电视等大众传播媒介和大众传播渠道。与此相对应的研究环节即媒介研究。媒介研究一直以来都是传播研究领域的重点,包括对传播媒介环境以及传播媒介的功能和特点等的研究。

4. To Whom

To Whom,即对谁,就是受传者或受众,他们是主动的信息接受者、信息再加工的传播者和传播活动的反馈源,是所有受传者(如读者、听众、观众等)的总称,是传播的最终对象和目的地。对受众的研究,主要围绕与受众的特点、受众的行为动机、受众的价值及其社会意义、传受双方关系等方面入手而展开。

5. With What Effect

With What Effect,即产生什么效果。效果是信息到达受众之后在其认知、情感、行为各层面所引起的反应,它是检验传播活动是否成功的重要尺度,与此相对应的传播效果研究,主要集中在大众传播对受众固有立场、观点的作用以及大众传播对社会及文化所造成的影响。

(二) 5W模式的特点

拉斯韦尔的5W模式是早期传播学的经典理论,奠定了传播学研究的基础。拉斯韦尔的5W模式具有以下几个方面的特点。

1. 全面性和科学性

5W模式实际上脱胎于亚里士多德关于传播过程的三要素论,即说话人、说话的内容、听话人。但拉斯韦尔的描述更全面,也更科学地揭示了传播活动的普遍规律,为人们考察传播行为和传播现象及其构成提供了基本的思路和切入的起点。五种分析涵盖了传播研究的主要领域,而且,由于凸显了媒介(渠道)与效果,它有助于人们把握当代大众传播活动的重点。

2. 劝服性和直线性

由于拉斯韦尔的研究是以第一、第二次世界大战期间空前规模的宣传战为主题,他更多关心的是政治传播与宣传,因此,也更多地把传播看成是一种劝服的过程,没有揭示人类传播的双向性质和互动性质,虽然考虑到了受者的反应（效果），但却没有提供一条反馈的通道。

（三）5W模式的公共关系意义

根据拉斯韦尔的5W理论，策划公共关系传播活动时，应该全面分析传播活动的要素，针对传受双方的需要，选择合适的传播渠道和信息，谋取良好的传播效果。考虑到5W忽略了传播过程反馈环节的这一缺陷，如果在5W模式中增加一条反馈的通道，那么，就会使5W环节显示出一个循环往复的传播过程，见图4-6。

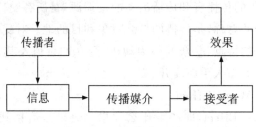

图4-6　5W模式的循环

二、信息论模式

信息论模式也是研究传播结构方面的理论。信息论模式是由信息论的奠基者香农和数学家韦弗于1949年针对电信工程提出的，为描述物理信息的传播构建了经典的模式。这个模式的中心问题是：通过一定的线路如何传输最大数量的信号，同时又把噪音的干扰降低到最低的限度。香农-韦弗模式为人们考察人类传播的过程提供了有益的启示。

（一）信息论模式的主要观点

信息论模式把传播描述成一种直线的单向过程，这是一个有五个正面要素和一个负面要素构成的传播过程。即信源、信息发射器、信道、信息接受器、信宿和噪音。

信源就是信息的发出者，信息就是所要传递的信息内容，信道就是信息传递的途径和渠道，信号是对信息的描述，发射器和接收器是发收信息的设备，信宿是信息的接收者。任何信息要进入传播过程，都要经过一个转换过程，这个过程就是编码，当经过编码的信息成为信号以后,就开始进入信道了,当它传递到信息的接收者那里时,还得经过一个与编码完全相反的过程,即译码。编码是把信息加到传播媒介身上以便传播的过程,译码则是从传播媒介身上提取信息的过程,这个过程是由接收器来完成的。发射器的功能是把信息转换成信号,接收器的功能则是把信号再还原为信息。信号在信道里传递时,会受到干扰,即噪音,它是干扰正常传播的因素,结果使得信息在传递过程中发生不同程度的偏差(图4-7)。

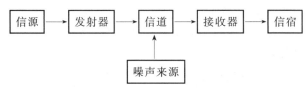

图4-7 香农-韦弗的信息论模式

(二) 信息论模式的贡献

由于信息论模式最初是针对电信工程的,它忽视了影响社会信息传播过程的两个重要的因素,即客观社会环境(如政治、经济和文化等)的制约因素和传受双方主观因素的影响。另外,与拉斯韦尔的5W模式相同,在信息论的模式中,信息的传播过程也被描绘成一种直线性的单向过程,忽略了传播的反馈环节。人际传播的信息内容、社会环境和传播效果并不能直接在这一模式里找到,而人类传播活动的双向互动性正体现在这些环节上。

1. 提供了一个完整的传播过程

香农-韦弗模式显示了传播过程中的五个功能环节,即信源将要传播的内容编码,以信息的形式传递给发射器;发射器将信息编码,转换成信号,并借助于信道传输出去;信道传输信号;接收器将信号译码,转换成信息;信宿将传播途径或渠道信息译码,获得传播途径或渠道信息意义。虽然这个模式起初是为技术领域开发的,但是在此领域之外也有着重大而广泛的应用,尤其是传播学领域,因而它也成了传播过程的重要模式之一。

2. 揭示了编码和译码两个环节

在认识编码与译码之前,人们所理解的传播过程就是从传播者到接受者,中间最多再经过传播渠道这个环节,即:传播者—传播渠道—接受者。事实上,不经过编码,传播者的信息就无法进入传播渠道,因而也无法传递;同理,不经过译码,传播渠道里的信息也无法提取,因而也就无法为接受者所把握。香农-韦弗模式揭示了在传播者与接受者之间至少存在着三个功能环节:传播者—编码—传播渠道—译码—接受者,从而极大地丰富了传播过程的研究。

3. 导入了噪音的概念

香农-韦弗模式为我们剖析了噪音这个一直未被察觉的概念,这是信息论模式最为引人注目的特点。按照信息论模式的思想,噪音既可表现为发射器和接收器的信息失真,也可表现在信息转换过程中的各种错误,简言之,噪音是指各种干扰正常传播的因素。噪音的提出表明传播不是在理想的真空中进行的,传播过程内外的各种障碍因素会形成对信息的干扰,这对于社会传播过程来说也是一个不可忽视的重要因素。

(三) 信息论模式的公共关系意义

香农-韦弗模式为组织开展公共关系传播提供了有益的参考。公共关系传播必须重视各种干扰因素的负面影响,提高传播的有效性。

1. 重视传播过程的功能环节

信息论模式为人们提供了一个完整的传播过程,即传播者—编码—传播渠道—译码—接受者。作为组织的公共关系来说,如何重视传播者的立场,如何根据自身的需要、公众的特点和信息的要求,正确选择传播媒介和渠道,如何根据目标公众的需要和特点策划传播活动等,这些都直接关系到公共关系的传播效果,进而关系到组织形象的塑造和组织目标的实现。

2. 克服传播障碍

信息论模式还为我们剖析了噪音这个一直未被察觉的概念,这对于公共关系传播来说具有重大的意义。公共关系传播具有明确的对象性和目的性。公共关系传播又是在复杂多变的社会环境中进行的,它不仅受到传受双方的观点、立场、需要和利益的影响,而且还受到社会环境因素的制约。所有这些,都会在传播的各个环节对传播活动形成干扰,这些干扰因素成为影响传播效果的障碍。因此,在公共关系传播中,不仅必须考虑传播的各种基本要素的影响,而且还要充分研究各种隐含要素——即社会环境要素的影响。

三、两级传播模式

两级传播模式是研究传播效果方面的理论,是由拉扎斯菲尔德最早提出的。传播学关于传播效果的研究,主要有两种典型的观点——枪弹论和有限效果论。枪弹论又称皮下注射论,是研究传播效果的早期理论,这是一种大众传播强效果论的观点。这种观点认为:大众传播的效果犹如枪弹(大众传播媒介的信息)射向坐以待毙的靶子(受众),具有一击即中的效果,或者具有类似药到病除的皮下注射效应。随着社会学、心理学和社会实践的发展,人们发现:受众是由不同特征的群体构成的,而作为群体成员的个人之间也存在着极大的差异,因此媒介的刺激往往不能直接带来受众的意志反应。对于枪弹论的质疑,导致了有限效果论的出现。

(一) 两级传播模式的主要观点

1940年,拉扎斯菲尔德等人在美国俄亥俄州开展了一项有关总统选举的调查研究。结果表明,真正影响人们投票行为的是个人之间的接触和方方面面的劝说,只有大约5%的人确认他们是受到大众传播媒介的影响而决定投票倾向的。由此,拉扎斯菲尔德提出了两级传播的假设,认为:来自媒介的信息总是先到达一部分意见领袖,再由这些意见领袖传递给周围的受众,也就是说,信息传递是按照"媒介—意见领袖"和"意见领袖—受众"这种两级传播模式进行的,媒介的信息大多通过意见领袖的过滤才能影响受众,因而,人际关系的影响要比大众传媒更显著。

拉扎斯菲尔德的这项研究提出了一个很重要的概念——意见领袖。在拉扎斯菲尔德看来,意见领袖是活跃在人际传播网络中,经常为他人提供信息、观点或建议,并对他人施加个人影响的人物。拉扎斯菲尔德所指的意见领袖,有明显的区域型特征,意见领袖的影响力受地理位置的限制,这也是和当时的大众传播相对落后的特征相吻合的。意见领袖的概念后来也随着大众传播学的发展不断修正。一般来说,意见领袖与受其影响的人群具有基本一致的生活环境和行为特征,这种一致性的特点使得意见领袖具有很强的亲和力;同时意见领袖对于某一方面的事务具有更专门的兴趣和实践,在某一领域有丰富的知识与经验,这种专门性的特点使得意见领袖具有一定的权威性。

(二)由两级传播到 N 级(多级)传播

拉扎斯菲尔德的研究对否定枪弹论起了直接的作用,也开创了有限效果论的传统,它认为人际传播比大众传播在态度改变上更有效。在之前研究的基础上,拉扎斯菲尔德用信息流和影响流两个概念对两级传播概念进行新的定义和解释:"大众传媒往往通过两个过程向受众传递信息,意见领袖读报或听广播后会将过滤后的小量观点和信息传递给那些不太活跃的人群。"这个定义详细描述了两级传播的两个过程:一是信息流向意见领袖,这一过程属于信息的传递和接受过程,属于信息流;二是信息和影响(观点)从意见领袖到一般受众,这一过程是影响(观点)和信息进行接收或拒绝的反应过程,属于影响流。他认为,在信息传播的过程中,大众传媒主要在第一个过程发挥作用,完成的是信息流的功能,意见领袖在第二个过程中发挥作用,主要完成影响流的功能。两级传播理论自此得到了更加明确的阐述。

美国社会学家罗杰斯通过系统阐述传播流思想,进一步发展和完善了两级传播理论。罗杰斯认为信息的传播可以是一级的,也就是说媒介的信息可以直接抵达受众,一步到位,并不一定需要意见领袖这一中介,而信息影响流的传播是多级的,要经过人际传播中许多环节的过滤,其复杂程度和中介数量要远多于两级传播,是一个 N 级传播(多级传播)的过程,因此两级传播就被发展成 N 级传播。

(三)两级传播模式的公共关系意义

两级传播模式发现了置于大众传媒和普通受众之间的中介——意见领袖,强调大众传播中人际传播的作用,注重对媒介传播效果中的各个中介变量进行研究,为传播效果的研究提供了新颖的视角,对于组织开展公共关系传播活动具有重要的意义。

1. 重视人际传播

组织在开展公共关系传播活动时，应该充分积累和运用各种人际关系资源，开发各种人际传播的途径，提升公众的参与性，提高组织的亲和力。特别是在网络媒体日益发达的今天，组织可以利用和发挥网络人际传播、网络社群的优势，大大拓展人际传播的范围。

2. 培养意见领袖

两级传播模式揭示了意见领袖在传播中对公众的影响力。意见领袖具有巨大的引导舆论的能量。意见领袖属于消息灵通人士或者权威专家，影响着其他公众成员的态度，意见领袖既能把事情做好，也会把事情搞糟，特别是在对于突发事件的舆论引导，意见领袖具有独到的价值。在公共关系传播策划中，应该高度重视专家名人效应，借助于他们的传播力量来强化组织的对外影响力。

四、把关人理论

在传播控制方面，研究者提出了把关人理论。把关人这个概念最早是由美国社会心理学家库尔特·卢因于1947年在"群体生活的渠道"一文中提出的。他认为，在群体传播时，信息的流动是在一些含有"门区"的渠道里进行的，在这些渠道中，存在着一些把关人，只有符合群体规范或把关人价值标准的信息才能进入传播渠道。把关人又译守门人，是传播学的一个基本概念，如果说把关是对信息进行筛选和过滤的行为——即传播学所讲的控制的话，那么，凡是具有或表现这种行为的人就是把关人。1950年，美国传播学者大卫·怀特运用这个概念，对一位编辑的新闻选择过程作了个案研究，从而深化了传播学的把关研究。后来，许多学者沿着这个方向不断研究，使把关人理论进一步完善，把关人成为控制分析领域的基础成果之一。

（一）把关人和把关行为

把关人是指在信息传播过程中，对信息的提供、制作、编辑和报道能够采取疏导与抑制行为的关键人物。在一个传播系统中，信息总是通过某些决策点和关口来完成传递过程的。在信源与受众之间，存有决定中止或中转信息的把关人。把关人有时是个别人（如信源、记者、编辑等),有时是一个集体(如媒介组织)。编辑取舍新闻和传播媒介对新闻的审核是典型的把关行为。

一般来说,把关人的传播行为包括疏导与抑制两个方面。把关人对某些信息准予流通便是疏导行为,即报道出去;对某些信息不予以流通或暂时搁置,便是抑制行为,即不予报道。把关人之所以对信息交流采取不同的态度和行为,主要是出于自己的预存立场。所谓预存立场,就是自己原有的意见、经验、兴趣和精神状态的总和。预存立场同时也受到周围信息的影响。

(二)把关人理论的公共关系意义

把关人理论认为,媒体在传送信息过程中具有重大的过滤功能,通过对新闻信息进行层层把关、筛选与编码,决定最终面向受众的新闻信息的内容。传统媒体的信息控制通过各个层级的把关人来完成,把关人在传统媒体中处于决定媒介内容的支配地位,体现出权威性、规范性和专业性的特点。但是,网络媒介的兴起,人类信息传播的方式及内容发生了根本的变化,把关人和内涵和外延随之发也生了巨大的变化。因此,组织必须充分认识到传统把关人面临的挑战和发展,并自觉运用把关人理论开展公共关系传播活动。

1. 争取各种把关人的支持

在传统的媒体运作中,记者、编辑和媒介机构等都是典型的把关人。从新闻传播的流程来看,传统媒体信息传播程序大致是:记者发现新闻事实—媒体把关(审稿)—传播给受众。在这个传播过程中,传统媒体可以说几乎垄断了信源。随着互联网时代的到来,越来越多的人参与到大众传播中来,把关人的种类和数量也随之增加。

有研究者将网络时代形形色色的把关人概括为下列四种:一是职业把关人,如新华网、人民网等,这些网站一个共同点是几乎都有传统媒体作背景,它们是网络中严格意义上的把关人;二是二级把关人,指的是各种商业网站,如新浪、搜狐、网易等,它们以最快速的方式发布着新闻,是新闻信息的二级把关人;三是影子把关人,如网民个人、网络论坛的管理人员——版主等,在网络的虚拟空间里,他们借网络交互式的便捷性可以发布大量信息,但是他们的信息缺乏权威性和可信性;四是最终把关人，在以民族国家为主体的社会，政府总是最重要和有力的控制者和把关人。

根据把关人理论，在公共关系传播活动的策划中，应该重视新闻价值问题的研究，积极开展具有新闻价值的公共关系活动，争取各种把关人的支持，借助于各种媒介特别是传统大众传媒的报道，来扩大组织公共关系活动的影响范围。

2. 加强信息的鉴别和研究

把关人在传统媒体中处于决定媒介内容的支配地位，而网络是一种去中心化的新型互动媒介，一方面，传播的双向性使得传播权力泛化，任何人都拥有传播的权力，传统传播者的权威性被削弱；另一方面，信息传播的自由化使传播的范围具有了无限的广阔性，容易造成信息泛滥。在网络传播时代，每个人都有可能不受政治、意识形态、技术、文字和逻辑能力、经济能力的严格限制，真正实现个人的表达自由和言论自由，每个人既是受众，又是信源。因此，每个人自身也是把关人。理解这一点对于组织开展公共关系传播非常重要。组织应该加强对于各种信息特别是与组织相关信息的鉴别和研究，判别相关信息的准确性、真实性，并对信息进行推理、判断，综合分析信息的价值。

五、议题设置理论

议题设置理论是研究传播舆论形成方面的经典理论。议题设置是大众传播的一项重要功能，最早见于美国传播学家麦库姆斯和唐纳德·肖于1972年在《舆论季刊》上发表的一篇论文"大众传播的议题设置功能"。这篇论文是他们在1968年美国总统选举期间就传播媒介的选举报道对选民影响所做的一项调查研究的总结。研究结果表明，选民倾向于分享媒介对何为重要议题的总体定义，这一证据有力的体现了媒介的议题设置功能。

（一）议题设置理论的基本思想

议题设置理论基于以下两个观点：一是各种大众传播媒介对信息传播具有过滤作用。传播媒介对于复杂而众多的信息总是经过选择以后才传达给公众的。只有大众传播媒介热衷介绍的某个新闻事件，才有可能成为公众关注的议题。对极为大量的信息不作严格的选择是不可能作为新闻报道的。二是面对极为浩繁的信息,公众通常是无所适从的,需要有人为他们指明方向,把关人的作用在于对复杂的信息加以整理,划出重点和优先顺序,为公众选出那些值得关注和加以注意的事件。

议题设置理论的基本思想是:媒介的议程不仅与受众的议程相互吻合,而且,受众的议程就来自于媒介的议程。也就是说,媒介报道什么,受众便注意什么;媒介越重视什么,受众就越关心什么。议题设置理论思想的核心在于:大众传播媒介不能决定公众怎么想,但能决定公众想什么。媒介选择集中的报道对象,以此来制造社会的中心议题,并左右社会舆论的形成。

(二)议题设置理论的公共关系意义

议题设置理论具有很强的现实意义,其根本价值在于凸显了大众媒介的一项重要功能:对公众关注的热点可以实施有效的转移。这种对于媒介效果的定位是比较准确和适中的。大众传播的效果既不像枪弹论那样强烈,也不像有限效果论那样微弱。特别是进入信息时代以后,由于公众文化水准、自主意识的空前提高,任何外界力量企图强制性地决定公众个体思考已经变得不可能。与此同时,信息的复杂化、专业化又使得公众更加依赖大众传播媒介。这两个方面的因素决定了当代大众传播媒介的基本作用:凸显事物以引起公众的关注。至于对事物的评价,则由受众依据新闻材料独立作出判断。

1. 策划新闻、吸引注意

在公共关系传播中,如果能够围绕媒介的议题设置和公众关注的热点,开展大规模的传播活动,不仅将获得良好的传播时机,也必将取得非常好的传播效果。因此,组织应该高度关注公众的热点和媒介的议题,并据此进行新闻策划,使组织的行为和产品(服务)等成为报道的热点,成为公众关注的热点,成为舆论关注的对象,以取得良好的传播效果。

2. 关注传媒,引导舆论

议程设置理论所考察的是作为整体的大众传播具有较长时间跨度

的一系列报道活动所产生的中长期的、综合的、宏观的社会效果。这就形成了日常新闻报道和信息传播活动中所蕴含的民意潜蕴和舆论导向。无论是传统媒体还是新兴媒体,不仅都是社会的信息工具,也都是社会的舆论工具,都在不同程度上表达了民意。关注传媒的议题设置,对组织详细考察传媒的舆论导向过程具有一定的启发意义。在此意义上,如果某一事件引起了人们的普遍关注,传媒就会积极介入这一事件的报道和评论之中,共同推进社会舆论的进程。

六、受众选择理论

在研究受众接受传播信息方面,最为著名的是受众选择理论。受众选择理论是由美国传播学者克拉柏提出的,他认为受众最重要的心理特点是选择性。所谓选择性心理,是指在接受信息的过程中,人们的通常心理表现是首先接受同自己早先已有的观点或立场相一致的内容,而排斥那些不一致的内容;首先接受对自己和团体有利的信息,回避那些有害的或不利的信息。

(一)受众选择理论的基本观点

选择性是受众在传播活动中对信息的选择性处理,包括受众心理上的自我选择过程。克拉柏认为受众接受信息的心理呈现出"注意—理解—记忆"这样一种线性过程,在此基础上克拉柏将受众的选择性心理分为三个阶段:选择性注意、选择性理解、选择性记忆。其基本思想是:受众并不是不加区别地对待任何媒介内容,而是更倾向于那些与自己固有的立场和态度一致或接近的信息;选择性接受的结果,往往进一步强化了受众固有的立场和态度,而不是导致它的改变。

受众选择理论揭示了受众的选择性接受是一种非常普遍的行为。这种选择性行为体现了受众心理上的自我选择过程。受众心理选择的三个环节,构成了受众心理的三个防卫圈,信息如果不合乎受众的个人需要,则会被挡在防卫圈之外。由此,受众选择理论超越了传统的刺激-反应的传播模式,这就意味着受众并不是对外部信息刺激做出被动的反应,从而凸显了受众作为信息加工主体的作用。这对公共关系传播来说,无疑具有极大的启发性。

(二)受众选择理论的公共关系应用

既然受众接受信息具有选择性,因此对于公共关系传播来说,重视这种选择行为的特征,了解其内在联系,才能真正实现预期的传播效果。运用受众选择理论,要特别注意受众接受行为的以下特征。

1. 选择性注意

选择性注意就是指在信息接受过程中,受众处于有选择地加以注意的心理状态。因为人们的感觉器官虽然受到诸多信息的刺激,但是他们不可能对所有的信息刺激一一做出反应。从选择性注意的角度来看,要引起受众的注意,在信息内容的设计上,应该充分考虑信息的结构性因素:如信息的对比度、强度、重复度、新鲜度等。

2. 选择性理解

选择性理解是指不同的人对于同一信息做出不同意义的解释和理解。这意味着受众所接受的信息与传播者所传信息常常是不一致的,受众所理解的信息,其还原的意义与传播者意欲传递的本来意义之间往往存在一定的差距。这反映了编码过程与译码过程的差距。影响受众选择性理解的心理因素包括了需要、态度和情绪多方面。

3. 选择性记忆

选择性记忆是指人们在记忆上的取舍,也就是说,人们往往只记忆对自己有利的信息或者只记自己愿意记的信息。选择性记忆可以分为以下三个阶段。

(1)输入。人的记忆是不完整的,这种不完整性表现在人们往往把原有的信息按自己惯用的符号重新编排,另外,人们对一则信息的记忆往往只记大意。因此,公共关系在传播信息时要在信息的制作和设计上多下工夫。

(2)储存。人们的记忆能力是有限的、短期的。一般来说,一个人一次只能记得 8 个不相关的数字,或 7 个不相关的字母,或 6 个不相关的单词。因此,在企业精神口号、宣传主题、广告标题等内容的设计上,要充分注意记忆的这一特性。

(3)输出。记忆的输出有辨认和回想两种方式。辨认是人们接收到信息后,可以辨别出自己以前是否看过或听过;回想则是人们能够把看过或听到过的信息用不同的符号予以复述。在传播时要注意重复度。一则信息的反复出现,能够使人们多次在记忆库里对此信息加以辨认,这有利于人们对此信息凭借回想进行转述。

七、媒介理论

媒介理论是由加拿大传播学家麦克卢汉在20世纪60年代出版的《理解媒介》一书中提出的,麦克卢汉以全新的视角阐述了媒介的概念,提出了许多具有突破性的观点。

(一) 媒介理论的主要观点

1. 媒介是人体的延伸

媒介不是冷冰冰的外在化存在,媒介就是人的身体、精神的延伸。媒介改变了人的存在方式,重建了人的感觉方式和对待世界的态度。任何媒介都不外乎人的感觉和感官的扩展或延伸。比如,印刷品是眼睛的延伸,广播是耳朵的延伸,电视是眼睛和耳朵的同时延伸,计算机是中枢神经系统的延伸。媒介都是人的延伸,或者是人体及其功能的延伸。

2. 媒介就是信息

人们长期以来只是把媒介看成是一种传播工具,媒介本身并不重要,它并不能决定或改变它所运载的东西。而麦克卢汉强调媒介传递的真正信息是它本身对受众的刺激,而非它所传递的内容。媒介即是信息的观点包含以下两层含义:一是一种媒介的产生会在社会中产生新的行为标准和方式,媒介(技术)创造了新的环境而环境又影响着人们的生活和思维方式;二是媒介之间是互相关联的,一种媒介注定是另一种媒介的内容。

3. 媒介的热性与冷性

依据媒介提供信息的清晰度或明确度、信息接受者想象力的发挥程度及信息接受活动中的参与程度,麦克卢汉将媒介划分为冷媒介与热媒介。热媒介意味着高清晰度,所提供的信息明确度高,能高清晰度地延伸人体的某一感觉器官,其传播对象在信息的接受过程中参与程度低,想象力发挥程度低。冷媒介意味着低清晰度,所提供的信息明确度低,其传播对象在信息的接受过程中需要发挥丰富的想象,参与程度高。

4. 地球村——关于媒介作用的预言

麦克卢汉最早提出了地球村概念。1980年麦克卢汉去世后,生前与其同事合著的《地球村》一书出版。在麦克卢汉看来,地球村的主要含义不是指发达的传媒使地球变小了,而是指人们的交往方式以及人的社会和文化形态的重大变化。媒介的作用消除了地域的界限和文化的差异,使得旧的价值体系崩溃,新的体系正在建立,一个人人参与的、新型的、整合的环球村即将产生。事实上,他所预言的地球村已经变成了现实。

(二)媒介理论的公共关系启示

虽然麦克卢汉的理论本身有着它固有的缺陷,甚至错误,但是麦克卢汉对现代传播媒介的分析深刻地改变了人们对20世纪生活的观念,麦克卢汉的媒介理论对于公共关系传播活动具有重要的启示。

1. 关注媒介的社会影响

长期以来,人们把媒介看作工具或传播通道,往往关注媒介传递的内容是什么,并从媒介传递的内容出发来分析个人与社会发生变化的原因。而麦克卢汉认为媒介带给个人与社会的影响并不在于媒介传递的内容本身,麦克卢汉的这种观点使人们研究媒介的思维方式由平面思维进入到立体思维,从微观思维进入到宏观思维,由单一片面思维进入到全面思维,使人们在公共关系实践中充分认识到媒介自身(尤其是大众媒介)的社会影响,而不仅仅单纯地关注媒介的内容。这可以揭示人们在运用媒介时应更多地去思考媒介本身的性质和媒介的传播方式对不同的地区和不同的人群上产生的后果,这一点在新媒体发展的今天尤其重要。

2. 媒介的组合和新媒介的运用

麦克卢汉认为媒介之间是互相关联的,没有一种媒介能够独立存在,一种媒介总是充当另一种媒介的内容,媒介之间只有进行相互作用才具有自身存在的意义。这种观点有助于人们理解媒介的相互容纳性。在开展公共关系传播时,运用媒介的叠加与融合,采取多媒体的组合策略,对不同传播媒介的选用本身,实际上也就是对信息内容和形式做出有效处理,从而提高传播效果。

麦克卢汉关于媒介是人体延伸的观点,使媒介概念的外延得到了扩大,传播媒介的范围也随之扩大。这种观点一方面拓展了人们对于媒介的视野,在开展公共关系传播时,不能拘泥于传统媒介的运用而是要创造性地运用各种可以运用的媒介;另一方面,这种观点也启示人们运用媒介之间的相互容纳性开发出新的媒体技术,并通过研究公众心理和社会变化的原因,制定出有效的媒介策略。

3. 选择传播媒介必须考虑公众的心理与行为

麦克卢汉对冷热媒介的分类并没有一贯的标准,而且在逻辑上存在矛盾,所以人们认为冷热媒介的分类本身并没有多少科学和实用价值。但这种分类提示人们不同媒介作用于人的方式不同,引起的心理和行为反应也各具特点。在开展公共关系传播活动时不仅要考虑媒介本身的特点及其提供信息的清晰度或明确度,而且还要充分考虑信息接受者想象力的发挥程度及信息接受活动中的参与程度。不同媒介对于不同公众心理和行为的作用以及公众对这种作用的反应,是公共关系传播活动开展时不可忽略的重要因素。

4. 地球村与跨文化传播

麦克卢汉的地球村概念,是全球化理论的萌芽,对后来全球化的研究产生了深远的影响。麦克卢汉认为,由于电子媒介的普及和发展,世界正在逐步变为一个共同体——地球村。按照麦克卢汉的理解,地球上信息传播的虚拟距离和实际生活中的地理距离都在缩减。地球村带来的是全球化问题,全球化带来的是全球性的沟通和合作,跨文化传播成为公共关系的一个新课题。如何通过全球性、跨文化的传播形成全球性的共同意识、促进国际协调和合作,推动全球性问题的研究与解决,这是国际公共关系面临的主要任务。公共关系传播的原理和原则适用于各种文化、政治和经济体制,但是这些原则在不同的文化环境中的具体运用应该有所不同。全球化的交流中应该处理好的是全球化与本地化的关系。

第三节　公共关系传播媒介

传播媒介是传播过程中运载和传递信息的物体,是传播活动赖以进行工具手段。在人类发展过程中,传播活动出现了几次革命性的里程碑:一是语言的出现;二是文字的出现;三是造纸技术和印刷技术的发明和应用;四是现代电子技术的发明和应用。电子媒介在发展过程中出现了三次飞跃:一是20世纪初的广播;二是20世纪中期的电视;三是20世纪末的因特网的出现。从这个角度,传播媒介可以分为语言符号媒介、印刷媒介、电子媒介和网络媒介;如果从传播活动的主体来区分,传播媒介又可以分个人传播媒介、组织传播媒介和大众传播媒介;从媒介所作用的人的感官的,传播媒介可分为听觉媒介、视觉媒介和视听媒介。

一、公共关系传播媒介的类型

按照麦克卢汉关于媒介是人体延伸的观点,传播媒介是无所不包的概念,任何可以被用来运载信息和再现信息的物体,都可以划分到媒介的范围内。媒介概念的外延不断扩大,使得传统的分类标准变得难以界定。

(一) 语言媒介

语言是以语音为物质外壳,由词汇和语法构成并能表达人类思想的符号系统。在人类社会发展过程中以语言进行信息传播,是传递信息最普遍、最大量的传播方式。语言传递信息简单、快捷,并有反馈性的特点。

1. 非语言

非语言,通常被称为身体语言,是由人体发出的或与人体有关的信息符号。在语言产生之前,人类的原始传播主要是通过声音和身体动作来完成的。在语言产生之后,人类初始的身体语言,在人际传播中发挥着重要的辅助作用。非语言符号以及非语言传播的意义在传播活动中是不可忽略的。非语言传播能够丰富语言传播的内容,增强语言传播的效果,非语言在许多情况下,更多、更真实地隐含了语言主体的内在意图和动机。有关实验得出结论:信息的总效果＝7％的言语词语＋38％的音调＋55％的面部表情。可见,非言语行为在信息的表达中起着重要的作用。

（1）有声非语言。有声非语言又称副语言,指辅助语言和类语言。辅助语言指言语的非语词方面,如语气、音调、音质、音量、语速等,它属于言语表达的一部分,但不是词语本身。类语言指的是无固定语义的发声,如笑、哭、叹息、呻吟、鼓掌等。

（2）无声非语言。无声非语言一般包括动态体语系统和静态体语系统。前者如表情、肢体语言、眼神眼色等;后者如服饰、身体距离等。

非语言具有以下特点:一种非语言形式往往可以传递多种不同意义的信息;不同的非语言可以传递相同或相似的信息;矛盾的语言和非语言有时可能同时出现时,非语言更多、更真实地隐含了人们内在意图和动机;非语言不能独立发送信息,它通常作为语言的辅助内容,只有在极个别的情况下,才能单独发送一些简单的信息。非语言的局限性在于:信息传达并不精确具体,它所引起的意义的含糊范围相对较宽,同时还受制于个体行为。

2. 口头语言

口头语言就是通常讲的言语符号。人类的思维倾向总是力图减小信息传播过程中的模糊性,在人们要求具体而精确交流的欲望驱动下,口头语言诞生了,这是人类传播史上的第一次革命,标志着人类文明由此进入到一个新的阶段。口头语言加强了人际传播的精确性,提高了传播的速度与效率。相对于其他任何媒介形式来说,言语是独立的,其他任何媒介无不是以言语为基础的。一般来说,言语符号及其传播具有以下特点。

（1）受时空限制。运用口语媒介传播总是在特定情景中发生或是在一个有限的空间内进行,传播途径短,时效性强;口语使用的声音符号是一种转瞬即逝的事物,记录性较差,口语信息的保存和积累只能依赖于人脑的记忆力。当然,借助于电子媒介可以在一定程度上克服这些局限。

(2) 双向性。由于信息交流和信息反馈的过程可以是同步进行的,传播者可以及时地根据受传者的反馈,调整传播内容。但是这对于传播者来说,也构成了一定的压力。

(3) 信息标准化比较差。口语传播的质量完全取决于传播者对信息内容的理解与信息编码能力以及受传者的信息解码能力,因此会表现出较大的个体差异性,信息的标准化比较差。而且由于口头语言具有口耳相传、心记脑存的特点,既不能"通之于万里,推之于百年",也不能保证信息在传播中不被扭曲、变形、重组和丢失,因此,在传播过程中常常会发生信息变异的现象。

口语传播的应用领域最为广泛,比如日常交际、面谈访问、电话联络、谈判、推销、演讲、新闻发布等。对于不同类型的口语传播,其技巧也各不相同,比如谈判推销中如何提问,如何回答冲突性很强的问题,内部沟通中如何协调冲突,如何主持会议等。正因为如此,公共关系人员应具备良好的口语表达能力。

3. 书面语言

书面语言即文字符号。作为人们用来记录和传递思想的书写符号,文字是人类的证明,是人类文明的标志。文字传播使得异时、异地传播成为可能,大大提高了传播的广度和范围。从时间的久远和空间的广阔上实现了对口语传播的超越。文字及其传播具有以下两大特性。

(1) 可记录性。文字符号具有可记录性的特点,可以作为书面材料散发出去。因此,文字传播突破了口语传播的时空局限性,同时由于文字符号具有可保存性的特点,因此具有证实认可的价值,与口语传播相比,文字传播更具有正规性的特点。当然,相比较口语传播来说,文字传播的反馈性较差些。

(2) 对传受双方的文化要求较高。文字及其传播的制作需要一定的文化基础,文字表达的水平高低,直接影响文字传播的效果,运用书面语言进行传播,对传受双方的文化修养有一定的要求。这就不难理解不同文化层次的受众在媒体接受习惯上存在的差异性。在进行文字传播时,要特别注意根据受众的文化特点确定文字的风格,对于一般受众来说,要注意避免专业性的文字表达。

文字传播在公共关系传播中具有口语传播所不能替代的作用。如新闻稿的撰写、宣传资料的制作、组织自控媒介的编辑、应用文体的写作等。因此,相对于口语传播来说,文字传播的技巧性和专业性要求更高些。

(二) 实物媒介

媒介研究专家麦克卢汉认为:媒介是人体的延伸,媒介可以是万物,万物皆媒介,凡是能使人与人、人与事物或事物与事物之间产生关系的物质都是广义的媒介。所以,媒介本身就具有实体性的特点。例如,大众传播中,媒介(如报纸刊、电视等)都是用于传播的实体,是具体的、真实的、有形的物质存在。因此,这里所谓的实物媒介,指的是除大众媒介、网络媒介之外的能够运载并且再现信息的其他实物,对于组织的公共关系活动来说,它通常是为了特定的公共关系目标而制作的。实物媒介具有以下两大显著的特点。

1. 信息直观可靠

通过实物传播,在直观可靠方面是言语传播和文字传播所无法比拟的,具有"事实胜于雄辩"的功效。特别是实物的质量信息,往往是实物本身能够充分体现出来并让公众切实感受得到的。

2. 反馈真实快捷

由于实物传播为公众提供了具体可感的实物信息,因此,来自公众方面的反馈显得快捷、直接,而且更为真实。言语传播虽然也具有反馈迅速的特点,但是其反馈一般只是口头上的或者态度上的,在真实性和可靠性方面不如实物传播。实物传播作为检验产品销路的直接手段,更是言语传播和文字传播所不能替代的。

实物媒介和实物传播的种类是多种多样,常见的有样品、赠品、象征物、公共关系礼品等。形象性的实物图片资料、视听材料也具有实物性质。此外,实物传播还包括各种示范性服务、操作表演、样品展览、橱窗陈列,构成一个组织形象识别标志的可视体,如旗帜、徽志、标准色、标准字体等。

【案例】

轮胎烟灰缸

某家轮胎厂用边角料设计了一件公共关系礼品——轮胎烟灰缸,它既是一个轮胎小样品,又是一件艺术品,同时,它可以作为接待、交际和会议场合的烟灰缸使用,还可以作为公共关系礼品,赠送给客户。在上面还印有企业名称和商标名称。

资料来源:居延安、赵建华等,《公共关系学》,复旦大学出版社,1989。

分析思考:

1. 轮胎烟灰缸作为实物媒介,传递了哪些信息?运用实物媒介传播信息有哪些特点?

2. 开展公共关系传播活动时,可以运用的实物媒介有哪些?

(三) 大众印刷媒介

印刷媒介是指将文字和图画等做成版、涂上油墨、印在薄页上形成的报纸、杂志、书籍等物质实体。印刷媒介有许多形式,如年画、挂历、海报、传单、明信片等。在大众传播领域,印刷媒介主要指报纸、杂志和书籍。

1. 报纸

报纸是以较短的定期间隔连续向公众发行的散页出版物。各式各样的报纸可以按照不同的标准对其进行分类。按照内容分,有综合性报纸和专业性报纸。综合性报纸内容广泛,以刊登有价值的社会各方面的新闻以及对新闻报道的评论为主,面向整个社会,以普通读者为发行对象,如《人民日报》《文汇报》。专业性报纸以发表反映某一行业、某一系统的新闻和评论为主,以特定范围的读者为发行对象,如《中国健康报》《中国商业报》《中国科学报》等;按照发行范围分,有全国性报纸和地方性报纸,全国性报纸以全国的新闻为报道范围,向全国各地发行,如《人民日报》《光明日报》《文汇报》《羊城晚报》等,地方性报纸以报道某一地区新闻为主,并主要向该地区发行;按出版时间分,有周报(每周发行一次)、日报(每天上午发行)、晚报(每天下午或傍晚发行)、晨报(每天早上发行)和星期刊报(周末报);按照版面大小分,有大报和小报之分,大报一般是对开报纸,小报一般是四开报纸。

在传统四大大众传媒中,报纸无疑是数量最多、普及性最广和影响力最大的媒体。我们可以从以下六个方面来把握报纸的特点。

(1)报纸的传播内容。报纸的版面和篇幅大,报纸传播的信息容量较大;报纸以文字符号为主,图片为辅来传递信息,在传播时不受时空的影响,版面安排灵活机动,对所阐述的观点和传递的信息,能够提供周详的细节和深入的背景。因此,报纸传播具有解析性的特点,传播的内容有一定的深度。

(2)报纸的受众。报纸并不是根据人的职业和人的受教育程度来发行和销售的,在不同年龄、性别、职业和文化程度的人那里,报纸的作用是不尽相同的。报纸传播受文字媒介的制约,对于受众的文化程度要求较高。因此,报纸的受众范围有一定的限制性。

(3)报纸的表现手段。报纸多为黑白印刷,彩色印刷尚未普及。即使可以通过图文套色等手段来增加表现力,但印刷不够精美,色彩感差;同时,文字传播也缺乏现场感。

(4)报纸的保存性和重复阅读率。由于报纸的特殊的材质及规格,相对于电视、广播等其他媒体,报纸便于保存、便于查考,也便于反复阅,而且易折易放,携带十分方便读,另外,一些人在阅读报纸过程中还养成了剪报的习惯,根据各自所需分门别类地收集、剪裁信息,这样,无形中又强化了报纸信息的保存性及重复阅读率。

(5)报纸的编排。报纸对信息内容的安排比较灵活多样,伸缩性大,信息排列具有并时性的特点,受众可以自由地选择阅读或放弃哪些部分;哪些内容先读,哪些内容后读;阅读一遍,还是阅读多遍;采用浏览、快速阅读还是详细阅读。因此,受众主动选择性强。

(6)报纸的时效性。虽然现代报纸更多地采用现代技术以提高制作、发行的速度,但报纸传播的及时性不如电子类大众媒介和网络媒介,另外报纸在发行上寿命短暂,利用率较低。

2. 杂志

杂志(期刊)是有固定刊名,以期、卷、号,或年、月为序,定期或不定期地连续出版的印刷读物。根据杂志的内容范围,可以把杂志分为综合性杂志和专门性杂志;根据内容的性质,可以把杂志分为学术类杂志、新闻类杂志、文艺类杂志和生活休闲类杂志;按时间分,可将杂志分为周刊、旬刊、半月刊、月刊、双月刊、季刊、半年刊、年刊等。作为印刷类媒介,杂志在具有报纸的一般特点外,它还具有以下优点。

(1) 指向性明确。在所有大众传播媒介中,杂志的指向性是最为明确的。杂志一般是针对某一专业、某一读者群进行宣传、出版,其内容不同于报纸、电视、广播那样包罗万象。每种杂志都有其特定的读者群,而且读者群比较稳定。一般来说,读者文化层次较高,对于杂志有比较持久的兴趣。

(2) 保真度高。杂志的编辑精细,印刷精美,图文并茂,与报纸相比,图像的保真度高,能够给受众带来视觉享受,易于产生心理上的认同。

(3) 保存期久、传阅率高。杂志的有效使用期较长,保存期久。各类杂志与报纸相比较,杂志更具有保存价值,受众阅读的有效时间长,重复阅读率高。同时,由于杂志的类别特点,使每类杂志都独具阅读价值,加上杂志的定价又较高,这些特点决定了杂志比报纸更具有传阅率,传阅和借阅率高,客观上扩大和深化了杂志的传播效果。

但是,杂志的专业性强,传播面窄,发行量和发行区域受到更大的限制,与报纸相比较,杂志的出版周期更长,同时受众范围的限制性也更明显。

(四) 大众电子媒介

电子媒介是指运用电子技术、电子技术设备及其产品进行信息传播的媒介。电子媒介的类型很多,如电影、录音、录像和光碟、电子显示屏、霓虹灯等。但是作为大众传播的电子媒介,主要是广播和电视。电子媒介不仅实现了人类传播在空间距离和速度上的突破,而且使人类知识经验的积累以及文化传承的效率和质量产生了新的飞跃。随着电子技术的进步,人们不但实现了声音和影像信息的大量复制和大量传播,而且实现了它们的历史保存。

1. 广播媒介

广播媒介是指录编、传送和接受声音信息的电子媒介。广播通过无线电电波或导线,传送声波信号,是最先普及的大众电子传播媒介。电视出现以后,广播受到了一定的冲击,而随着网络媒介和新媒体的不断出现,广播面临着越来越多的挑战。但是由于其设备简便、传播快捷,仍拥有相当多的听众,并且由于费用低廉,它仍旧是重要的广告媒体之一。

(1) 传播迅速。广播的内容利用电波传播,电波所及的地方都能够实现节目覆盖,声音节目制作和收听都比较方便,而且电波的传送不受空间距离、地理环境、天气、交通、自然灾害等因素的限制,播出声音与听众听到声音几乎是同步的,因此,广播传播速度快于电视传播。在四大传媒中,广播的传播速度最为快捷,时效性最强。

(2) 受众广泛。由于广播的受众不受年龄、性别、职业、文化因素的制约,同时又不受时间和空间的限制,只要有收音机就可以收听,因此,广播的受众面广。虽然广播具有受众面广的特点,但由于广播的传播范围受到电台的发射功率的限制,受众的地区限制性明显。而且,随着电视和网络媒介的普及,广播的受众在一定程度上被分流,广播的受众开始出现一定的指向性特点,形成相对固定的受众群。

(3) 感染力强。广播是听觉媒体,以有声语言为主要传播手段,通过声音作用于人的听觉,具有很强的传真性。有声语言可以声情并茂,还可以使用音乐和音响增加节目的现场感,使之有立体感、空间感和情境性,具有较强的感染力。但相对视听结合的电视媒介的,由于广播媒介只能传送声波信号,不能传送图像信号,其现场感不那么强烈。

(4) 成本低廉。广播无论是筹建成本,还是使用成本,较之其他大众传媒低廉。广播广告从写稿到播出也同样可谓制作简易,花费较少,在各种广告媒介中,广播广告收费最低,最为经济。

(5) 不易存查。有声语言具有稍纵即逝的特点,因此广播的告知性强,解析性弱,传播的内容相对来说缺乏深度,而且信息的储存性差,难以记录和查询。

(6) 受众的选择性和专注性差。同电视一样,广播是线性播出,信息和节目内容依照时间顺序依次传输,受众收听时受到节目顺序的限制,处于被动接收状态。另外,受众接收广播信息时,可以同时进行其他活动,收听不具有独占性,虽然可以随意收听,但有效注意率可能较低。

2. 电视媒介

电视媒介是指录编、传送和接受声音和活动图像信息的电子媒介。电视与广播一样,都是采用无线电波或导线作为信息符号的载体,所不同的是广播只传送声波信号,而电视还能传送图像信号。电视与广播同属大众电子传播媒介,都具有传播速度快、范围广、受众面广、选择性差、信息保存性差等特点。但是,电视仍具有不同于广播的传播特性,电视的受众对信息的接收也有不同于广播的特点。

(1) 视听结合。由于电视不仅能够传送声波信号,还能够传送图像信号,因此,它是一种视听结合的媒介,传真性强,电视集字、声、像、色于一体,富有极强的感染力。研究发现:人们通过视觉获得的信息占其获得信息总量的83%,来自听觉的占11%。视听结合,可以让受众更真实、更立体地感受信息的特征。从记忆的角度看,受众对于来自听觉的信息能记住20%,来自于视觉的信息能记住30%,而来自视听结合的信息能记住50%。视听兼备的特点赋予电视媒介以其他媒介所无法比拟的优势,使电视受众形成了专注视听的特点。

(2) 纪实性明显,现场感强。随着电视技术的发展,借助数字技术与通信卫星的同步多点直播的大量采用,使得电视受众可以在事件发生的第一时间超越地域的限制与事件的发生、发展保持同步,时间上的同时性和空间上的同位性,能够有效增强事件的纪实性。电视画面表现的内容形象直观,声音和图像结合起来之后具有了文字无法比拟的现场感。另外,由于对事实可以进行直接目击的报道,电视报道能够使受众产生亲临其境的现场感和参与感。

(3) 时空的限制性。电视以电波传递为媒介,传播速度快,在时间上具有播放与视听的同步性,在空间上具有播放与收视的跨越性。但由于其制作过程复杂,影响了信息转换为电视节目的速度,因此,在时速上不如广播快捷。同时,从受众接收的角度来看,由于电视节目与广播一样,具有线性播出的特点,受众接收时明显受到时间编排的限制,加上接收时,还要更多地受到场地、设备条件的限制,因此,空间的限制性也非常突出。电视节目虽然可以在一天的任何时间播出,但是受众接收的时间却非常集中,电视传播越来越呈现出黄金时间效应,受众的收看时间相对集中。

(4)制作成本高、技术复杂。电视节目的制作、传送、接收和保存的成本居各大传媒之首。电视传播在制作传送时不仅要完成声、电的转换问题,其关键还要把摄录的人、物、景的影像转换成电视信号,然后通过无线电或导线把电视信号传送出去,最终由电视接收机即时重现这些影像和声音。因此,电视的制作时间长、工艺过程复杂,致使电视媒介的使用费用昂贵,特别表现在电视广告的制作成本高、周期长,同时播放费用高。

(五)网络媒介与新媒体

1. 网络媒介

网络媒介是 20 世纪末基于互联网兴起的新兴传播媒介,它是以地空合一的电信设施为传输渠道、以功能齐全的多媒体电脑为收发工具、依靠网络技术连接起来的复合型媒介。网络媒体集传统大众传播媒介的优势为一体,既是一种覆盖全球的大众传播媒介,又是一种高效灵便的组织传播媒介和人际传播媒介。网络媒介既集中了其他传播媒介的特点,又具有自身的传播优势。

(1)开放性。互联网被誉为无边界媒体,是一种名副其实的全球化传播媒体。其全球化特征主要体现在信息传播的全球化和信息接受的全球化。互联网打破了传统媒体的传播范围多限本地、本国的束缚,其受众遍及全世界,网络传播具有广泛的传播面。这种全球性,实际上也表明了网络的传播具有一种开放性的特征。网络传播是完全开放的,全球共享、广泛参与是其鲜明特征。

(2)海量性。网络传播凭借先进的计算机信息技术及快速传播的优势,使自身的传播容量大大超过了以往的任何传播媒介。网络媒介不仅在信息传输量上具有无限的丰富性,而且在信息形态上具有纷繁的多样性。网络以其超链接的方式将存储信息的容量无限放大,而传统媒体却要受版面、频道、时间等因素限制,无法任意扩大和丰富所发布的信息内容。在信息传播效率上,传统媒体所要发布的信息都必须经过采集、筛选、加工等多个环节才能够传递给受众,而网络传播将这个过程大大缩短,网络信息可以实现即时更新。互联网媒体贮存和发布的信息容量巨大,有人将其形象地比喻为海量。

(3) 便利性。网络媒介的便利性主要体现以下三个方面。第一,信息传播效率高。互联网被称为信息高速公路,表明了其信息传播速度之快。网络传播不受印刷、运输、发行等客观条件的限制,信息传上网络的瞬间便可以同步地到达用户手中。传统媒体所要发布的信息都必须经过采集、筛选、加工等多个环节才能够传递给受众;而通过网络传播,传播者传播信息的过程大大简化,网络信息可以实现即时更新,互联网可以随时发布,尤其是在报道突发性事件和持续发展的新闻事件,网络信息传播速度很快,表现出一种实时传播的优势。第二,网络媒介的成本低。因特网充分利用了现成的全球通讯网络,无需投资建设新的通讯线路设施,网络传播的过程只需要少数的策划编辑人员及网页制作人员,使用一般的计算机就可以完成,无须大量的播出设备和人员,制作发布信息简便,因此,网络媒体的运营成本很低,小而灵活;网络媒介不仅运营成本低,使用成本也很低。无数局域网分担了区域之间的费用,个别用户只需支付区域内的通讯费用,即便是进行全球的联络,也只需支付地方性的费用,相对于因特网的巨大功能而言,其使用成本是很低的。第三,网络媒介的信息相比传统大众传播媒介具有可复制,易于存储和检索的特点。互联网媒体通过超文本链接的方式,将无限丰富的信息加以贮存和发布,用户可以很方便地输入关键词进行资料检索,还可以通过拷贝粘贴、下载、收藏、打印网页等方式复制、存储所需的信息资料。

(4) 多元性。网络媒介的多元性表现在以下三个方面。首先传播主体具有多元性特点。政府网站、企事业网站乃至个人网站都可以发布新闻,使他们成为传播的主体。具有传统媒体背景的新闻网站、有新闻业务资质的商业新闻网站以及网民构成了网络传播的三大主力要素。其次,传播方式具有多元性的特点。网络传播是一种不同于传统媒体传播的现代化传播方式,它集人际传播、群体传播、组织传播、大众传播于一体,完成了由点到点、点到面的一对多、一对一、多对多、多对一的网状传播方式。最后,网络媒介的多元性还表现在它的多媒体性。网络媒介通过超链接,超文本的手段,综合了报纸、广播、电视、电话、录音、录像、传真等多种媒体的功能,以超文本的形式,使文字、数据、声音、图像等等信息都可以转化为计算机语言进行传递,实现了文字、图片、声音、图像等传播符号和手段的有机结合,网络媒介实际上也就是包含了多种媒介形式的综合型媒介,多媒体的表现力将大大超过单一媒介形式。

（5）交互性。交互性是指网络传播过程多向互动性,这种交互性包含一对一、一对多、多对一、多对多的传播方式。传统的报纸、广播、电视等媒体是以传播者为中心的单向、线性传播,传播主体和受众之间存在信息不对称。而在网络信息传播中,传播者和受传者可以任意互换角色,受传者既是信息的接受者,也可以成为信息的传播者。受传者的主体地位得以体现,不仅可以主动地获取或发布信息,而且可以实现无时空限制的交流沟通。借助于因特网,不仅可以接触到大范围、远距离的受众,而且受众的主动性、选择性和参与性都大大提高,使得传受各方可以方便、平等地与另一方进行交互作用。

（6）同步性与异步性并存。网络传播是在电子空间进行的,能够突破现实时空的各种限制,使网络兼具信息传播的同步性与异步性,体现了传播功能的多样性与灵活性。信息的同步性是指传播的过程需要传播者与受传者同时参与,网络同时可以进行如网上直播或网络会议等多种方式的同步信息传播;信息传播的异步性是相对同步性而言的,网络信息的发布者将信息发布到网络服务器上,受众在此后随时可以上网查询该项信息,信息的发送与接收过程不需同时进行。网络传播的这种超时空性,使网络信息传播可以满足不同传播形式的要求,使传播双方超越了时空的局限性,同时又可以即时性地参与其中。

当然,网络媒介的缺陷也显而易见,主要表现在:信息量巨大,甄别困难,不确定信息多,对虚假信息和不利信息的处理非常棘手,特别是还存在着安全隐患。

2. 新媒体和自媒体

所谓新媒体，既是一个相对的概念，也是一个特定的概念。从媒体形态的发展来看，新媒体始终是伴随着新技术的发生和发展而不断变化，广播相对报纸是新媒体，电视相对广播是新媒体，网络相对电视是新媒体。因此，新媒体从历史上来看，泛指在人类传播发展过程中新出现的媒体，是相对已有的或传统的媒体而言的。而在某一个历史时期，新媒体又是一个特定的概念。今天人们所说的新媒体，指的是通过数字化交互性的固定或移动的多媒体终端向用户提供信息和服务的传播形态，以数字媒体为核心的新媒体包括：数字报纸、数字杂志、数字广播、数字电视、数字电影、移动电视、触摸媒体、手机短信、网络、桌面视窗等。新媒体这一集数字化、网络化、多媒体化于一身的新技术的产生与应用，从根本上颠覆了以往自上而下的传播方式，带来了从信源到信宿，从传播内容到互动模式，以至于传播理念的革命性转变。但是任何一种新型媒介并不会取代传统媒介，而是在相互竞争的格局中达成某种平衡，甚至融合。

互联网作为新媒体的代表，在一定程度上反映新媒体的发展现状。互联网发展先后经历了门户网站时代、搜索引擎时代和社交网络时代。社交网络时代的自媒体是新媒体进一步发展的产物。自媒体以移动互联为技术支持，具备高度平民化、自由化、个性化、多元化的特点，媒介形态有好友社交网站、视频分享网站、图片分享网站、微博客等。

自媒体的出现颠覆了传统大众媒体自上而下的"灌输—接受"式的信息传播模式，传统传播活动中的受众已经不仅仅是信息的接受者，同时也变成了信息的创造者和传播者，从而彻底改变了以往个人在社会信息的生产和传播过程中的被动地位，消解了传受双方的主次之别与上下之分，开创了新型传播模式。自媒体的基本特征有：传播主体的范围大大增加，人人可以参与传播；采用自发传播、分享、互动等多种多样的方式；信息传播的时效性更强；不受时间地域限制。此外，自媒体还有匿名性、虚拟性、公共性等特质，而且随着自媒体在公共问题上产生的影响越来越大，其公共性特质体现得愈加明显。

对于组织的公共关系传播而言,无论是借助于自媒体了解舆情民意还是运用自媒体传播信息,要特别注意自媒体的以下传播特性。

(1) 自媒体为传播主体提供了一个开放的发布信息的平台。自媒体的这一特性,大大满足了传播主体进行信息传播的需求。对于受众而言,自媒体使其能够方便快捷、不受限制地接收大量信息,在自媒体领域,受众可以根据自己的需求对信息加以选择和取舍,也可以根据现有信息产生自身独特的看法和感受,自媒体模糊了传播者与受传者之间的界限,自媒体的传播主体在传播信息的同时也在不断地接收信息,而自媒体的受众在接收信息的同时也扮演着传播者的角色。传播主体和受众的概念在自媒体领域已经失去了其原有的代表意义,两者之间是互相转换的。

(2) 自媒体具有强大的传播能力和影响力。从传播方式来看,由于自媒体是典型的双向(多向)传播,传播主体在发出信息之后,很快就能收到大量的反馈信息,并且很多信息会被接收者再次传播出去,于是就出现了一条信息被多次传播,而经过多次传播之后,热点话题、热点新闻也就产生了;从传播内容来看,自媒体的传播内容无所不包,传播范围毫无限制,不仅包括大量的个人信息,而且包括大量的公共议题。许多公共性的社会问题在自媒体传播领域占据重要位置。许多社会问题,在尚未广泛传播之前并不为大众所知,而是基于自媒体强大的传播能力和影响力,成为了公共性的话题。在公共性议题形成之后,自媒体的社会影响日益凸显。某些不良的社会现象在自媒体领域广泛传播之后引起轩然大波,最后在大众传媒介入后形成在舆论的压力;而一些正能量的社会议题经过自媒体的广泛宣传,为广大受众所认可,进而形成良好的影响。

(3) 自媒体的问题和困境。自媒体使得大众传播的主体从职业媒体人和大众传媒组织转变为所有自媒体用户,造成传统把关人理论、议程设置理论的部分失灵。自媒体的传播者有了较大的自由空间,每个个体都成了信息的传播主体,拥有充分的话语权,可以独立自主随时随地发布信息。在这种情况下,自媒体的公共性,无论是以公共代言人身份出现的传播者,还是自媒体所传播出来的公共性内容,都会面临一些问题和困境,如传播内容高度碎片化、并呈现肤浅化、低俗化的趋势;信息垃圾的产生、谣言谎言等虚假信息的传播;公共代言人的道德问题等。

组织应该充分利用社交网络的力度来推动公共关系传播活动的开展,主要的形式有:企业论坛、博客、官方微博、微信公众平台等。运用各种新媒体和自媒体,不仅可以开展营销传播和组织文化宣传,而且可以与公众进行交流和分享。特别是运用官方微博,可以高频率地发布信息,不断吸引公众关注,并及时有效地消除负面言论、开展危机预警。

二、选择公共关系传播媒介的原则

组织开展公共关系传播活动时,应该根据不同传播媒介的不同特点以及特定公众接收媒介的习惯,有的放矢地选择不同的传播媒介,从而确保组织的公共关系传播活动达到预期的效果。

(一) 认识传播媒介

1. 正确认识媒介的内涵和外延

传播媒介是传播活动赖以进行的工具手段,是传播过程中能够运载信息并且借以再现信息的物体。它既可以是单一的物体,也可以是一系列物体的组合。按照麦克卢汉"媒介是人体的延伸"的观点,媒介的外延在不断扩大,媒介可以是万物,万物皆媒介。组织在开展公共关系传播活动时,不能仅仅局限在对大众传播媒介或者某单一媒介的运用,而应改积极开发各种传播媒介,提高传播的表现力和影响力。

2. 全面把握传播媒介的特性

我们可以从以下三个角度来把握传播媒介的特性。

(1) 媒介手段。每一种媒介所使用的符号及其组合规则不同,决定了媒介的形态及其传播规律也不尽相同;同时,媒介使用不同的符号和手段,也导致了媒介在时间、空间形态上的差异。

(2) 媒介的时效性和持久性。时效性是指媒介传播的信息在一定时间内能起的作用;持久性指的是媒介保存信息的时间长度。时效性强的媒介,传播信息时以告知为主;时效性弱的媒介,信息传播的解析性强。持久性与时效性成反比。持久性强的媒介可以被受众多次、重复接触,因而解析性强,适合深度报道,而持久性弱的媒介则可用来及时传递信息,以传播基本信息为主,告知性强。

(3)受众参与的程度。受众参与媒介的程度一方面指受众进入媒介过程的可能性,另一方面指在其接受传播信息时调动自身想象力的程度,它体现了受众的反馈机会。

3. 客观比较各类媒介的优劣

各种媒介各有所长、各有所短。一方面,组织开展公共关系传播活动时,应根据自身的需要取长补短、扬长避短;另一方面也应该看到随着媒体技术的发展和新媒介的崛起,推动了传统大众传播媒介的创新与变革,新媒介与传统媒介之间并不是此消彼长,而是在相互竞争的格局中达到某种平衡和融合。媒介融合的趋势,使得人们已经不能把单个媒介从整个传播环境中抽离出来看待它的优劣。

(二)选择传播媒介

组织在选择传播媒介开展公共关系活动时,应遵循以下五个基本原则。

1. 根据组织自身的需要

公共关系活动是组织有目的的、自觉的活动。选择公共关系传播媒介,必须围绕着公共关系活动的具体目标进行,在公共关系活动目标的指导下,明确由不同传播活动组合的整体的传播目标。在明确传播目标时,要考虑:为什么开展传播活动?针对谁开展传播活动?传播的范围有多大?在明确了传播的目的、对象和范围以后,还要确定运用媒介的类型:是全国性的媒介还是地区性的媒介?不同的媒介如何进行组合以达到整体的传播效果?运用和投入的财力资源在不同媒介之间如何进行分配?如果对公共关系活动的目标缺乏明确的认识,那么,传播活动的目标也将是盲目的,传播活动的投入无疑是对组织资源的浪费。

2. 考虑多种媒介的有效组合

不同的媒介有不同的特性,不同特性的媒介适宜刊播不同的信息,其适用的传播类型也不同。除了要考虑媒介的特性外,还要注意它的影响力。不同传播媒介传播载体不同、传播范围不同、传播过程和环节不同、发行数量或者收视率和收听率不同、影响的范围和层面不同、媒介本身的资信和威望不同、传播费用不同,组织应综合各方面的考虑,有的放矢地选择合适的媒介。

任何一项传播活动要取得良好的传播效果,都不可能是单一媒介的简单运用,特别是对于公共关系活动来说,其传播活动本身就具有复合性的特点,多媒介的组合能够发挥互补的作用,从而使公共关系传播活动的传播效果更全面、更持久。多媒介的有效组合,也就是传播资源的配置和整合。多媒介组合关键要考虑以下几个策略。

(1)媒介分配策略。这是媒介组合要考虑的首要因素,即:传播活动的首选媒介是什么?辅助媒介有哪些,其中主要的辅助媒介又是什么?在确定这些问题的基础上,才能够确定媒介的组合方案,也才能够确定整体的传播宣传方案。

(2)时间分配策略。时间分配是运用媒介进行传播时,对传播的时机、时点、频率、时间间隔做出合理的安排。

(3)区域分配策略。区域分配要考虑媒介本身的辐射和影响范围和公共关系传播的范围和影响范围,从而确定选择哪些媒介,或者哪些区域的媒介。

(4)内容分配策略。内容分配就是传播信息的特点和媒介本身的特点,来确定什么信息内容通过什么媒介进行传播,使不同媒介在传播同一信息时有不同的侧重点,从而取得相应的传播效果。

3. 结合目标受众的特点

不同的受众,由于性别、文化层次、职业、所处地域、收入状况等方面的不同,以及他们的心理需求、兴趣爱好等个性特点的差异,导致了他们接收媒介的习惯也是各不相同的。组织在策划公共关系传播活动时,应该对目标受众有一个明确的定位,在此基础上,来研究他们接收媒介的习惯,并根据他们的接收媒介的习惯,来选择他们经常接触和愿意接受的传播媒介,唯其如此,才能提高传播的效果。

4. 针对信息内容的特点

不同的信息内容,决定了不同的信息形式及其信息载体的选择。不是任何内容的信息都适合所有媒介。选择适合某一信息内容特点的媒介,使内容与形式、形式与载体之间达到最佳的匹配,这对信息的表达和传播效果来说,是至关重要的。

5. 讲求经济效益

公共关系传播方案的实施,需要一定的费用支持。公共关系传播活动必然受到组织经济实力的制约。如果以付费方式选择和使用媒介时,要进行费用与效果的比例分析。有偿使用大众传媒时,要考虑不同的传媒,不同的刊播时间和版面,其收费标准都是不一样的。公共关系传播活动应以最小的投入,争取最大的产出。这里的投入包括传播活动费用和媒介使用费用,产出则主要是指公共关系传播的效果。

【案例】

潘婷:爱上你的秀发——中国美发百年回顾展

创始于1837年的宝洁公司是世界最大的日用消费品公司之一。自1988年宝洁公司在广州成立其在中国的第一家合资企业——广州宝洁有限公司起,宝洁在中国已有十多年的投资历程。十多年来宝洁旗下的一些著名品牌可谓家喻户晓,如:潘婷、飘柔、玉兰油、佳洁士、碧浪等。1999年5月,宝洁旗下的著名洗发水品牌潘婷打算于1999年8月在上海及浙江市场全面推出其最新的护发产品——潘婷润发精华素,从而带动一种全新的护发理念,即:从简单护发—深层润发的重大改变。为配合该产品的发布需要策划一系列既新颖又有力度的公关活动。

在策划活动之前,宣伟公关公司进行了详尽的市场调查。由于潘婷润发精华素产品是美发领域的一项新突破,且其上市的时间1999年,又正是新旧世纪交替的特殊年份,同时又欣逢新中国成立五十周年。考虑到这一特殊年份正是对文化、历史等领域进行回顾展望的好时机,而此类活动又比较容易引起媒介及大众的兴趣,宣伟公司最后决定举办"潘婷:爱上你的秀发——中国美发百年回顾展"活动。该活动将是中国首次举办的有关美发技术及美发历史的回顾展,在吸引大众关注的同时,也能缔造潘婷品牌在美发界的先驱地位。为此,宣伟公司将此次活动的目标确定为:在上海及浙江地区的媒体中提高潘婷润发精华素的知名度,并通过回顾展,树立潘婷护发先驱的形象。宣伟公司将潘婷形象传播的关键信息定义为:潘婷润发精华素倡导护发新习惯;潘婷润发精华素由内而外彻底改善发质,使用一次就有明显效果;潘婷润发精华素是新一代护发产品。

整个项目分三大部分完成:前期宣传、活动本身和后期工作。前期宣传将侧重于争取各领域权威人士的支持并为产品发布活动作好铺垫工作。宣伟将潘婷润发精华素产品礼盒及使用反馈表发给上海及浙江地区的媒体及美发界、演艺界等领域的社会知名人士,首先争取他们对产品的认同和支持。在他们对产品有了一定认识的基础上,再邀请各主要媒体召开一次媒介研讨会,为将来的正式活动打下伏笔。为了扩大传播的覆盖面及影响力,并直接影响到产品的目标消费群18—35岁女性,宣伟公司特别选择与在华东地区非常热销的生活类杂志——《上海时装报》及拥有一大批年轻听众的上海东方广播电台合作进行一系列宣传活动。活动部分的重点将是展览会的组织,其中展览会开幕式活动又是重头戏,内容包括潘婷润发精华素产品上市记者招待会、纪录片播映、不同时代发型表演及有奖问答等。后期工作将集中在与媒体的联络、文章剪报的落实及整个活动的评估总结报告。

展览会于1999年8月25日在上海图书馆一楼展厅举行。展览会的开幕式暨"潘婷润发素上市会"非常隆重。在展厅外悬挂了巨大的宣传横幅以提高影响力和吸引力。上海地区的各大主流媒体以及商业/消费类、生活/美容、美发等不同类型媒体的代表出席了开幕式,此外还有江浙两省及其城市的主要媒体,盛况空前。展览会内容相当丰富,重头戏是向参观者展示从明末清初开始中国社会的发型变化及美发技术变迁的纪录片。该片是中国首部全面展示近代美发史的片子,具有极高的观赏性和教育性。为了增加展览会的生动感,展览会现场还布置了三四十年代的旧上海美发厅场景,吸引了成千上万的观众驻足观赏。

为期3天的展览会共吸引了近3万人次的观众到场参观,数据惊人。据统计,在活动期间,全国范围内共发表了相关报道64篇,其中包括4家电台及8家电视台。中央电视台2套的生活栏目还特别选用了展览会的素材,在庆祝新中国成立五十周年的一系列回顾报道节目中,特别制作了一档长达15分钟的有关美发、护发的专题节目。所有这些报道折合广告价格高达230多万元。在活动结束后三个月,潘婷润发精华素荣登上海最大的连锁店——华联集团的护发产品销售额榜首。展览会在造成一定社会影响的同时也提升了产品的销售表现,提高了潘婷的知名度。

资料来源:《公关世界》,2000年11期。

分析思考:

1. 选择公共关系传播媒介的原则有哪些?宣伟公关公司特别选择与在华东地区非常热销的生活类杂志——《上海时装报》及拥有一大批年轻听众的上海东方广播电台合作进行一系列传播活动,体现了选择公共关系传播媒介的何项原则要求?

2. 为什么要将潘婷润发精华素产品礼盒及使用反馈表发给媒体及美发界、演艺界等领域的社会知名人士,以争取他们对产品的认同和支持?

第四节 公共关系传播方式

传播方式是指传播者作用于受传者所采用的具体形式。传播方式与传播渠道和传播媒介有关,传播渠道是指传播过程中传受双方沟通和交流信息的各种通道,如人际传播渠道、组织传播渠道、大众传播渠道等。不同的传播渠道需要不同的传播媒介相配合,而不同的传播媒介又对不同的传播渠道进行定型。因此,对于传播方式的区分由于标准不同而不同,而且相互之间还会交叉和重合。为了方便起见,我们根据传播活动的主体不同,将传播方式分为五种基本类型:自身传播、人际传播、群体传播、组织传播、大众传播。这五种传播方式也体现了人类传播活动的一般发展过程,公共关系传播可以运用各种类型的传播方式开展传播活动。

一、自身传播

自身传播是人的内向交流,即集传受双方于一体的传播。从本质上来说,它是个人内心的思维活动,是个人在外部的刺激下所引起的心理调节,由自我意识和自我调节构成的,是在主我(I)与客我(Me)之间发生的信息交流活动。从传播学意义上来说,它是人类传播的最小细胞,正是因为个人具有这种思考和表达的信息处理能力,人与人之间才可能进行对话,才有人际传播、群体传播、组织传播和大众传播的可能。

(一)自身传播的特点

1. 自身传播是个体内在的思维活动

作为个体内在的思维活动,自身传播实质上是个体信息系统内的传播活动,与人体内部的生理机制密切相关。正常的神经系统是自身传播的基础,大脑存储的信息多少也与自身传播的活跃程度有着直接的联系。

自身传播涉及人所有的精神活动,包括人的意识活动、思维活动、心理活动、情感活动等。作为人的精神活动,自身传播并不是被动地接收外界的信息,它还要对各种信息进行能动的加工、处理或创造,体现了客观反应性和主观创造性的统一。

2. 自身传播是社会传播的内化

自身传播实际上是主我和客我的对话。主我是自身行为的主体,客我是各种社会关系的体现。换言之,主我是个人心目中的自我,而客我是他人心目中的自我。人的自我就是在这种主我和客我的互动作用过程中逐渐形成、不断发展、日益更新的。虽然自身传播是与人体内的生理机制密切相关,但它本质上还是人对社会实践的反应。自我并不是生来就有的,它是社会的产物,是在社会活动过程中产生的。因此,发生在主我和客我之间的交流,同其他类型的传播活动一样,体现了鲜明的社会性特点。自身传播的过程也是模拟社会传播进行的,是主我与客我的互动,是社会传播的内化。

3. 自身传播是其他传播方式的基础

从功能上来看,自身传播是人类一切传播活动的前提和基础,并与其他类型的传播相互衔接、相互影响和相互作用。自身传播是人体内的信息处理过程,其他任何传播所传递的信息在经由个体感觉器官进入大脑后的一切流动,包括选择、解码、判断、决定、编码等思考的过程都属于自身传播的范畴。在整个社会传播过程中,人不但需要与他人进行传播,还需要进行自我反省、自我意识调节。只有通过自身传播,人才能认识自己、完善自己,也才能更好地与他人进行沟通。

(二)自身传播在公共关系传播中的运用

传播学并不特别关注自身传播,这种传播类型只构成了传播的最小细胞,它要求传播者个体具有一定的信息处理能力。但从公共关系传播的角度来说,自身传播要求组织公共关系人员具有正确的自我知觉和自我意识,并通过自我知觉和自我意识,发现和了解自己,对自己的存在、自己与他人和周围事物的关系以及自己的行为表现有一个正确的意识。这主要表现在个体对自我意识的积极调节上。公共关系人员对现实的自我要有正确、客观和全面的认识;对理想的自我又要有积极的、丰富的和独具特色的确定,要把他人对自己的看法、态度和行为作为自我知觉和自我意识的客观参照,以克服主观性,并通过积极的自我调节来协调自我的行为,使自身不断趋于完善,从而更好地代表组织处理好公众关系,使自己成为组织形象的代言人。

二、人际传播

人际传播是个人与个人之间借助于语言符号和非语言符号进行的交流信息、沟通情感、协调行为的传播活动。人际传播是发生在个人与个人之间的个人传播行为,其目的是达到人与人之间的信息交流、情感沟通与行为协调。

(一)人际传播的类型

人际传播的主要方式有两种:面对面传播和非面对面传播。面对面传播主要是通过言语和非语言符号进行的。非面对面传播的传统方式是电话、电报、书信、电传等。互联网出现以后出现了电子邮件、短信、QQ、微信、网络即时通信工具,网络视频等。

面对面的人际传播是人与人之间最直接的零距离的传播,所借助的媒介——语言符号和非语言符号是内在于个人自身的;非面对面的人际传播则往往是个人与个人之间的远距离(一定距离)传播,必须借助于外在于个人之外的媒介。在传播技术飞速发展的背景下,互联网和自媒体在人际传播中的运用,使得人际传播的手段越来越多、渠道越来越广、方法越来越灵活。

(二)人际传播的特点

人际传播是人们参与社会生活、建立社会关系的主要活动,它具有以下三个方面的特性。

1. 功能性

人际传播是人际关系的黏合剂,其功能主要体现在三个方面——信息交流、情感联络和关系协调。交流信息是人际传播的直接功能;联络情感是人际传播的基本需求;协调关系是人际传播的主要动机。

2. 灵活性

人际传播的渠道多、方法灵活。传播者不仅可以使用语言符号,还可以借助于各种非语言符号来表达信息,多种渠道和手段的配合,会有效地表达丰富的信息内容。此外人际传播在信息内容、方法手段、时间地点等方面,也都表现出极大的灵活性。

3. 双向性

人际传播具有很强的双向性的特点,反馈及时,互动频率极高。在传播过程中,双方能够不断地相互调整、相互适应,尤其在劝服和情感联络方面,具有很强的传播效果。

随着新技术和新媒体的发展,人际传播表现出新的特征,一方面是基于网络的人际传播越来越虚拟化;另一方面,各种媒介的交融也使得人际传播的形式越来越多地被运用于大众传播当中。

(三)新媒体时代人际传播的趋势

新媒体以三网融合(广电网络、电信网络和互联网络)为主要背景,以网络化、数字化为主要应用,包括基于互联网的数字媒体,基于移动互联网的数字媒体和基于通讯网的数字媒体。新媒体背景下的人际传播具有交互性、超文本性、海量信息、及时性等特点,它消解了地域之间的差异,使得整个世界连成一个地球村。

1. 传播者和受传者融为一体

传播者和受传者融为一体,模糊了传播者与受传者之间的地位。人际传播主体从传播者发展到参与者,新媒体传播的隐匿性及广域网,为不同主体的结识提供了条件,摆脱了现实社会角色的限制,实现了传播地位的平等。

2. 传播渠道由私人空间向公共空间转变

传统的人际传播的传播渠道限制在一定的时空内,其传播内容也只能由传受双方之间知晓。而在新媒体传播环境下,人际传播可以在通讯网、互联网等公共空间进行,大大提高人际传播的效率。

3. 多种传播媒介相融合

传统的人际传播具有多媒体的特点,因为人际传播充分调动了人的器官,使用了口语和肢体语言进行交流。数字化时代为人际传播多媒体运用提供了最大的可能性。新媒体背景下的人际传播出现了短信、语音、移动视频通话、图片传输等多渠道交流方式,人际传播的多媒体相融合主要有以下四个方面:一是以QQ为代表的即时通讯工具的发展;二是以人人网为代表的SNS(社交网络服务);三是以私信为代表的微广播的发展;四是以网络游戏为代表的交际应用软件的发展。

4. 多种传播方式相混杂

多媒体融合消解了人际传播与群体传播、组织传播和与大众传播的界限。传统的人际传播通常是一对一式的,在新媒体环境下,人际传播中出现了组织传播和大众传播的特征,表现为一对多或多对多等方式,这样势必拓展了人际传播的功能。人际传播、群体传播、组织传播和大众传播等传播方式相互混杂和相互作用,共同服务于人类的传播活动。

(四) 人际传播与人际关系和公共关系

1. 人际传播与人际关系

人际传播的动机、目的和功能最终都要落实在人际关系上。人际关系是人们在交往过程中产生和发展起来的人与人之间的心理关系。所谓心理关系,指的是人与人之间在思想感情上的差距或相互吸引、相互排斥的心理状态。人际关系是在人际交往的基础上产生发展起来的,人际交往既包括了物质交往,也包括了精神交往。人际交往是人际关系的过程和形式,人际交往的主要方式是人际传播。我们不妨说,人际传播是人际关系的前提和条件,而人际关系则是人际传播的基础,两者的关系是相辅相成的。

2. 人际关系与公共关系

人际关系与公共关系既有密切联系又有严格的区别。从内容上来看,公共关系包括了一部分的人际关系。因为,组织的公共关系势必要由组织的公共关系从业人员来承担,组织与公众的关系经常表现为个人与个人之间的关系,即代表组织的个人与公众群体中的个人之间的关系。从方法上来看,公共关系需要借助于人际关系的方法和手段。人际传播的技巧和手段,能够丰富公共关系实务的内涵,提高组织公共关系的亲和力。公共关系与人际关系的区别在于以下四个方面。

(1) 关系的主体。从主体上来看,公共关系的行为主体是组织或代表组织的个人,个人在组织的公共关系活动中的行为是一种职业行为,他所体现的是组织的意志。而人际关系的主体是纯粹的个人,个人在人际交往中更多地体现了个体性、私人性的特点。

(2) 关系的对象。从对象上来看,公共关系的对象是与组织相关的所有公众和舆论,而人际关系则包含了许多与组织无关的私人关系对象。

(3) 关系的内容。从内容上来看,公共关系处理的组织事务与公众事务,是组织管理职能的体现,而人际关系处理的是私人事务,与公众关系没有必然的联系。

(4) 关系的方式。从方式上来看,由于组织面对的公众对象具有大规模、远距离的特征,因此,公共关系十分注重组织传播、大众传播等各种传播方式的复合运用,而人际关系比较局限于面对面、个体与个体的交往方式,其交往的手段比较面窄。

运用人际关系的方法和手段开展公共关系活动可以增强公共关系的表现力和亲和力,但要注意避免庸俗化的倾向。庸俗关系是指在日常生活或经济交往中,利用金钱或职权拉关系、走后门、套私情,为个人或所在组织谋取好处的人际交往活动。人际关系中的庸俗化倾向容易形成庸俗社会关系,其最大的特点是手段的不正当性、活动的隐蔽性、社会效果的破坏性。

3. 人际传播的公共关系意义

人际传播的公共关系意义表现在以下几个方面:第一,在选拔和安置公共关系人员时,要特别考察他的人际交往和人际传播的能力,这是一个职业公共关系人员的基础性能力;第二,组织应加强对所有管理人员的人际沟通技能的培训,提高他们人际沟通的能力,使他们具有良好的交际素质和涵养;第三,在策划和开展公共关系活动时,要注意人际传播的方法和手段的运用,提高传播的针对性和亲和力;第四,应该注意通过良好的人际沟通,不断地保持和积累与相关公众良好的私人关系,为组织广结良缘,从而为组织创造良好的发展机遇。

【案例】

奈良旅馆经理的妙招

日本古都奈良在青山环抱之中,既有金碧辉煌的名胜古迹,又有迎春摇曳的樱花,加之现代化的文化娱乐设施和世界第一流的旅馆,殷勤周到的服务,使每年春夏两季游人如织,接踵而至。四月以后,燕子飞到旅馆檐下,筑巢栖息,繁衍后代。好客的店主人和服务员小姐还为小燕子提供营巢的方便。可是,招人喜爱的燕子却有随便排泄的不懂事之处,刚出壳的雏燕更是把粪便溅在明净的玻璃窗上、雅洁的走廊上,尽管服务员不停地擦洗,但燕子的我行我素使旅馆总会留下污渍。于是,客人不高兴了,服务员抱怨了,旅馆经理也皱起了眉头。燕粪成了奈良旅馆业的难题。一天,一家旅馆的经理终于想出了解决的妙方,以燕子的名义给客人们写一封信。

女士们、先生们：

我们是刚从南方赶到这儿来过春天的小燕子,没有征得主人的同意,就在这儿安了家,还要生儿育女。我们的小宝贝年幼无知、很不懂事,我们的习惯也不好,常常弄脏你们的玻璃和走廊,致使你们不愉快。我们很过意不去,请女士们、先生们多多原谅。

还有一事恳求女士们和先生们,请你们千万不要埋怨服务员小姐,她们是经常打扫的,只是擦不胜擦,这完全是我们的过错。请你们稍等一会,她们就来了。

你们的朋友　小燕子

游客们见了小燕子的信,都给逗乐了,肚里的怨气也在笑声中悄然散去。每当他们再看到窗上走廊里的点滴燕粪,便自然而然地联想起小燕子那番亲切有趣的话语,就会忍俊不禁地笑了。

资料来源:赵国祥、赵俊峰,《公关心理学原理与应用》,河南大学出版社,2000。

思考分析:

1. 一封小燕子给客人的来信,给游客带来了欢乐,也排解了旅馆经理的烦恼,其奥妙之处何在?

2. 在处理公众关系时如何运用人际传播的方法提高组织公共关系的亲和力?

三、群体传播

群体是个人与社会之间的桥梁和纽带,也是个人信息的重要来源,群体与成员、成员与成员之间的互动是通过传播来实现的。了解不同类型群体形成过程和相互作用的方式,可以帮助我们考察群体传播的机制和特点。

群体传播是指群体内部或外部的信息传播活动,是介于人际传播与组织传播之间的一种传播形式。与组织传播相比较,组织传播的主体是组织(有时是代表组织的个人和群体),而群体传播的主体实质上还是个体；与人际传播相比，人际传播是个体与另一个体之间的传播，具有一对一的特点，而群体传播是群体中的个体与群体成员之间进行传播，具有一对多的特点。

（一）群体及其类型

人是群体性动物，个体总是同时存在于众多不同的小群体之中的。社会学、管理学和传播学等不同学科对于群体有不同的界定，不同的学者对于群体也有不同的分类。一般来说，群体是指由某种特定因素相互联结，存在着相互影响和相互作用关系的个人集合体。这里的特定因素包括共同目标、共同利益、共同观念、共同关心的问题、共同的归属感等。

现实中的群体是多种多样的，有的具有鲜明的共同目标，有的则以聚集为目的；有的归属感强，有强烈的"我们"情感或"我们"意识，有的则不明显；有的互动性强、组织性强，有的互动性弱、组织性弱；有的是临时的，有的则是长期的。

1. 初级群体和次级群体

美国社会学家库利根据群体在个人社会化过程中所起作用的直接和间接程度，将群体分为初级群体和次级群体。

（1）初级群体。初级群体又称首属群体或基本群体，是指由面对面互动所形成的、具有亲密的人际关系和浓厚的感情色彩的社会群体，主要指家庭、邻里和儿童游戏群体，这些群体在人的早期社会化过程中发挥着重要作用。在现实社会中，血缘群体与地缘群体是初级群体的两种重要类型。血缘群体是因婚姻和血缘关系而结成的群体，地缘群体是因共居一个社区而形成的群体。

（2）次级群体。次级群体是人们为了达到一定的社会目的而建立起来的。一般说来，次级群体规模比初级群体要大，成员较多，有些成员之间不一定有直接的个人接触，群体内人们的联系往往通过一些中间环节来建立。典型的次级群体是各类社会组织，如公司、政府机构、学校、社团等。次级群体的规模可大可小，较小的次级群体如一个科室、班组。次级群体既是个人步入社会所必须加入的群体，也是个人社会活动领域拓展和活动能力增强的标志。

2. 内群体与外群体

美国社会学家萨姆纳依照人们的归属感将群体分为内群体与外群体。

（1）内群体。内群体是指一个人经常参与的，或在其间生活、或在其间工作、或在其间进行其他活动的群体。内群体又称我们群体，简称我群。在现代社会生活中，一个人总是归属于不同的群体，他不仅是某一家庭群体成员，又是某一兴趣群体的成员，还可以是某一同业群体的成员。所以，个人所归属的内群体就不止一个，所有的所属群体都可看作个人的内群体。

（2）外群体。外群体泛指内群体以外的所有群体。由他人结合而成与自己没有什么关系的群体，即自己所不属于的、由他人属于的群体外群体。外群体又称他们群体，简称他群。

内群体和外群体的概念，明确地区分了"我们"和"他们"的界限。主要用来说明个人对于内群体的肯定和忠诚、对于外群体的排斥和疏远的态度。

3. 组织群体和非组织群体

德国社会学家威瑟依据组织性的强弱，将群体分成两类：一类是组织群体，如职业群体、社团、学校等；另一类是非组织群体，如家庭、邻里、游戏伙伴等。这种分类方法类似于德国社会学家韦伯将群体分为团体和一般群体。韦伯以群体中以是否存在管理主体或机构作为分类标准，把拥有管理组织系统的群体称为团体，其他则属于一般群体。

从形成途径来看，组织群体往往是基于契约、人为形成的，成员之间呈现出结构性特点，如有制度或规章，有层级和分工等；非组织群体一般是自然形成或者基于偶然事件形成的，成员之间没有严格的规范，关系松散，表现出非结构性的特点。在考察群体现象时，还有一种典型的群体现象，即由临时的集合行为所产生的聚集人群，法国社会学家勒朋称之为乌合之众，它与一般的社会群体不同，有着明显的非组织性特征。

（二）群体传播的网络

对于群体传播网络的研究，是根据个体在群体网络中的位置与交流路径进行的。根据群体网络中人与人之间的传播网络模型,可以分为五种:链型或直线型、轮型或星型、Y型、所有渠道型、环型。图中的小圆圈代表参与传播活动的群体成员;虚线代表成员之间的双向传播关系。

1. 直线型网络

直线型(或链型)网络上的个体一般比较独立,信息的来源也比较单一,信息一般从一个节点直接传到另一个节点,并不会出现扩散,但是有可能出现反馈。

在这个网络中,其中居于两端的人只能与内侧的一个成员联系,居中的人则可分别与两人沟通信息。在一个组织系统中,它相当于一

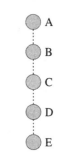

图4-8 直线型网络

个纵向沟通系统,代表一个等级层次,逐渐传递,信息可自上而下或自下而上进行传递。在这个网络中,信息经层层传递,容易失真,各个信息传递者所接受的信息差异很大,平均满意程度有较大差距。在管理中,如果某一组织系统过于庞大,需要实行分权授权管理,那么,链式的沟通网络是一种行之有效的方法。

2. 星型网络

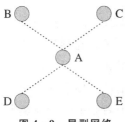

图4-9 星型网络

星型网络(或轮型)一般存在一个中心节点,即图中的A节点,其余任意两个节点要进行信息传播必须经过这个A节点。这种传播网络的优点在于其他节点的损坏并不影响整体网络的运行,缺点是对中心节点的依赖过大。

这种模型一般可应用于网络媒体传播关系,比如微博的传播,一般信息都会有一个或者几个比较大的信息结点,而B,C,D,E等结点都是被A影响的用户,B,C,D和E等结点再去影响以他们自己为中心的网络的其他结点。星型传播网络中的中心结点A是意见领袖,而B,C,D,E则是被其影响的个体。B,C,D,E还可以进行下一级的传播,形成多级传播。在组织中,这种网络大体相当

于一个主管领导直接管理几个部门的权威控制系统。此网络集中化程度高,解决问题的速度快。沟通的渠道很少,组织成员的满意程度低,士气低落。

3. Y式网络

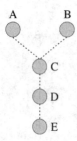

图4-10　Y型网络

Y式网络是一个纵向沟通网络,实际上是链型和轮型相结合的结果。但在前端节点部分Y型网络把一个具有决定权的节点分化成了两个平等节点。节点的演变意味着信息源的可靠度上升,人们更愿意去相信并传播他们发布的消息。在组织中,这一网络大体相当于组织领导,秘书班子再到下级主管人员或一般成员之间的纵向关系。这种网络集中化程度高,解决问题速度快,组织中领导人员预测程度高。

4. 环式网络

环式网络可以看成是链式形态的一个封闭控制结构,又与全通道渠道非常相似。环式网络中的所有节点都是平等的,其中,每个节点成员都有可以同时与两个节点成员进行传播。但是,需要注意的是环式网络中的结

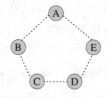

图4-11　环式网络

点虽然能收到来自所有节点的消息,但这些消息都是二手消息,每个节点都只能直接收到上一家的消息并编译后传给下一家。这样的模式传播渠道会相对单一或者受限,但由于彼此之间都是相对平等的而且传播方向受限,因此节点之间会形成合作与配套的信任。环式网络的具体应用主要有大型组织中部门与部门间的合作,或者是一个产业链上各端合作形成闭环。

5. 全通道式网络

全通道式网络是一个开放式的网络系统,这个网络中没有中心节点,或者每个节点都是中心,因为它们的权重或者边是相等的。在这种网络下,信息传播非常透明,人们的交流非常及时。常见的全通道式传播,如群体讨论,参加讨论的每一方都能即时收到信息并做出反馈。在

网络传播中,微信群、QQ 群、BBS 也有类似的机制。此网络中组织的集中程度很低。由于沟通渠道很多,组织成员的平均满意程度高且差异小,所以士气高昂,合作气氛浓厚,对于解决复杂问题,增强合作精神,提高士气均有很大作用。但是,由于这种网络沟通渠道太多,易造成混乱,且又费时,容易影响工作效率。

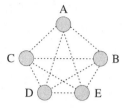

图 4-12 全通道网络

(三)群体传播的内在机制

群体传播的过程也是群体互动的过程,群体互动是指群体传播中群体成员之间、成员与群体之间在心理、行为上相互影响、相互作用的动态过程。群体互动的形式和结果也是群体传播的内在机制。

1. 群体意识

群体意识是参与群体的成员所共有的意识,是关于群体目标和群体规范的合意,即对群体目标和规范的认同程度。如果认同程度高,群体意识就越强,它包括三个方面。

(1)群体感情。群体感情不仅是指群体成员之间的个人感情,更是指群体成员主观境界的融合所产生的以我们意识为代表的主体共同性,使得群体成员之间彼此感兴趣,相互认同,从而形成与群体内部的黏合性。

(2)群体归属感。群体归属感是个体自觉地归属于所在群体的一种意识。群体成员在群体中得到满足而产生的认同感,使成员相互依赖,遵从群体规范,从中得到安全、友谊、威信和自我价值的肯定等。群体归属感是群体传播作用下的结果,一旦形成就会对群体成员的个人态度和行为产生制约作用。群体意识影响了群体传播的信息流量和信息流向,群体意识强,群体互动和交流的频度就高,信息的流量就大,覆盖面就广,群体传播的信息流向的双向性也越强,成员的合作基础也越好。

(3)群体规范。群体规范是在群体活动中群体成员应当如何行动的规则和对成员的行为期望标准。群体规范制约着群体内的传播活动,对来自群体外部的信息或传播活动发挥着强化或衰减的作用。群体规范对群体内的传播活动表现在:排除偏离性意见,将分歧限制在一定的范围内,从而规范成员的态度,提高群体行为的效率。群体规范对来自群体外部的信息或传播活动的影响表现在:当来自外部的信息和观点与群体规范一致,群体规范可以强化其传播的效果,推动成员接受,起到加强和扩大说服效果的作用;反之则阻碍其传播,并在群体成员中唤起自卫行为,使外部的信息和宣传的效果发生衰减直至产生逆反的效果。

当群体意识足够强时,便会形成群体思维,它是在一个高凝聚力的群体内部,对于寻求一致的需要超过了合理评价备选方案需要时所表现出来的思维模式,为了维持群体表面一致而对不寻常的、少数人的或不受欢迎的观点不进行客观评价并施加压力,这是群体内部成员极端的去个体化,表现了群体的非理性,从而阻止了批判性思维。群体意识和群体思维既是在群体信息传播和互动的过程中形成的,又影响了群体传播的过程和群体成员的态度和行为。

2. 群体压力

群体压力是群体中多数意见对个体造成的心理压力,迫使个体(或使得个体盲目)放弃自己的真实想法而与多数人保持一致。在群体压力下,群体成员会产生一种趋同心理(从众心理),趋同心理是个人的观念或行为由于群体的引导和压力而产生的一种合群倾向,这种心理使得个体产生放弃自己与群体意见或规范相抵触的意识倾向,做出与自己本来意愿相反的行为,向与多数人相一致的方向变化的。

群体内部传播经常面临多数与少数的对比,对多数人意见的服从,并非都处于理性的判断,而经常是一种盲从。经济学里经常用羊群效应来描述经济个体的这种跟风心理,而传播学里则用沉默的螺旋来说明群体压力下的这种现象:在一个群体中,人们在表达自己想法和观点的时候,如果看到自己赞同的观点受到广泛欢迎,就会积极参与进来,这类观点就会越发大胆地发表和扩散;而发觉某一观点无人或很少有人理会或遭到群起而攻之,即使自己赞同它,也会保持沉默。意见一方的沉默造成另一方意见的增势,如此循环往复,便形成一方的声音越来越强大,另一方越来越沉默下去的螺旋发展过程。它表明:人们有着合群倾向而避免遭到孤立和制裁,人们还会基于对生存环境不确定性的判断,倾向于认同多数人的意见,以获得心理安全。

3. 集合行为

集合行为是非常态的群体传播现象。在传播学中,集合行为指的是在某种刺激条件下发生的非常态社会聚集现象,多以群集、恐慌、骚动的形态出现,是一种集体行为或集群行为,是不受现有社会规范控制的人数众多的自发的狂热的无组织行为,信息传播具有非理性的特点。

集合行为的发生,有三个方面条件:一是结构性压力,是指在经济萧条、政治动荡、自然灾害、失业等危机下,社会心理普遍紧张不安,对部分社会成员产生的心理压力;二是触发性事件,或突然的信息刺激诱发;三是正常的社会传播系统功能衰弱,非常态传播机制活跃,致使人们更愿意相信来路不明的流言。集合行为中的传播机制有其特殊性,表现在以下两个方面。

(1) 群体暗示与群体感染。集合行为中的传播可既包括信息本身的传播,也包括相伴随的情绪传播,这两方面的传播主要受到群体暗示和群体感染的制约。

群体暗示是通过间接的示意使人接受某种观点或从事某种行为,集合行为中的暗示类似催眠暗示,集合行为的参与者通常处于昂奋激动的精神状态,具有很强的被暗示性,周围人的话语、表情、动作乃至现场的氛围,都会成为强烈的暗示刺激,使他迅速与现场的人群融为一体,这种状态使他对周围的信息失去理智的分析批判能力,表现为一味的盲信和盲从。

群体传染是某种观念、情绪或行为在暗示机制的作用下以异常的速度在人群中蔓延开来的过程,这是因为在现场亢奋的氛围中,成员失去理智的自控能力,对外来刺激表现出了一种本能反应。经过群体感染的过程,一种情绪、一个观点会迅速支配整个人群,引发迅速引发人群整体的激烈行动。

在集群中,个人的文明程度降低,理性思考和自我控制减弱甚至消失。在群体感染和模仿的作用以及匿名心理的驱使下,个体会被一时的冲动所主宰,卷入非理性的狂乱之中。在集合行为中,信息传播是受许多异常的、非合理的机制制约的。信息的流动呈现一种异常状态。集合行为中主要的信息形式是流言。

(2)群体模仿与匿名。模仿是指个体自觉或不自觉地重复他人的行为的过程。引起模仿的刺激是一种非控制的刺激,模仿者的行为是使自己的行为与模仿对象相同或者相似。模仿可分为无意识模仿和有意识模仿。无意识模仿是在不自觉状态下对他人行为的反射性仿效;有意识模仿则是基于一定动机或目的仿效。集合行为中的模仿更多地表现为前一种,当人们面临突发事件或被卷入突发事件中时,他们往往丧失理智状态,失去自我控制能力,也就更容易本能地模仿他人,力求与在场的大多数人的行为保持一致,出现了相互之间的循环模仿。这种模仿基于人的安全防卫本能,在高度不确定的突发事件中,或在某种情绪支配下,群体成员没有辨别信息的时间。信息的传播与接受,只能是非理性的模仿过程,模仿成为个体最有效的安全选择。

在集合行为中个体所以会做出平时很少出现甚至根本没有做出过的越轨行为,是因为个体处于匿名状态。姓名和身份是一个人在社会关系中的定位和标志,在正常状态下,这种定位隐含着社会性约束,隐含着相应的规范意识和自控能力。而在集合行为中,个人会认为自己是处在一个互不认识的陌生环境中,个人的标志就被掩盖起来,处于没有约束力的匿名状态,这种匿名状态会使个人失去责任感和控制力,以为自己的行为别人不会知道,不用对自己的行为后果承担责任,或者责任被分散,形成法不责众的心理态度,因为人多势众而一时产生的力量感,会使群体表现出一些孤立的个人不可能有的情绪和行动。

(四)公共关系传播与群体传播

研究群体的形成和类型、群体的互动规律和群体传播的机制,对于有效地开展公共关系传播具有重要意义。

1. 开发利用群体传播的新形式

互联网为群体传播提供了无时不在的物理空间,群体传播在一定程度上消解了大众传播的意义传递和媒介垄断,又为个体、群体和组织参与传播竞争提供了机会和平台,使得群体传播与人际传播和大众传播出现了相互交织。可以说群体传播是大众传播的人际化,也是人际传播的大众化。利用微博、微信等新的传播新式,可以拓展群体传播的渠道,帮助组织提高公共关系传播的效果。

2. 降低群体传播的风险

群体传播是风险性最高的传播形态,这种风险集中表现在集合行为和流言。集合行为不仅会干扰组织公共关系活动的开展,而且会造成对正常社会秩序的破坏。在开展公共关系活动的时候,组织要注意对非常态的集合行为的研究和预测,周密策划,对各种影响因素和可能出现的问题做出研判,并加强过程控制,避免可能的骚乱。

群体传播的基本特点是群体成员之间的、自发的、非制度化的传播,群体传播的主体是没有中心,没有管理主体,群体的盲从性和群体的感染性是谣言和流言的滋生的根源。特别是基于网络的群体传播,极大地降低了传播的可靠性。网络传播是基于地理空间的群体传播发展为基于互联网物理空间的群体传播,网络物理空间既可以和地理空间相联系,又可以突破地理空间的障碍,迅速地建立起传播速度快、范围广的群体传播环境。基于地理空间的传统群体,成员之间彼此熟悉并相对稳定,传播的内容也大都是与群体内部相关的,群体成员之间属于强连接关系,而网络群体成员之间的关系往往具有临时性、匿名性和脆弱性等特征,群体成员之间属于弱连接关系,更加增大了网络群体传播的风险性。在新的群体传播环境下,组织要加强对网络舆情的研究,分析流言产生的原因,有效地引导舆论、制止流言。

3. 培育群体中的意见领袖

群体传播,特别是网络群体传播中,信源和信宿都会出现不确定的特点,也即信息是谁发布的,向哪里流传,会引发什么样的效果,都是不确定的,在法不责众的心理的作用下,群体成员往往会不假思索、不顾后果地将流传到自己这里的信息传播下去,甚至做出种种冲动举动。因此,组织应该对自身的目标群体进行明确的定位,在此基础上,培育群体中的意见领袖,意见领袖对群体成员的认知和行为改变具有引导作用,往往是开展公共关系传播有效的切入点。

四、组织传播

组织传播是以组织为主体的传播活动。公共关系作为管理学的一个分支,属于传播管理的范畴;作为传播学的一个分支,属于组织传播的范畴。因此,公共关系是组织传播的重要形式。

(一)组织传播的特点

组织传播是凭借组织及其系统的力量所进行的有目的的有计划的信息传播活动。组织传播离不开组织中的人际传播和群体传播的运用,也需要借助于大众传播方式。因此,组织传播是综合运用了各种传播方式的复合型传播活动,具有以下特点。

1. 组织传播是组织管理的重要手段

组织传播是组织存在和发展的必要条件,任何组织都有其特定的目标,而要实现这个目标必须进行组织内部的信息交流以及与其外部环境的信息交流。如果说组织是一个生命有机体的话,传播就是它的血液循环系统,它把组织内的各个部分(部门)和成员连成一体,把组织与它生存的环境联为一体。没有信息的传播交流,组织内部的协作就不可能,组织与外部环境的关联就会中断,组织就会因此而解体。

2. 组织传播是一种以组织为主体的传播活动

组织是组织传播活动的组织者和主体。在组织传播中,不论是组织的某个部门机构,还是管理者、领导者,或是组织的普通成员都必须服从组织的需要和安排,经由一定的组织程序、凭借一定的组织系统进行各种活动。即使组织传播运用大众传播的方式,其传播主体仍然是组织。这里有两种情况,一种是组织通过议题设置、开展各种活动以争取大众传媒的报道。另一种是组织以付费的方式,取得大众传播媒体的版面和时段的使用权,进行公关宣传或广告宣传,传播的内容代表了组织的立场。同样,组织的管理者在运用群体传播或者人际传播的方式进行传播的时候,他发挥的是组织管理者的角色,代表的是组织的意志和立场,必须以组织主体为导向。

3. 组织传播是借助于组织系统进行的传播行为

组织传播特必须凭借组织自身系统进行。组织自身的发展需要决定了组织对外的传播措施,组织系统的层次结构规定了组织内部传播的路径,组织的制度和规定了组织传播的手段和形式,组织传播是组织使用其系统的媒体工具和传播措施的总和。组织传播包含了组织在组织成员之间和组织外部环境之间所进行信息传播的所有活动,其目的是形成组织氛围、凝聚组织力量、展示组织影响,促进组织内部、组织之间和组织外部的良性互动,从而维护和促进组织的生存和发展。

(二) 组织传播的类型

组织传播包括组织内部传播和组织外部传播两种基本类型。

1. 组织内部传播

组织内部传播的类型和形式是多种多样的,公共关系要善于利用各种组织传播形式,开展传播活动,发挥在组织内部的情报职能和协调职能。

(1) 正式传播和非正式传播。根据传播的渠道,组织内部传播有正式传播和非正式传播两种形式。

① 正式传播。正式传播是按照组织明文规定的渠道进行的信息传播,是有明显的贯彻组织意图、服务于组织某种任务或目标的色彩,表现出强烈的制度性,例如,规定的交流制度、会议制度、由上而下的发布指示、由下而上的汇报调研制度、投诉制度等。这种类型的具体传播方式既可以通过文件、指令方式来进行,也可通过座谈会、汇报会方式来进行,还可通过班组会等方式进行。事实上,这种传播融合了组织内部的人际传播和群体传播的方式。

② 非正式传播。非正式传播是指组织内在正式规定的渠道之外,不按职能路线进行的传播活动,这种传播感情色彩强烈。各级管理者在正式传播中担任了规定的管理角色,在传播过程中应努力克服角色所设置的障碍。有时候以非正式的角色身份进行传播沟通,比如私下交流、个人拜访等,往往能够起到化解矛盾、增进友谊、增强信任感、促进内部团结的作用。但管理者同时也应该高度警惕非正式传播存在的蛊惑人心、混淆视听、散播流言的负面作用。

(2) 上行传播、下行传播、平行传播和交叉传播。从传播方向和流通走向上看,组织内部传播主要有上行传播、下行传播、平行传播和斜向四种形式。

① 上行传播。上行传播是一种自下而上的传播,这种传播是指组织成员或下级部门定期或不定期地以书面报告、口头汇报方式向上级表达意见和态度、反映情况、汇报工作的过程,在这个过程中信息由下而上逐级或者越级进行传播的。

② 下行传播。下行传播是一种自上而下的传播。组织的规章制度、上级的意图和权威大多是靠这种自上而下的途径传播的,常见的形式有:发放文件、发布命令指示、公告通知、会议报告等等。在这个过程中信息由上而下进行传播的。

③ 平行传播。平行传播是一种横向传播,这种传播是指组织内部平级机构之间、不同机构的同级人员之间的信息传播行为。比如,部门之间、科室之间、车间之间、班级之间、员工之间的信息传播。组织结构规定了组织内部各部门的分工协作关系的同时,也规定了部门之间的传播机制和传播方式。这种传播方式能够克服上行传播和下行传播渠道过长带来的信息时滞和失真,提高工作效率。

④ 斜向传播。斜向传播是上下传播和平行传播相结合的一种传播方式,处于组织结构层级中对角线的部门和人员之间的传播,即处于不同层次的没有直接隶属关系的部门和成员之间的信息传播。同平行传播一样,这种传播形式,是组织内部信息畅通、工作有序进行的重要保证。

在实际公共关系工作中,组织传播的这四种形式时常交替运用的,共同构成组织有机的传播网络。公共关系一方面要发挥承上启下的桥梁作用,保证组织内部上下信息传播的畅通,使得组织内部形成上情下达、下情上达的良好状态;同时又要充当部门之间横向联络的中介,使得各部门在充分分享信息的基础上协同合作。

2. 组织外部传播

组织外部传播是组织与其外部环境进行信息互动的过程,包括信息输入与信息输出两方面。

(1) 信息输入。信息输入是信息的外源内向流,即组织从外部广泛收集和处理信息的活动,在这里传播活动发挥了对环境的监测职能,把对组织有用的各种外部资讯向组织有关的职能部门进行传输,为组织各层次、各部门的决策提供有关公众环境方面的咨询。

(2)信息输出。信息输出是信息的内源外向流,是指将组织的信息向有关的外部公众进行传播,包括为了与社会环境建立和保持关系而进行的各种公关活动活动、各种广告宣传、企业标识系统宣传等。可以用来进行外部沟通的组织媒介和形式有:宣传手册、新闻稿、户外广告、赠品、新闻发布会、企业的识别系统、各种报表与报告、展销会和其他业务或专业性会议等。

(三)公共关系对组织传播的改善

公共关系是组织传播的重要部分,通过公共关系活动的开展,可以实现组织的内外传播,达到组织内求团结、外求发展的目的。公共关系可以从以下四个方面帮助组织改善传播。

1. 健全组织体系

在组织管理中,信息传播都是在特定的组织框架体系中进行的,因此,组织框架体系很大程度上影响了传播的有效性。一方面,要减少层次,使组织结构扁平化,减少中间环节,确保组织传播渠道的畅通;另一方面,要精简部门,减少部门数,使组织结构精干高效,减少部门之间的传播壁垒。

2. 改善组织氛围

在组织管理中,信息传播又是在人与人、人与群体、群体与群体之间进行的,因此,良好的组织氛围将有助于组织内传播的改善。组织氛围是指一个组织或部门所形成的群体气氛是组织内部的软环境,包括人际关系、领导方式和作风、人员间心理相融程度等。公共关系可以帮助组织从文化建设着手,通过文化培育和文化宣传,一方面可以使组织成员形成一种集体身份归属感,创造一种统一的价值观;另一方面可以改善组织内的人际关系和群际关系,因此良好的组织文化可以实现组织的融合,形成和谐的组织气候和良好的传播氛围。

3. 完善传播渠道

要完善组织正式的传播系统,比如信息的发布系统、会议制度、合理化建议制度和员工投诉管理制度。要开发有效的直接传播渠道,比如运用巡视员系统,直接由指定的人来获取信息;推广开放式办公,鼓励员工直接与领导者交流;采用领导者接待日的方法,使领导者与员工有一个直接交流的渠道;建立领导的巡回管理制度,方便领导获得直接的第一手资料。这些方法都可以进一步健全组织内的传播制度和渠道,以确保组织内部的信息传播更加有效。

4. 开发组织媒介

组织媒介就是组织系统的媒介工具,通常也称为自控媒介,即组织自身所拥有并能直接运用和控制的媒介。传统的自控媒介有内部的有线广播、闭路电视、组织报刊、黑板报、宣传橱窗、宣传手册、CI 手册、标语牌、意见箱、公示栏以及各种实物媒介等。随着媒介技术的发展,新的组织媒介包括组织自建网站、官方微博、微信公众账号等。运用自控媒介进行的传播活动是一种可控传播。自控媒介的最大特点是可控性,组织运用自控媒介进行传播是一种可控性传播,具有以下显著特点。

(1) 广泛性。凡是组织实际拥有的,并在功能上体现了传播特征的任何信息载体,都可称为自控媒介。对于组织来说,可以根据实际需要,运用一切可以运用的传播手段、方式或载体,达到与相关公众进行直接、有效传播的目的。

(2) 自主性。由于自控媒介的所有权掌握在组织自己手中,因此,可控传播不受大众传媒把关人和议题设置的制约,组织可以随时根据自身的需要,以自己的语言和方式进行连续不断的传播,传播活动的深度、延续性等都比较充分。

(3) 针对性。自控媒介通常是针对特定公众进行传播的有效方式。虽然在调节外部公众关系的能力上远远不及大众传媒,但与大众传媒相比较,它在面对特定外部公众方面,更具有针对性。至于在调节内部关系方面,各种自控媒介都能发挥独到的作用。

五、大众传播

大众传播的产生是以大众化报纸的出现为标志的,这要追溯到 19 世纪 30 年代的便士报运动。便士报运动的社会背景是西方社会的现代化进程,其主要特征是工业化、都市化和教育的普及化。工业化提高了印刷的速度和质量,都市化造成了人口的集中,教育的普及增加了报纸阅读的人数。由此,促进了西方社会由传统的农业社会转向工业化、现代化的社会的进程。现代大众报纸的出现,使得大众传播这种传播方式得以兴起。现代传播技术的每一次重大的飞跃,都直接推动了大众传播的革命性发展——由报纸到广播、电视和网络。

公共关系的产生和发展与大众传播技术和手段的发展密不可分。大众传播技术和手段不仅为现代公共关系的产生提供了技术的基础,而且也不断丰富和完善了公共关系实务的开展。

(一) 大众传播的内涵

大众传播是指专业化的媒介组织运用现代传播技术和大众传播媒介对社会公众进行的大规模的信息生产和信息传播过程。大众传播是一个复合的概念,它至少包含以下四个层次。

1. 专业化的大众传播组织

专业化的大众传播组织有很多,如报社、通讯社、电台、电视台、出版社、期刊杂志社和广告经营单位等,它们所进行的是信息生产和信息传播活动。传播业已经成为现代信息产业的核心和支柱。现代媒介组织出现集团化的趋势,传媒集团化和信息产业化对现代传播以及公共关系传播带来重要的影响。作为一种咨询业的公共关系,将成为现代信息产业的重要组成部分。

2. 专业化的传播媒介

专业化的传播媒介包括印刷媒介和电子媒介两大类,媒介是媒体组织的工作产品,最常见的有报纸、杂志、广播、电视、电影和图书。

3. 现代化的传播技术

大众传播的出现和每一次重要发展,都离不开技术进步的推动,技术是信息得以高质量和高速度生产和传播的保证。现代化的技术,扩大了大众传播的规模,提高了大众传播的速度和效率。比如,电子传真、激光照排、电脑编辑、彩色复印、高速轮转印刷、全息摄影、卫星通讯、数字化、激光光导纤维通讯和海底电缆等。

4. 大批复制的传播内容和为数众多的受众

大众传播运用产业化的手段,大量生产、复制和传播信息。大众传播的受众为数众多、范围广泛而且互不联系。

(二) 大众传播的特点

1. 大众传播是有组织的活动

大众传播中的传播者是从事信息生产和传播的专业化媒介组织,以及为数众多的、从事采写、编辑和发送信息的专业人员。大众传播中的传播者是有组织的机构或职业传播者。因此,大众传播是有组织的传播活动,是在特定目标和方针指导下的传播活动。

2. 大众传播的对象是社会大众

大众传播的受众具有为数众多、范围广泛、互不联系和匿名的特征,相互之间缺乏组织性,广泛地分布于社会的各个阶层,不受年龄、性别、职业、甚至学历等限制。这就决定了大众传播的传播者可能了解受众的某些情况,但对具体的受传者往往是不熟悉的。同时,年龄、性别、职业、文化素养、个人兴趣等方面的差异使得大众传播的受众可以分为不同的层次,不同层次的受众对传播媒介有一定的选择性,而不同的传播媒介对受众也有一定的选择性,不同媒介有不同的目标受众群。

3. 大众传播范围广、影响力大

从信息的生产和传播来看,大众传播是运用先进的传播技术和产业化手段大量生产、复制和传播信息的活动,大众传播通过信息的大量生产、复制和传播,传播的信息量大、范围广,大众传播的信息具有公开性、权威性和显著性,能够造成普遍的信息声势,从而使大众传播的信息具有强大的社会影响力量。

4. 大众传播是点对面的传播,单向性强

大众传播是一种点对面的传播,即传播机构向广大受众进行的信息传递。传统的大众传播,除了来信与热线电话等形式,来自受众反馈与互动有限,因此,大众传播的单向性很强。传统的大众传播效果控制的研究,也是主要以单向式传播运作模式为出发点。虽然全媒体的融合使得大众传播的传播运行和传播方式出现新的特点,新型反馈互动式传播正在大众传播中得到运用,但即便如此也不能改变总体上大众传播的单向性质。

 【案例】

佳洁士"笑容绽放"系列公关活动

佳洁士是宝洁公司旗下的口腔保健产品品牌。自1995年进入中国市场以来,相继推出了佳洁士防蛀牙膏、佳洁士多合一牙膏、佳洁士洁白牙膏、佳洁士舒敏灵牙膏及一系列牙刷产品,成为中国家喻户晓的品牌。秉承宝洁公司"取自社会、用于社会"的优良传统,佳洁士品牌多年来一直与中国教育、卫生部门和医疗机构合作,支持中国口腔健康事业的发展。

2000年9月20日是第十二届全国爱牙日,也是佳洁士口腔护理研究院成立一周年的纪念日。全国爱牙日的主题是"善待牙齿"。佳洁士打算在爱牙日前后开展一系列响应"善待牙齿"这一主题的公关活动,进一步巩固佳洁士口腔卫生专家的品牌形象,推广佳洁士新的品牌定位口号"牙齿健康,笑容绽放",同时借助媒体力量,在更广大的中国消费者中普及口腔护理知识,提高人们的自我口腔保护意识。宣伟公关公司针对佳洁士的公关需求,在对媒体和普通消费者进行了一定范围的市场调查后制定了详尽的活动计划,整个公关推广活动分成前期、中期和后期三个部分。

宣伟公司的市场调查结果表明中国国民口腔卫生保健现状不容乐观。中国约有一半的人口患有龋齿,平均每个人都有两颗龋齿,五岁儿童的乳牙龋齿竟高达百分之八十。同时,中国的口腔卫生资源十分缺乏。据统计,中国的口腔医师与人口的比例约为五万分之一,而发达国家一般为两千分之一。造成这种情况的一个重要原因是人们口腔保健知识和保健意识的欠缺。因此,大力提倡"善待牙齿",开展一系列教育活动以提高人们的自我保护意识,普及自我口腔保健知识就显得尤为重要。宣伟公司的调查同时表明,口腔卫生保健知识及自我保健意识的欠缺在信息传播者——记者当中同样普遍,因此,提倡"善待牙齿"首先要在记者中间普及口腔保健知识,引起他们对口腔保健的兴趣和重视,才能保证关键信息准确地传达给广大消费者。

宣伟公司发现,网络作为一种新的媒体,正在对人们的日常生活产生越来越重要的影响,中国的网民数目已经超过两千万,越来越多的人开始习惯和依赖于从网络上获得新闻和信息。宣伟公司决定中期活动应以和中国一家有影响的网站合作为中心,举办体现佳洁士新的品牌定位口号"牙齿健康,笑容绽放"的网上公关推广活动。

1999年9月,北京2008年奥运会申办委员会成立,北京申奥大幕正式拉开。作为一个有高度社会责任感的企业公民,宝洁公司长期以来一直积极支持中国的公益事业。宣伟公司建议把佳洁士的公关推广活动和支持北京申奥结合起来,因为这样既符合其一贯的企业公民形象,又能借助全国支持北京申奥的热潮,把佳洁士所要传达的关键信息有效地传达给广大消费者。

本项目要达到的目标是树立、巩固佳洁士口腔护理专家的品牌形象,呼应2000年全国爱牙日主题"善待牙齿",开展佳洁士公关宣传活动,在更广大的消费者中普及口腔卫生护理知识,推广佳洁士新的品牌定位口号"牙齿健康,笑容绽放"。

佳洁士使人们牙齿更健康,主要是基于三个方面的原因,在活动中把这三个方面作为关键信息向公众传播:一是佳洁士牙膏采用两种先进技术,氟泰配方及采用软性球状二氧化硅摩擦剂,使之在同类产品中脱颖而出;二是与传统的双氟牙膏相比,采用专利技术氟泰配方的佳洁士牙膏能帮助牙齿吸收四倍多的氟,因此,能更有效地防止蛀牙;三是顶端磨圆的佳洁士牙刷刷毛能全面有效地清洁牙齿,同时又不会造成牙齿的损伤,这是普通牙刷坚硬不规则的刷毛所无法比拟的。

根据对市场调查结果的分析,宣伟公司决定将整个佳洁士公关宣传活动分成前期、中期和后期三个活动。前期活动应以在记者中间普及口腔卫生保健知识为重点,为随后开展的中期和后期活动做铺垫。宣伟公司建议在爱牙日到来前夕,邀请记者赴海南三亚参加一次寓教于乐的佳洁士护理研讨会,由佳洁士口腔护理专家深入浅出地介绍牙齿护理的基本知识,如正确刷牙的方法,如何选用牙膏、牙刷,怎样预防并有效治疗牙病,等等;演示日常牙齿护理用品——牙膏和牙刷的最先进技术。

为了激发人们踊跃参加活动的热情,宣伟公司将本次活动主推的佳洁士新的品牌定位口号与支持申奥的主题结合起来,把整个活动的主题定为"笑容绽放,企盼奥运":牙齿的健康会给一个人带来灿烂笑容和自信,全中国人民的灿烂笑容会让世人看到申办2008年奥运会的友善和自信。如果每一个中国公民都用自己最灿烂的笑容面对他人、面对世界,必定会为北京申办2008年奥运会增添一份亮色,增加北京赢得申办权的机会。

作为中国四大门户网站之一,新浪网以其新闻准确及时著称,当时已拥有两千七百万的注册用户,日平均浏览量达到九百万。2000年9月到10月期间,宣伟公司策划了佳洁士与新浪网联合举办的网上最灿烂笑容评奖活动,把企盼奥运的心愿通过最现代的手段快速地传播到祖国大地的每一个角落,为北京申办2008年奥运会加油助威。

除了举办"笑容绽放,企盼奥运"网上最灿烂笑容评奖活动以支持北京申奥外,宣伟公司还建议在2000年10月末组织一次"笑容绽放,企盼奥运"新闻发布会,向北京市民和全国人民发出倡议,号召人们绽放最灿烂的笑容,向全世界展示北京申办2008年奥运会的迫切心情和坚强信心。作为后期活动,这次新闻发布会将巩固佳洁士前期和中期公关推广活动的宣传效果。

项目按计划顺利得以实施,其具体内容如下。

1. 前期活动——佳洁士口腔护理研讨会

1999年9月16日,在海南三亚佳洁士口腔护理研讨会如期举行。宣伟公司一共邀请了74家来自全国各地的媒体记者参加。在媒体选择方面,宣伟公司尽量使受邀请的中央媒体和地方媒体的数量达到平衡,同时为了使关键信息有效地到达佳洁士的目标受众,宣伟着重选择了一些健康类和时尚消费类的月刊。在活动实施过程中,宣伟公司反复持续地运用了佳洁士的吉祥物——一个微笑的牙齿造型,突出了佳洁士的品牌,为活动营造了积极而愉悦的气氛,给与会记者留下了深刻的印象。

当来自全国各地参加研讨会的记者到达三亚时,宣伟公司人员用微笑着的佳洁士吉祥物的标牌迎接他们。接着,载有佳洁士吉祥物标志的大巴将记者们从机场送至他们下榻的酒店。酒店大堂的醒目位置悬挂一条横幅:"牙齿健康,笑容绽放——佳洁士口腔护理研讨会。"记者们入住酒店后,宣伟公司又为每位记者准备了一个充满夏威夷风情的花环、果篮、一个佳洁士吉祥物形象的绒毛靠垫,以及一封印有佳洁士微笑标志的欢迎信。同时,宣伟还请专业摄影师用宝丽莱快照照相机为每位记者与佳洁士吉祥物合影。

由于记者们普遍缺乏牙齿护理知识,在佳洁士口腔护理研讨会上,佳洁士口腔护理研究院专家向与会媒体记者深入浅出地介绍了牙齿护理的基本知识,并以佳洁士为例,着重演示了日常牙齿护理用品——牙膏和牙刷的最先进技术。在专家的指导下,与会记者饶有兴趣地亲自动手做了相应实验,如在两个CD盒上,一个涂有以二氧化硅做摩擦剂的佳洁士牙膏,另一个涂有用粗糙碳酸钙做摩擦剂的普通牙膏,结果当把牙膏分别从CD盒上擦去之后,佳洁士牙膏没有在CD盒上留下刮痕。而普通牙膏则留下了明显的刮痕。实验证明采用软性球状二氧化硅摩擦剂的佳洁士牙膏在清洁牙齿的同时,不会对牙齿造成损害,而使用粗糙的碳酸钙做摩擦剂的牙膏则会对牙齿造成损害。佳洁士的专家和记者互动,现场气氛热烈。

研讨会以后,宣伟公司组织记者们到三亚最负盛名的景点——天涯海角游览。摄影师为他们留下了微笑的瞬间。晚宴安排在酒店游泳池边进行烧烤。记者们除欣赏到乐队演奏外,还观赏了精彩的民族舞表演。晚宴的高潮是在记者当中进行最佳笑容小姐和最佳笑容先生的评选,所有与会记者在摄影师当天拍的照片中,选出拥有最灿烂的笑容的男士和女士各三名,获奖者被授予了最佳笑容奖。

授奖仪式之后,佳洁士宣布了其新的品牌形象口号"牙齿健康,笑容绽放",同时宣布启动系列"笑容绽放,企盼奥运"公关活动,支持北京申奥。

2. 中期活动——网上最灿烂笑容评奖活动

1999年9月30日至10月27日佳洁士网上最灿烂笑容评奖活动在新浪网举行。佳洁士在新浪网做了一个特别网页,专门介绍佳洁士产品和有关历史,开通佳洁士有奖问答游戏,游戏者都会获得一份佳洁士礼品;同时在网上登出最灿烂笑容评奖活动规则,参加办法及评选方法,邀请网友积极参与。参加网上最灿烂笑容评奖活动的网民可将他们的照片贴在新浪网的时尚俱乐部网页上,或直接 E-mail 给新浪。参加评选的网民可以通过点击选出他们心目中最灿烂的笑容。佳洁士还在新浪首页新闻、娱乐、时尚频道建立链接,做旗帜广告,吸引更多的网民参加活动。

网上最灿烂笑容评奖活动共设有四个奖项:佳洁士最佳女士笑容奖、佳洁士最佳男士笑容奖、佳洁士最佳家庭笑容奖及佳洁士最佳儿童笑容奖。各个奖项评出冠军、亚军、季军各一名。除获得奖金和佳洁士礼物外,各奖项冠军会被邀请参加10月下旬在北京举行的佳洁士"笑容绽放,企盼奥运"大型倡议活动。获奖结果和照片于活动结束后公布在新浪网上,也在倡议活动中宣布。参加评选的网民均有机会获得佳洁士奖品,并有幸参加抽奖,获得"最积极的网民"称号和奖金。

3. 后期活动——佳洁士支持北京申奥大型倡议活动

佳洁士支持北京申奥大型倡议活动于2000年10月28日在北京天坛祈年殿举行。1999年9月6日,北京宣布申办2008年奥运会。全国人民都在用各种方式表达对北京申奥的支持。每个人心中都有一个梦想,希望奥运圣火能够在古老而又散发着生气勃勃的青春气息的古都北京燃烧。天坛,曾经是中国感召上天,企盼风调雨顺和美好事物的场所。宣伟选择这样一个特殊的场地进行佳洁士支持北京申奥倡议活动,代表着每一个中国人的美好愿望：希望北京能够成功申办2008年奥运会。

为了成功举办这次倡议活动，提高这次活动的影响力，宣伟公司在天坛祈年殿周围布置了六个氦气球，每个气球都垂挂着条幅："牙齿健康，笑容绽放""笑容绽放，企盼奥运""企盼北京申办奥运会成功"和"佳洁士祝北京申办2008年奥运会成功"，为倡议活动造势。宣伟公司在活动现场布置方面着重突出佳洁士的标志，现场工作人员均穿戴佳洁士标志的T恤和帽子。

发布会当天，北京奥申委官员、佳洁士代表、学生代表、网上灿烂笑容比赛获胜者和热心市民共五百多人齐聚在天坛祈年殿。佳洁士首先宣布了网上最灿烂笑容评奖活动结果，由佳洁士品牌经理为获胜者颁奖。接着，北京奥申委代表发表讲话，对佳洁士举办的倡议活动深表支持。来自北京的一名学生代表朗读了一份笑盼奥运的倡议书。百多名学生在天坛的大广场上列阵组合出"北京2008"以及显示灿烂笑容的图案，表达对奥运的期盼。此外，代表中国56个民族的舞蹈演员以优美动人的舞蹈，表达了中国人民对北京申奥的美好祝愿和有力支持。佳洁士这次倡议活动在全国范围内再次掀起全民支持北京申奥的热潮。

佳洁士的这些系列活动，收到相关报道115篇。媒体对于活动的报道比较均衡，从活动启动的9月份一直到活动结束的2001年1月份，佳洁士品牌保持了较高的媒体曝光率，达到了活动的预期目标。

佳洁士此次公关推广活动的关键信息之一是树立和巩固佳洁士口腔护理专家的形象。从媒体报道的结果来看，这一关键信息得到了有效的传播。在提到佳洁士品牌时，将近一半的有关报道为其冠以"世界口腔护理专家"的头衔，其中"笑容绽放，企盼奥运"倡议活动的新闻报道中称佳洁士品牌为"世界口腔护理专家"的达到近60%。

本次活动的另一个关键信息是推广佳洁士新的品牌定位口号"牙齿健康，笑容绽放"。这一关键信息也得到了有效传播。共有74篇把健康的牙齿和灿烂的笑容联系起来，其中关于佳洁士倡议活动的新闻对"笑容绽放"的提及率达到90%以上。

平面媒体关于佳洁士公关推广活动的新闻报道的平均长度为186平方厘米。很多媒体，尤其是一些杂志对佳洁士进行了深度报道，例如《新民周刊》《健康之友》《中国化妆品》《浙江青年报》等均用两个版面介绍佳洁士产品和口腔护理基本知识。另外37%的平面媒体在报道中使用了佳洁士产品和佳洁士吉祥物图片及活动现场照片。电子媒体中，中央人民广播电台就佳洁士的活动做了一个长达4分钟的节目，广东有线电视、南京电视台、成都电视台和成都经济电视台都在各自的黄金时段播放了长度为两分钟以上的佳洁士相关报道。网络媒体，尤其是新浪网对佳洁士进行了连续的深度报道。评奖活动过程中，共有60名网友参加了最灿烂笑容比赛，两千名网友参与了评选。另外，超过一万人通过点击链接，游览了有关佳洁士产品和活动介绍的网页。长达两个月的网上评奖活动在网上掀起了支持北京申奥的热潮，同时为佳洁士产生了相当于十万余美元的广告价值。

佳洁士"笑容绽放"系列推广活动产生了相当于广告费用三十四万六千多美元的价值。佳洁士"笑容绽放"系列推广活动巩固了佳洁士口腔护理专家的形象，有效传达了所有关键的信息，取得了令人满意的传播效果。

资料来源：郭惠民，《中国优秀公关案例选评（之五）》，复旦大学出版社，2003。

思考分析：

1. 佳洁士系列公关活动的关键信息是什么？如何确定企业形象传播的关键信息？

2. 为使"牙齿健康，笑容绽放"这一品牌定位口号深入人心，佳洁士采用了哪些传播手段和方式？

3. 如何利用网络开展公共关系活动？

4. 佳洁士"笑容绽放"系列公关活动的实施有何特点？公共关系活动项目的实施要求有哪些？

(三) 媒介融合和全媒体发展的趋势

信息技术的日新月异，促使媒体形态和传播方式的快速发展和变化，同时也推动了传统大众传播媒体的创新与变革。报刊、广播电视、互联网所依赖的技术越来越趋同，不同形式的媒介彼此之间的互换性与互联性得到了加强，各种媒介呈现出多功能一体化的趋势。媒介融合实现了媒介资源、生产要素的有效整合，实现了信息内容、技术应用、平台终端的共享融通，推动了全媒体发展的趋势。

1. 全媒体是一种新的媒体形态

全媒体是信息、通讯及网络技术条件下各种媒介实现深度融合的结果，是在多媒体表现手段基础上进行的不同媒介形态之间的融合所产生的新的传播形态。全媒体采用文字、声音、影像、动画、网页等多种媒体表现手段，利用广播、电视、音像、电影、出版、报纸、杂志、网站等不同媒介形态，通过三网融合进行传播，最终实现用户以电视、电脑、手机等多种终端均可完成信息的融合接收，使任何人、任何时间、任何地点、以任何终端获得任何想要的信息成为可能。

2. 全媒体是一种大而全的媒体形态

全媒体是一种"大而全"的媒体形态，但全媒体并不排斥传统媒体的单一表现形式，而且在整合运用各媒体表现形式的同时仍然很看重传统媒体的单一表现形式，报纸、广播、电视与网络是这个全媒体形态的共同组成部分。

3. 全媒体是一种开放的媒体形态

伴随着互联网的日益普及、手机的逐步升级和数字视频新媒体的发展，博客、播客、手机报纸、数字报纸、网络电视、手机电视以及户外显示屏等各种视频媒体等媒介形态相继出现，在这个不断兼容并蓄的进程中，全媒体体现了开放的特征。

4. 全媒体是一种分众化的媒体形态

全媒体虽然在媒介形态上表现为大而全，但针对受众个体则表现为超细分服务的特点。全媒体通过提供多种方式和多种层次的各种传播形态来满足受众的细分需求，使得受众获得更及时、更多角度、更多听觉和视觉满足的媒体体验。传统大众传媒的受众出现分众化的趋势。

在媒介融合和全媒体的发展进程中,传统大众传媒积极地运用信息、通讯及网络技术手段进行媒体改造,与新媒体对接,在发挥自身传播优势的同时,吸收新兴媒体平等、互动、即时、海量的传播特点,逐步改变过去单向传播、受众被动接受的方式,从而拓展自身在网络空间的影响力。

1. 如何提高公共关系传播的有效性?
2. 公共关系传播应该遵循哪些原则?
3. 试比较分析各种传播媒介的特点。
4. 组织选择公共关系媒介应遵循的原则有哪些?
5. 新媒体时代人际传播的新趋势有哪些?
6. 群体传播的内在机制有哪些?
7. 试比较各种传播方式的特点。
8. 为什么说网络传播集人际传播、群体传播、组织传播和大众传播于一体? 如何理解全媒体?

1. 请你以自己日常运用网络媒介和自媒体的经验,说明其在传播中存在的问题和困境。
2. 请收集一则公共关系传播的案例,并且运用5W模式对公共关系传播过程进行分析。
3. 请注意观察各门课程老师在讲台上的非语言运用,比较他们在非语言运用上的特点。

第五章 公共关系日常活动

从动态的角度来看,公共关系表现为一种活动,这种活动是指组织自觉地运用各种传播沟通的方法去协调组织的公众关系,引导组织的公众舆论,优化组织的运作环境,塑造组织的良好形象所进行的一系列实务性工作。通常也叫做公共关系实务。公共关系实务和公共关系理论原理是密不可分的。我们在前几章介绍公共关系有关理论原理的时候,本着公共关系学应用性的特点,对有关的理论原理在公共关系中的运用都已经做了一定程度的介绍,从本章开始,我们将对公共关系实务内容和要求作专题的介绍。

第一节 公共关系活动概述

公共关系活动的类型是多种多样的。从活动内容来看,有公共关系专项活动和公共关系日常活动;从表现形式来看,有专职公共关系活动和全员公共关系活动;从活动功能来看,有宣传型公共关系活动、服务型公共关系活动、交际型公共关系活动、社会型公共关系活动、征询型公共关系活动和矫正型公共关系活动。

一、公共关系活动的内容

(一)公共关系专项活动

公共关系专项活动,是为配合组织的整体的发展目标,根据组织不同发展阶段的需要,专门计划和实施的专题性活动。它往往需要纳入组织的整体计划、配置专门的资源加以保证。专项公关活动不仅在计划时需要组织决策者的支持,在实施中更需要相关部门和有关人员的协同。专项公共关系活动通常具有专题性、非常规性的特点。

(二) 公共关系日常活动

公共关系活动除了专项活动外,还包括大量的日常活动。公共关系活动指公共关系工作中大量例行性的业务和临时性的琐碎工作。例如:信息管理、编写宣传资料、日常接待工作等。日常公共关系活动在组织中的渗透性最强,有些是专职性的,有些可能分散在各个职能部门的相关工作之中,需要组织中的全体成员共同努力来完成。大量日常性公共关系活动存在的事实提示我们,组织的公共关系工作绝不是一朝一夕的权宜之计,也不可能一劳永逸,而是应该深入、持久地研究公众问题,不断地、与时俱进地开展各项公共关系工作。

二、公共关系活动的表现形式

(一) 专职公共关系活动

专职公共关系活动是指由专门职能机构和人员实施的,是社会分工和组织专业化发展的必然结果。开展专职公共关系活动,虽然未必需要设置专门的职能机构,但需要聘请专门的人员、动用一定的资源、运用专门的媒介和技术、制定明确的目标和计划。

(二) 全员公共关系活动

全员公共关系是组织开展公共关系活动的理想境界。公共关系活动不是一个单一职能部门的工作,它涉及组织的各个职能部门,需要全体成员的参与、支持和协调。组织形象的整体性特点要求组织全体成员都具有公共关系的观念。从这个意义上来说,每一个成员都是组织兼职的公共关系人员,每个成员的形象、言行举止,都与组织的整体形象有关,在组织形象对外的辐射过程中,每个成员实际上都是义务的宣传员和代言人。

三、公共关系活动的功能

（一）宣传型公共关系活动

宣传型公共关系活动是组织运用公共宣传的方法和手段，传递组织信息和观点、引导舆论、扩大影响的公共关系活动方式。宣传型公共关系的具体形式有：策划媒介事件、举办新闻发布会、赞助重大的社会活动、发布公共关系广告、聘请名人明星进行宣传等。

宣传型公共关系活动的主要对象不外乎内部公众和外部公众两大类。针对内部公众，可以充分利用各种自控媒介；针对外部公众，一般要根据对象的集合范围和接收媒体的习惯来选择不同的传播媒介。还有些针对性的媒体，例如，针对社区公众，可以选择户外媒体；针对投资者、选购者、媒介公众等，可以提供各种宣传资料。

宣传型公共关系活动可以围绕以下主题展开：组织庆典、产品发布、社会赞助、事件说明等。开展宣传型公共关系活动一般要设计主题口号、主题物品、主题仪式、主题吉祥物等。宣传型公共关系活动除了要考虑具体形式、对象、媒介和宣传主题之外，还应该注意宣传的事实、时间和方式方法等。宣传的事实和信息应该客观真实；宣传的时间安排应该适时；宣传的方式方法应该恰当适宜。

（二）服务型公共关系活动

服务型公共关系活动是组织以实际的服务行为作为方法和手段，以争取公众的好感、提高组织信誉的公共关系活动方式。服务型公共关系活动的特点是依靠本身实际行动做好工作，而不是依靠宣传。公共关系本质上就是一种服务，或者说服务本身就具有很强的公共关系性质。组织的服务态度、行为和精神是现代公共关系观念的体现。组织的公共关系职能通过自身的行为，为组织的其他部门提供信息支持，为公众、为社会提供服务，承担组织应有的社会义务和社会责任，体现组织对社会的奉献精神。服务贯穿在组织公共关系的日常行为之中。

服务型公共关系活动的开展并不仅仅局限于企业，政府组织同样需要开展服务型公共关系。就企业而言，服务型公共关系活动也不仅仅是服务行业的任务，无论是生产性企业，还是服务性企业，都需要通

第五章 公共关系日常活动

过其优质服务塑造良好形象、增强其竞争力和发展力;都应该确立一种服务精神和服务意识,从而形成一种服务型的价值观。服务型公共关系活动需要培育独特的服务文化。

企业组织的公共关系服务,贯穿于售前、售中和售后服务的全过程之中。常见的形式有:消费教育、消费培训、消费指导、售后服务、免费保养保修、接待顾客和访问用户、设立专题服务热线、为公众提供咨询服务、提供社区服务以及各种便民设施。在企业内部,公共关系通过为其他职能部门提供信息服务,来协调各职能部门的相互关系;通过为员工提供各种服务,来提高员工对组织的向心力,组织对员工凝聚力。

政府组织的公共关系服务与政府全心全意为人民服务的宗旨是一致的。政府的公共关系服务表现在两个方面,一是在政府内部为各个业务和职能部门提供信息性、事务性的辅助与支持;二是向外部提供社会服务,以良好的服务去树立信誉、争取民意。

【案例】

海尔的服务

海尔集团是我国家电行业的龙头老大,"满足用户的潜在需求"是海尔恪守的服务宗旨,"国际星级服务"是海尔追求的服务目标。早在1990年,海尔集团就投资800万元建立海尔售后服务中心。售后服务中心制定了一套详尽、严格的服务原则,包括:(1)售前、售后提供详尽的咨询;(2)任何时候都为顾客送货到家;(3)根据用户指定的时间、空间给予最方便的安装;(4)上门调试,示范性指导使用;(5)售后跟踪,终身上门服务;(6)出现问题24小时之内答复,使用户绝无后顾之忧。

为了实现"国际星级服务"的服务目标,海尔制定了售后服务"一、二、三、四"模式。一个结果——服务满意;二条理念——带走用户的烦恼,留下海尔的真诚;三个控制——服务投诉率小于10%,服务遗漏率小于10%,服务不满意率小于10%;四个不漏——一个不漏地记录用户反映的问题,一个不漏地处理用户反映的问题,一个不漏地复查处理结果,一个不漏地将结果反映到设计、生产、经营部门。

为了落实"一、二、三、四"服务模式,海尔公司规定上门维修人员在顾客家中洁净的地板上铺上一条专用布,完工后自带抹布将维修时留下的污渍擦拭干净;如果客户的冰箱需要拉回中心修理,那么顾客马上会得到一台周转冰箱使用。与此同时,海尔对所有服务人员的规定却是如此不近人情:上门维修不许抽烟、喝酒、吃饭、接受礼品,后来干脆规定连用户的水也不准喝。于是有了海尔人自带矿泉水上门维修的情景。在十年时间里,海尔的服务已经历了十次升级,1994年的无搬动服务;1995年三免服务;1996年先设计后安装服务;1997年的"五个一"服务;1998年的星级服务一条龙,其核心内容是从产品的设计、制造到购买,从上门设计到上门安装,从产品使用到回访服务,不断满足用户新的要求,并通过具体措施使开发、制造、售前、售中、售后、回访六个环节的服务制度化、规范化;1999年海尔专业服务网络通过ISO9000国际质量体系认证;2000年星级服务进驻社区;2001年海尔空调实现无尘安装;2003年推出了全程管家365。

海尔服务的每次升级和创新都走在了同行业的前列。

资料来源:卜祥,"海尔售后服务'一、二、三、四模式'",《经济管理》,1995年第5期;于长江等,"企业售后服务要做细做精——透视海尔的售后服务",《中国中小企业》,2003年第7期。

分析思考:

1. 海尔的服务对其他企业有何启示?

2. 对照自己所在的单位,在服务上有哪些方面有待升级改进?

(三)交际型公共关系活动

交际型公共关系活动是指借助于人际关系、人际交往的方法和手段,为组织广结良缘创造人和的社会环境的公共关系活动方式。这是公共关系活动中应用得最多的公共关系活动模式。交际型公共关系活动通过人与人的直接接触,进行感情上的联络,为组织广结良缘,建立广泛的社会关系网络,形成有利于组织发展的人际环境。

交际型公共关系活动与纯粹的私人交往的不同之处在于,它处理的并不是私人事务,而是通过人际关系的方法和手段处理组织的公众性事务,其形式包括各种各样的社团交往和人际交往,其对象既包括内部公众活动,也包括外部公众活动。

内部交际型公共关系活动主要有:工作聚餐、拜访、慰问、祝贺、电话、个人署名的信件往来、组织集体旅游、开展各种联谊活动等,其目的在于通过加强内部的人际交往,为组织发展创造良好、和睦的人事环境。

公共关系作为组织对外的联络机构,发挥了组织外交部的作用,负责沟通组织与外部公众之间的交往。主要通过社会交往的手段,与公众进行协调沟通,特别是通过情感输出的方式,加强与公众之间的情感交流。内部交际型公共关系活动方式同样适合外部交际型公共关系活动,此外,剪彩仪式、周年庆典、对外开放日等也都是外部交际型公共关系活动的常见方式。游说,作为一种劝服型的传播活动,也主要是借助于社会交往进行的。开展外部交际型公共关系活动的主要目的在于为组织广结良缘。

【案例】

IBM 公司的金环庆典

IBM 公司每年都要举行一次规模隆重的庆功会,对那些在一年中作出过突出贡献的销售人员进行表彰。这种活动常常是在风光旖旎的地方,如百慕大或马霍卡岛等地进行。对3%的做出了突出贡献的人所进行的表彰,被称作金环庆典。在庆典中,IBM公司高层管理人员始终在场,并主持盛大、庄重的颁奖酒宴,然后放映由公司自己制作的表现那些作出突出贡献的销售人员工作情况、家庭生活,乃至兴趣爱好的影片。

在被邀请参加庆典的人中,不仅有股东代表、员工代表、社会名流,还有被表彰人员的家属和亲友。整个庆典活动,自始至终都被录制成影片,然后拿到 IBM 公司的每一个单位去放映。

在这种庆典活动中,公司的主管同那些常年忙碌、难得一见的销售人员聚集在一起,彼此毫无拘束地谈天说地,在交流中,无形地加深了彼此的心灵沟通。尤其是公司主管那些表示关心的语言,常常能使那些在第一线工作的销售人员受宠若惊。正是在这个过程中,增强了销售人员对公司的亲密感和责任感。

资料来源:胡学亮,《公关传播案例评析》,中国传媒大学出版社,2008。

分析思考:

1. IBM 公司的金环庆典的公共关系意义何在?
2. 在激励内部员工方面,组织还可以开展哪些公共关系活动?

(四) 社会型公共关系活动

社会型公共关系活动是通过开展公益性和文化性的专题活动来扩大组织知名度和美誉度的公共关系活动方式。社会型公共关系活动通常是以组织本身的重要事宜为中心而对外开展的活动,或者以组织名义参与社会公共活动,在公益、慈善、文化、体育、教育等社会活动中充当主角或热心参与者,在支持社会事业的同时,扩大组织的整体影响。

社会型公共关系活动的主要形式有三类:第一类是以组织本身为中心而开展的公关活动,如开业剪彩、周年庆典、新产品或新技术发布等,或者利用这些活动的机会为公众提供大型的文化活动;第二类是以赞助社会福利事业为中心开展的公关活动,如赞助文化、教育、体育、卫生、市政等公共事业,赞助社会福利、慈善事业,赞助社区建设和社区活动,响应政府的重大活动并予以捐助;第三类是资助大众传播媒介举办的各种活动,如冠以组织名称或产品名称的各类竞赛、征文活动,既可以丰富公众的社会文化生活,又可以提高组织的知名度,宣传组织形象。

开展社会型公共关系活动务必坚持利他原则,淡化或者避免商业色彩。开展社会型公共关系活动还应善于捕捉各种时机,灵活策划,以期引起新闻界和公众的兴趣与重视,借助于大众传播达到扩大知名度、提高美誉度的目的,因此,社会型公共关系活动往往要与宣传型公共关系活动相结合。

（五）征询型公共关系活动

征询型公共关系活动是通过信息输入为组织决策提供咨询或通过信息输出为公众提供征询的公共关系活动方式。征询型公共关系有输入型和输出型两种形式。

输入型的包括：建立合理化建议制度、开展有奖征文、民意测验、组织市场调查和产品调查、访问重要客户征询其使用意见等,其目的是通过分析、研究信息,为组织的经营决策提供参考,发挥决策参谋的作用。

输出型的包括：设立公众热线、开办咨询服务、建立信访制度和相应的机构、开设监督电话处理顾客举报和投诉、进行消费者教育等,其目的是为公众特别是消费者公众提供服务,输出型的征询公共关系具有服务型公共关系的特点。

（六）矫正型公共关系活动

矫正型公共关系活动是指组织面临问题和危机、形象受到损害时,为控制事态、挽回影响而开展的一系列公共关系活动。组织形象发生严重损害、组织的公共关系严重失调的原因不外乎内部和外部两方面。内部原因往往是由于组织内在的原因,如产品质量、服务态度、环境保护、管理政策、经营方针等方面发生了问题而造成的；外部原因通常是由于社会公众的误解、谣言,行业其他组织的连带甚至人为的破坏而导致的。由此可以将矫正性公共关系活动分为内部矫正型和外部矫正型两类。

在开展内部矫正型公共关系活动时,组织应设法降低知名度,尽量控制影响面,同时具体分析原因,提出纠正措施,解决实际问题,并利用各种公共关系方式向新闻界和社会公众公布纠正的措施和进展情况,平息风波,控制事态；在开展外部矫正型公共关系活动时,组织应迅速查清原因,公布真相、澄清事实,与有关部门协同采取措施,消除损害因素。

矫正型公共关系活动可以综合运用上述公共关系活动的方法和手段。矫正型公共关系有两大任务：一是解决问题、控制事态、稳定舆论；二是挽回负面影响、重塑形象。

第二节 日常信息管理

公共关系人员应具有强烈的信息意识。信息意识往往是通过对信息的敏感性反映出来的。同样的信息，有的人会立即意识到它的巨大价值，而有的人则熟视无睹，或在大量的信息面前束手无策。现代社会的最大特点就是信息的爆炸性，信息既瞬息万变，又瞬息可悉。对公共关系工作来说，如何通过对信息的收集、处理、传递和利用，充分利用信息的价值，努力开发信息的潜在价值，这既是公共关系人员职业素质的体现，也是公共关系的日常工作之一。有人将公共关系比喻为组织的信息情报部，突出了公共关系在信息情报方面的职能。公共关系日常工作的一项重要内容就是通过信息的收集、处理和传播，监测环境、反馈舆论、预测趋势、评估效果，以维持组织与其环境之间的动态平衡。

一、信息收集

（一）信息收集的重点

公共关系人员在日常信息管理中涉及的信息是大量的，甚至可以说是无所不包的。但这并不等于说，公共关系的信息收集是没有重点的。我们把公共关系职能重点要处理的信息内容作如下的概括，以有助于公共关系人员有针对性地去收集和处理信息。

1. 与组织直接相关的信息

与组织直接相关的信息包括：与组织专门业务直接相关的信息和与组织形象相关的信息。与组织专门业务直接相关的信息，如组织产品的信息——公众对组织产品的质量、性能、品种、款式、价格、包装等方面的看法和建议；竞争者的反应和动态；合作者的态度和动态；与组织业务相关的政策、技术动态等。与组织形象相关的信息主要涉及公众对组织形象各个要素的评价,包括公众对组织的整体看法,如机构的设置、运作、办事效率、管理水平、经营方针、发展目标等;公众对组织人员的评价,如相关人员的基本素质、工作能力、工作作风等;公众对组织的服务水平的评价,如服务质量、服务内容、服务形式、服务技术、服务设施、服务范围、服务实效、服务态度、服务信用等。

2. 组织环境中的各种信息

组织环境信息主要是指外部环境信息,包括一般外部环境信息和特定外部环境信息。前者包括社会人口、文化、经济、政治、法律、技术等;后者包括供应商、顾客、竞争者、政府、相关社团等。组织外部环境对组织发挥着或是直接、迅速的,或是间接、深远的影响。通过对环境信息的收集和分析,把握组织环境的变化动态,以使组织充分利用环境中的有利因素——使之成为组织的发展机会,避免环境中的不利因素——以使组织避免风险。

(二) 信息收集的原则和方法

1. 信息收集的原则

对收集信息而言,公共关系人员首先必须具备自觉的信息意识,从而增强收集工作的目的性、方向性和预见性,能够见微而知著,察征兆于青苹之末;同时,公共关系人员必须具备一种包括观察力、记忆力、思维力、想象力以及实际操作能力在内的综合型智力结构。对各种事物能够敏锐观察并且快速分析、判断、决定和反馈,以全面、准确、及时地完成收集信息的任务。为此,公共关系人员还必须具备广泛的信息知识潜力。只有具备了开阔的视野,才能对信息作出恰如其分的分析,得出正确的结论。在收集整理信息时,必须遵循四项原则。

(1) 超脱原则。公共关系人员必须摆脱主观意识和各种干扰,将信息冷处理,作纯粹的客观处理。

(2) 综合原则。公共关系人员必须把经过选择的信息,按其内部联系综合成一类,这样便于寻找同类信息中的本质特征,便于发现规律性的东西。

(3) 经济原则。公共关系人员必须学会善于处理信息,滤去低效、无效的内容,用最精练的方式表达,通过浓缩,提高信息的密集度。

(4) 价值原则。公共关系人员必须努力开发信息的潜在价值,通过举一反三增加信息的有用度。

2. 信息收集的方法

方法是达到目的的手段。方法正确,就可以在信息的收集过程中少走弯路,收到事半功倍的效果。这里我们仅以原始信息收集的方法为例,介绍几种常见的信息收集方法。

(1) 观察法。观察法是指借助于个人的视觉、听觉,对有关活动中所发生的现象进行观察、分析、判断,以获得所需的信息。

(2) 跟踪法。跟踪法是指对某一现象进行较长时间的连续调查,目的在于通过这种连贯性的调查,掌握现象的动态反应。这种方法对于组织及时了解环境动向,把握环境的变化规律,有着重要的作用。

(3) 体验法。体验法是指通过亲自活动或体验来收集信息的方法。

(4) 调查法。调查法是指采用现场走访、问卷、试验、电讯、统计等方式进行深入的调查了解。

为使取得的信息更加及时准确,可以根据实际情况,选用其中的一种或几种不同的调查形式来进行调查。

二、信息处理

信息收集只是基础,更为重要的是如何对收集来的信息进行分析和处理,努力开发和利用信息的潜在价值。信息处理是指对收集到的纷纭繁杂的信息进行加工整理,并适时进行存储和反馈,以便组织管理者随时检索和利用。

(一) 信息处理的基本要求

在复杂的环境中,组织管理者对信息的依赖性越来越强,对信息处理的要求也越来越高。因此,公共关系人员在信息处理时,要符合以下基本要求。

1. 准确

准确是指信息反映的情况要真实、可靠,可信度高。信息的准确与否,对决策的成功与失败影响极大。因此,信息处理要准确反映原始信息的真貌及环境变化的特征和趋势,切忌在处理信息时的主观性、片面性和变异性。

2. 及时

及时是指信息处理的各个环节上要快速,提高处理的效率。只有及时,才能强化信息的反馈传递功能,不失时机地为组织管理者提供所需用的信息。如果处理工作不抓紧,拖延的时间越长,信息的时效性就越差,其使用价值就会降低。

3. 适用

适用是指信息的处理要适合组织经营管理各个方面的需求。组织内部各机构、人员之间的联系形成了一个信息交流的网络,它们各自发出不同的经营管理的信息,又接收来自不同方面的信息,以调整工作,适应对外工作的需要。由于各机构、人员所从事的经营活动不同,在组织中处于不同的管理层次,因此,它们对信息的需求在内容、范围、详细程度、需用次数上也各不相同,处理信息要有针对性,做到简明适用。

4. 经济

经济是指用尽可能少的投入获得尽可能大的信息效益。为此,对信息的处理要兼顾组织的近期和长远的利益,合理选择信息处理的方法,尽量节省开支,精打细算,但是也不能片面强调一时的经济利益而忽视长远的效益。

(二) 信息处理的程序和方法

信息的处理可以根据不同的原始信息,以及不同的需求,而采用不同形式的处理方式。不论处理方式如何,其基本程序和方法如下。

1. 鉴别

鉴别是指对信息的准确性、真实性、可行性进行分析,判断其误差的大小以及时效的高低。其中,最主要的是对误差的大小进行判断和评估。这是由于信息经过多方人员的收集已经加入了很多人为因素,融入了人的主观色彩,这就必然影响到信息的客观性和准确性,造成一定的误差。所以,必须采取鉴别的方法,以消除这些误差,保证信息的真实可靠。

鉴别的方法有:核对、佐证、逻辑分析和复查。核对即依据权威性资料,对原始的信息进行比较、对照,消除误差;有些信息一时很难判明其真实准确性,这时就需要借助于其他类似的实例、资料和有关方面的知识进行佐证;逻辑分析是对信息的内容进行逻辑分析,看其是否有前后矛盾、与实际不一致等疑点;复查是对含混不清而事关重大的信息,采取重新调查的方法进行鉴别,以保证其准确性。

2. 筛选

筛选是指对经过鉴别后的信息进行挑选。选择信息既要考虑当前的应急之需,选择容量大、价值高的信息,又要从长远的利益出发,考虑到信息的系统性、连续性和未来的需要,挑选有保存价值的信息。

筛选的方法有:查重法、时序法、类比法、评估法。查重法即剔除那些相同、重复的信息,选出有用的信息,以减少其他环节的无效劳动;时序法即按时间的顺序排列信息资料,舍去陈旧的信息,这样可以使信息在时效上保持价值;类比法即对同类型的信息进行比较,哪个信息量大,哪个更能反映本质问题就存储哪个,反之,则舍弃;评估法即对某些专业性强、技术性强的信息,可以请有关专家或专业人员进行评估,根据其价值大小进行选择。

3. 整序

整序是指把杂乱的无序的信息按一定的标准和要求,归类整理。整序的方法主要采用分类法。比如,营销信息可以按照其主题分为市场需求动向类、商品推销类、货源类、国际行情类、消费调查类、政策类、价格类等。

4. 编写

编写是指对信息的具体加工。一般采用文字加工的形式压缩资料中的多余部分,取其精华,使之简明扼要,突出中心。对于一部分不符合要求,但又有实用价值的信息则还要进行改写,重新进行组织,使之成为有价值的信息;对于涉及面广、分量较大、内容相关的信息,则要取其核心内容加以综合叙述。

5. 研究

研究是指在对大量信息进行综合分析的基础上,经过推理、判断,产生出具有新的价值、有一定深度的信息。这是信息处理的关键环节。

信息研究采用的方法包括：求同法、求异法、因果法。求同法即寻找对不同现象起影响作用的共同因素；求异法即对某些现象在大致相同的条件下，会出现不同的结果，通过研究分析，从中找出产生不同结果的原因；因果法即一种状态往往伴随着另一种状态的发生，两种状态相互制约、相互联系，其中必有一个是原因，另一个是结果，通过分析判明两种状态的因果关系。

三、信息传递

信息的传递实质上是组织与环境之间的信息互动和组织内部的信息交流。

（一）信息传递的方向

1. 组织与环境之间的信息交流

组织与环境之间的信息互动表现在两个方面：内部外向和外部内向。内部外向的信息是指将组织的历史、传统、特别的能力、信用、方针政策等与组织本身紧密结合的信息向有关的外部公众进行传播；外部内向的信息是指把对组织有用的各种外部性资讯向组织有关的职能部门进行反馈，为组织各层次、各部门的决策提供有关公众环境方面的咨询。通过内部外向和外部内向的传播，使组织与环境达到动态的平衡。

2. 组织内部的信息交流

公共关系有责任帮助组织决策者，建立健全组织内部的沟通机制，使各部门、各层次在相互了解的基础上达到相互的协调。具体来说，它包括以下四种方向：上源下向流——即上情下达；下源上向流——即下情上达；信息平行流——即通过建立一种制度化的沟通达到各个平级的职能部门之间的相互了解和相互配合；立体交叉流——即组织内不同层级和不同部门之间的信息交流。这种组织内部的信息交流，在组织结构变革的今天，尤显重要。

（二）信息传递的原则和方法

1. 信息传递的原则

公共关系人员在传递信息时，必须要遵循三个原则。

(1) 一步到位原则。为了减少传递层次,缩短沟通距离,必须力争使信息一次性直接传递到终端。

(2) 反馈原则。必须重视信息的反馈速度。否则,将会失去很多有价值的新信息,并且影响信息的再传递。

(3) 人机配合原则。必须发挥人工传递和机械传递的互补效应,各自取长补短、互相配合,以提高信息传递的效率。

2. 信息传递的模式和方法选择

为了实现信息的有效传递,公共关系人员必须根据组织经营者或活动对象的要求,按一定的模式进行信息传递。在选择信息的传递方式时,一般应考虑以下三点:第一,要考虑信息的内容和对象的特征;第二,要考虑信息的时空范围;第三,要考虑信息传递的效果和效益,减少层次,降低人为因素的干扰,使信息传递畅通并确保信息的真实性和趣味性。

四、信息的利用

利用信息,使之变为组织的财富。要达到这个目的,公共关系人员除了要树立正确的观念之外,还必须运用一些科学的方法。其中包括:综合法、相关推导法和跟踪反馈法。

综合法是指把众多的原始信息按照特定的目的汇集起来,用以反映某一现象发展变化趋势的一种系统集合的方法。应用综合法要注意全面、系统、深入地收集信息,使情报不只停留在简单的资料汇集上,而应该根据时空范围的发展过程,实现信息由低层次向高层次利用的飞跃。

相关推导法是指围绕某些一致的信息,对与之相关的各个方面,在头脑中经过思索,并根据事物发展的客观规律进行分析、判断和推理,产生出新的有实用价值的信息的方法。采用这种方法,要求信息的来源、推理、结论之间具有一种必然的逻辑关系,才能得出可靠的结论。

跟踪反馈法是指利用已知的信息作为源头,进行追根求源,跟踪事物发展的过程,以获得更为直接实用的信息,并反馈给组织的决策者和管理者进行管理控制和利用的方法。

【案例】

三菱重工集团揭开大庆油田的秘密

1964年,《中国画报》的封面刊出这样一张照片,大庆油田的铁人王进喜头戴大狗皮帽,身穿厚棉袄,顶着鹅毛大雪,手握钻机刹把,眺望远方,在他背景远处,错落地矗立着隐隐约约的高大井架。

由于各种原因,大庆油田的具体情况在当时是保密的。然而,上述由官方对外公开播发的极其普通的旨在宣传中国工人阶级伟大精神的照片,在日本三菱重工集团信息专家的手里变成了极为重要的经济信息,揭开了大庆油田的秘密。其一,根据对照片的分析,可以断定大庆油田的大致位置在中国东北的北部。其依据是:唯有中国东北的北部寒冷地区,采油工人才必须戴大狗皮帽和穿厚棉被。又根据有关"铁人"的事迹介绍,王进喜和工人们用肩膀将百吨设备运到油田,表明油田离铁路线不远。据此,他们便轻而易举地标出大庆油田的大致方位。其二,根据对照片的分析,可以推断出大庆油田的大致储量和产量。其依据是:可从照片中王进喜所站的钻台上手柄的架势,推算出油井的直径是多少;从王进喜所站的钻台油井他背后隐藏的油井之间的距离和密度,又可基本推算出油田的大致储量和产量。又根据新闻报道王进喜出席了第三届全国人代会,可以肯定油田已出油。其三,根据中国当时的技术水准和能力及中国对石油的需求,中国必定要大量引进采油设备。于是,日本三菱重工财团迅即集中有关专家和人员,在对所获信息进行剖析和处理之后,全面设计出适合中国大庆油田的采油设备,做好充分的夺标准备。果然,中国政府不久向世界市场寻求石油开采设备,三菱重工集团以最快的速度和最符合中国所要求的设计设备获得中国巨额订货,赚了一笔巨额利润。

资料来源:天文,"最著名的'照片泄密案'",《揭秘》,2013年6月。

分析思考：

一张宣传照片成为一条极为重要的经济信息，从而使三菱重工揭开了大庆油田的秘密，进而领先获得了中国巨额的石油开采设备的订单。请分析说明信息收集、信息分析的基本要求。

第三节　日常接待

公共关系人员必须做好日常的接待工作。主要的接待形式包括来信接待、来访接待、电话接待。因特网以及各种社交工具的发展，丰富了组织日常接待的形式，如 QQ、E-mail、网络在线等。许多组织还相应地建立了自己的网络平台，做好在线接待将成为公共关系接待工作的新特点。

一、信访接待

信访接待就是通常所谓的接待来信来访。建立和完善信访工作制度是组织，特别是行政性组织公共关系工作的一项重要内容。

（一）来信办理

办理来信的一般程序和基本要求有以下五个方面。

1. 及时拆封

当日来信，当日拆封，加盖专用的收信章。将信封与信纸一并装订，注意保持信封、邮票的完整，以便佐证投信时间和地址。直接署名给领导的来信，由领导秘书负责送达有关领导，由领导亲自拆封。

2. 详细阅读

弄清来信的内容，并根据其内容的轻重缓急，做好拟办、转办、催办，对要信、急件作及时的处理。

3. 认真登记

凡来信均应登记编号，来信记录应做到保密，不得遗失。要用专门的来信登记簿，按有关项目登记来信的基本情况，包括人物、时间、地点、主要内容等,建立信访档案。

4. 妥善处理

根据来信的内容、性质,迅速与领导或有关部门取得联系,商量处理办法。来信进入处理程序后,应按期检查监督处理措施的落实。

5. 及时回复

除匿名信外,原则上将有关处理意见和措施及时函复来信者,如一时难以处理,应向来信人员说明情况。复函应加盖公章,应将处理意见和方法记录备案。

(二) 来访接待

来访者的类型是多种多样的,可能是洽谈者、参观者、采访的记者、投诉者、检查工作者。对于不同类型的来访者,组织可能有不同的接待规格和要求。一般而言,接待来访者的注意事项有以下五个方面。

1. 环境布置

接待来访应该注意接待环境的布置,为达到理想的接待效果,接待环境应避免无关人员甚至是有关人员的干扰。

2. 态度热情

公共关系人员是代表各自组织的,因此,要注意热情接待来访者,给对方留下良好的印象。接待人员要衣着整齐、举止端正、热情大方、态度诚恳、说话和气、以礼相待、文明用语、并讲普通话。

3. 认真听记

要耐心听取和记录来访的意见,最后要归纳主要的问题或把重要情节复述一遍,并向来访者交待一般的处理方法和程序。对待来访人员提出的问题,在未经调查、弄清事实之前,不应轻易肯定或否定,也不能随意许愿或批评指责。

4. 恰当处理

对来访人员提出的问题应及时、恰当、正确处理,不得推诿、敷衍、拖拉。及时将来访者的意见整理归纳,反馈给领导或有关部门,协助解决,并将处理意见通知来访者;暂时不能处理的,需做出合理的解释,待处理后再给来访者回复。对不属于管辖范围的问题,要指明方向和程序,并热情帮助联系有关部门给予妥善处理。

5. 重点回访

对有影响的来访者可以重点回访,深入地征询意见。

二、电话接待

随着电话的普及,电话已经成为人们进行私人交往和公务往来的一种重要的交往和交流工具。电话接待是一门艺术,公共关系人员应该很好地利用这一通讯工具。在公务电话接待时,要讲究礼貌,注意态度友善、语调温和,电话内容要简洁而准确,切忌海阔天空地闲聊和不着边际地交谈,同时要控制语速语调,以保证通话的效果。

(一) 电话接听

1. 接听电话的基本要求

(1) 及时接听。电话铃响了,要及时接听,不要怠慢,最好是等电话铃响两三声的时候再接,这样显得不慌不忙。如果在电话铃声响过多边后,才接听的话,接听时的第一句话要说"让您久等了"以表示歉意。

(2) 自我介绍。在公务交往中,接听电话时拿起话筒首先应该自报部门和姓名。常见的有以下三种形式:一是以问候语加上单位、部门的名称以及个人的姓名。这种形式最为正式,例如,"您好!××(公司名)××(部门名)××(姓名),请讲。"二是以问候语加上单位、部门的名称,或是问候语加上部门名称,它适用于一般公务场合,例如,"您好!××公司××部。请讲。"三是以问候语直接加上本人姓名。它仅适用于普通的人际交往。例如,"您好! ××(姓名)。请讲。"在不允许接听电话时以"喂、喂"或者"你找谁啊?""你是谁?""有什么事?"等语句作为开场白。

(3) 认真倾听。接电话时应当认真听对方说话,而且不时有所表示,如"是""对""好""请讲""不客气""我明白了"等等,或者用语气词"唔""嗯"等,让对方感到你是在认真听。漫不经心、答非所问,或者一边听一边同身边的人谈话,都是对对方的不尊重。

(4) 做好记录。对电话中传达有关事宜,应向对方重复要点,对于号码、数字、日期、时间等,应向对方确认,以免出错。

2. 接听电话的注意事项

(1) 不要同时接听两个电话。当两部电话同时响起,或者正在接听一个电话而另一部电话或者手机铃声响起时,一定不能同时接听两个电话,不得已的话,可以先接起一个,询问对方是否介意自己接听另一个电话,征得同意后才能接听另一个电话。

(2) 正确代接电话。替他人接电话时,要询问清楚对方姓名、电话、单位名称,以便在接转电话时为受话人提供便利,如礼貌地询问对方:"对不起,您是哪一位?"在不了解对方的动机、目的是什么时,不要随便说出指定受话人的行踪和其他个人信息,比如手机号等。

(3) 注意拦截艺术。为上司或同事拦截电话时,一定要礼貌、友善,通过"我能否帮你转告?"这种托辞,以了解对方的姓名及打电话的事由。

(4) 友善对待打错的电话。如果对方打错了电话,应当和善地告知。如果能够同时告诉对方自己单位或部门的名称会更好些。正确处理好打错的电话,有利于提升组织形象。

(5) 礼貌地挂断电话。在双方礼貌性地结束谈话内容时,不要急于挂断电话。一般最好等对方放下电话之后,再轻轻放下电话,以示尊重。一般来讲,社交礼仪的标准化做法是:下级跟上级通话,上级先挂,地位高者先挂;如果双方年龄、地位相当,则求人者等被求者先挂。

(二) 电话回复

对于一些来信来访者提出的问题,不能当场予以答复的,可以通过电话回复。接听电话的礼仪要求同样适用于电话回复。电话回复时还要注意以下方面的要求。

1. 内容准备

如果要谈的内容较多,可在纸上列出。尤其是业务电话,内容涉及时间、数量、价格,有所记录是非常必要的。

2. 时间选择

公务通话一般要在办公时间进行,不要在下班之后打,更不能在深夜、凌晨及午休、用餐、公休假时间打,除非有特别紧急的事情。

3. 避免干扰

打电话要注意周围的环境,避免场所的噪音干扰。在办公室打电话,要避免室内的谈话声和嬉笑声。在公众空间打电话实际上也是一种噪音骚扰。因此,拨打电话时选择场所、控制语音是一个人礼仪修养的体现。

4. 控制时长

打电话的3分钟原则,是公务电话应该遵守的。通话时间主要决定权在拨打电话的人手里,控制时间长度的关键在于控制话题。

(三)移动电话的使用

移动电话的使用在其礼仪性方面的要求是一致的,与固定电话的使用相比,其特殊性尤其表现在安全性方面。安全使用移动电话要注意以下三个方面的要求。

1. 重要信息避免使用移动电话

借助技术手段,其他人不但可以锁定拨打移动电话人的位置,而且可以获取其通话内容。所以,从商业秘密这个角度来讲,移动电话不适合传递重要信息。

2. 遵守移动电话的安全规定

在安全使用移动电话的问题上,有一些规定必须予以遵守的,比如:开车时候、加油站内不使用手机,空中飞行时手机需要关机等,遵守这些规定,体现了现代人基本的公民素养。

3. 不宜相互借用手机

手机卡、手机内存的短信、微信、通讯录、支付宝等,从某种意义上都具有一定的隐私性。一般情况下,不要借用别人的手机,这既是一个基本的礼貌问题,也关乎手机的安全使用问题,当然,遇到特殊情况和紧急事宜,则另当别论。

三、在线接待

在线接待就是网站在线客服,或称网上前台,是一种基于网页的即时通讯工具,它以网站为媒介,向互联网访客与网站内部员工提供即时沟通的页面通信技术。在线接待至少有以下三个功能。

一是在线客服。运用网站在线客服系统,来访者不需要安装任何软件或插件,只需轻轻一点,就能够与客服人员进行即时交流,这样就大大降低来访者的沟通门槛。当面对访客的提问时,客服可以通过知识库调阅相关资料,快速解答访客问题,还可以将常用的对话内容和网站地址进行分类整理,以轻松地应对不同的访客。在线接待体现了一种全新的通话模式:更低的通话成本和多元的通话方案——移动化、网络化、即时化。

二是开展电子商务。网站在线客服系统具有精准营销、客服支持及客户关系管理方面的功能,结合各类统计数据及历史资料,可以使企业针对每一位网站页面的访客建立档案以便提供个性化服务、锁定潜在的客户,实现潜在客户的转化,最终获取订单。

三是实时监管。随着在线客服软件的发展,在线客服已经不仅仅局限于在线的联系方式,而更多地融入了营销分析方法和手段,比如开发访客轨迹跟踪、网站流量统计分析、客户关系管理等功能。功能完善的网站在线客服系统能够实时监控网站访问者的一切,包括访问者通过哪种途径来到网站,正在访问网站页面内容和访问的时间长度。企业可以根据访客来访时间和地理位置的统计信息,调整销售人力安排、销售区域策略等,为进行市场决策提供依据。管理人员还能够对客服人员的工作进行实时监控,并查看访客对客服的满意度评价。

组织要进行在线接待,需要建立、维护并不断开发网站在线客服系统,同时还需要对在线客服人员进行全方位的培训,如操作技能、沟通技巧、产品知识等。

四、接待参观

对外开放参观,是许多组织经常选择的公共关系活动方式,它需要做好周密的组织工作和接待工作。

(一)对外开放参观的类型

1. 专题性参观和日常性参观

专题性开放参观是围绕一个专门确定的主题而进行的。日常性开放参观一般没有特定的主题,是组织常规工作的一项内容,比如:每逢组织周年纪念日、传统节日,或每月定期开放参观等。

2. 特殊参观和一般参观

特殊参观是对特定公众对象开放的参观,如上级领导外部专家、新闻媒体和其他组织。上级的参观具有视察的性质,专家参观具有莅临指导的特点,媒体记者的参观通常出于组织主动或者被动配合报道的需要,而其他组织的参观则具有观摩交流的特点。

一般参观,就是对公众对象不加限制的参观。这种参观可事先通过告示或其他传播手段广泛宣传,争取吸引更多的参观者。

(二)对外开放参观的组织和接待

组织对外开放参观活动需要成立一个临时小组,并指定一位高层领导人进行负责。成员应以公关人员为主,包括人事部门、行政部门的负责人和与参观主题有关的职能部门负责人等。这个专门小组往往是临时性的。当然,对外开放参观任务重的组织一般会有专门的机构,这种专门机构通常挂靠在行政办公室或公共关系部门。

1. 明确主题

对外开放参观活动需要确定一个明确的主题作为选择宣传形式、宣传内容以及开放时间、开放范围等的依据,同时也借以明确:通过此次参观达到一个什么目的,取得什么效果,给观众留下一个什么印象。组织可以根据自身的性质和需要确定开放参观的主题。以企业为例,常见的主题有:展示技术水平及条件、展示良好的工作环境、展示成就及社会贡献、展示精神风貌、展示现代化管理水平及优势等。

2. 确定形式

接待参观的形式情况介绍、现场观摩和实物展览三种。情况介绍一般是事先准备好深入浅出、图文并茂、印刷精良的宣传小册子,发给参观的公众;也可在现场观摩时,以口头讲解的形式,边走边结合具体场景进行介绍。现场观摩就是让公众参观工作现场,以厂房布置、厂区环境、工作流程或员工的实际工作来展示组织的风貌。实物展览是以资料、模型、样品的陈列等,对公众作补充说明。

3. 准备宣传资料

宣传资料包括情况介绍的图文、影像资料、实物展览、企业文化的宣传手册,等等。特别是面向媒体记者的开放参观,提供必要的新闻资料也是组织争取媒体报道的有效手段。

4．安排时间

组织对外开放的时间选择以不影响组织的正常工作为前提,同时要考虑选择公众方便的时间开放。开放的时间最好安排在一些特殊的日子,如厂庆、开工、竣工、传统节日和专题节日等。不确定时间时还要安排好准备的时间和接待的时间。

5．规划路线

规划路线首先要考虑开放参观的范围,注意保密;确保参观者的安全;减少参观活动对组织正常工作的持续干扰。参观路线应有明确的路标,且事先需采取措施;安全人员应在必要的地方安全设置警告信号和障碍,以防止意外发生。应提前画好参观线路,制作向导图及标志,标明办公室、餐厅、休息室、医务室、卫生间等有关区域所在位置。

6．解说和接待

要做好登记、讲解、向导、安全、休息、饮水及赠品选择等工作。相关单位和人物的参观要由组织主要负责人亲自出场,热情迎送陪同。对陪同或解说人员要事先进行挑选、培训,使他们熟练掌握参观过程中每一个参观点的解说内容。参观点的员工应佩戴印有个人名字的标牌,并要礼貌、耐心、认真地回答参观者提出的各种问题。要热情周到地做好参观者的接待工作,安排合适的休息场所,提供必要的服务,如茶水、饮料和电话等。

7．征询参观者的意见

松下幸之助曾说:"让人参观工厂是推销产品的最好、最快的方法之一。"因此,征询参观者的意见和建议是开放参观的一个重要环节。参观结束后,要做好欢送工作,并认真听取参观者对组织的看法和建议,并将收集参观者的意见整理分析后提交有关部门。对组织予以采纳的意见,还应把实施情况反馈给提议者。参观后还可视情况举行代表座谈会,以进一步征询意见及建议。

【案例】

某大型超市的顾客参观日

上海某大型超市每半年都会组织一次与顾客沟通的机会,让顾客更加了解超市的工作状况,同时也从顾客那儿吸取更多的意见和建议。参加座谈和参观的顾客代表是由超市方面在附近社区和超市班车上选择一些老顾客,邀请他们到超市内的会议室进行座谈,会议室作了精心的布置并准备了水果和茶点。由客服部经理和店长负责接待,并与顾客代表进行座谈沟通,听取他们的意见和建议。座谈会结束后,由客服部经理和店长带领,组织这些顾客代表参观仓库和生鲜部门的加工车间,向他们介绍商品进入卖场之前的验货程序,让顾客代表了解超市对问题商品或是破损商品的处理过程,以增强顾客对该超市商品质量的信心。

通过一次次的座谈和参观,该超市在很多方面进行了改进。如:对于顾客提出的商品质量问题,超市方加强了收货和上货架检验;对于顾客提出的商品退货问题,超市方也提供了更简便的方法;对于顾客提出的价格问题,超市方提供了差价退赔的服务;对于顾客提出的标价不明的问题,超市方还提供了标价错误的赔偿服务,等等。这些服务不但满足了顾客的种种要求,还对自身管理带来了不少提高。此外,顾客还为该超市的管理问题提供了不少建议。如:班车的线路安排,超市扩建时的出入口安排,顾客的非机动车辆管理,等等。这些不仅为顾客提供不少便利,也使超市的服务更加人性化。

资料来源:04级工商管理专业(专科)学生自编案例。

分析思考:

1. 对外开放接待和顾客代表座谈会,这些活动的意义何在?如何提高这些活动的效果?

2. 公共关系十分注重通过各种渠道与顾客进行交流沟通,除了案例中介绍的座谈会和参观之外,你认为还有哪些有效途径?

第四节　编写宣传资料

为了加强与公众的沟通,组织需要编写、印发各种宣传资料。宣传资料属于组织的自控媒介。宣传资料的种类有很多,主要包括:企业计划书、宣传手册、内部报刊、新闻资料和新闻稿、宣传片等。

一、企业计划书和宣传手册

(一) 企业计划书

企业计划书,对内部而言,能够为企业的各种活动提供依据,为企业的发展指明方向,保证内部成员对企业目标取得共识,并为企业成员提供有效的激励;对外部而言,有助于企业在外部公众中树立良好的形象,使企业获得发展的信心和必要的支持和帮助。企业计划书可以作为一种说服顾客、供应商、商业银行和其他投资者的有效宣传工具。

企业计划书的基本格式和内容包括:封面、内封、主体、附录等。封面要指明企业的名称、企业所有者的名字等;内封的内容是目录,即企业计划的内容提要,并标明各部分内容的页码。企业计划书的主体内容是正文。正文开始前应有一份简短的公司简介;然后主要描述企业的愿景、使命与战略目标、产品和服务计划、营销计划、管理计划、财务计划等。是否需要附录应视情况而定,附录一般是提供一些补充材料,如企业的行为准则和规范以及其他具有说服力的数据等。

(二) 宣传手册

宣传手册一般来说印刷非常精美,内容全面,图文并茂。格式和内容上主要包括:封面、内封、主体内容等。

封面往往是组织的名称和可识别的形象标志;内封是宣传手册的首页,往往安排组织领导人的照片和致词;宣传手册的主体内容是对组织历史和现状的概略性介绍和对组织专业特色(品牌、服务、核心能力)的说明。此外,还应该向公众提供内部机构分工图、分支机构图、电话号码、联系人(或负责人)姓名、网址等。

二、内部报刊

内部报刊是组织自创的主要面向组织内部员工发行的定期出版物,如企业报、内部通讯等。对内,内部报刊可以保证双向沟通的渠道畅通,给予员工以参与和表达的平台,同时可以对员工进行教育引导,增强员工对组织的认同感;对外,内部报刊可以使组织的对外宣传工作日常化、制度化。内部报刊应该强调信息性、专业性、知识性和趣味性。具体来说,编办好内部报刊要解决好以下两个基本问题。

(一)内部报刊的定位问题

内部报刊要有明确的定位,从方针、内容、对象、风格等各方面,都要突出员工的核心地位。从方针来看,要确立为员工服务的意识;从内容上来看,要反映员工的心声、情感、意见和要求,反映员工的工作和生活;从对象上来看,要以员工为主要读者,同时也要发动员工关心来支持内部报刊,使他们成为主要的作者和业余的编者;从风格上来看,栏目要丰富多样,可读性要强,使员工喜闻乐见、爱不释手。

(二)编办内部报刊的组织保证

企业报刊的编辑是专业技术很强的一项工作,需要建立专门的机构,配备专业的人员;同时,作为一项固定性和连续性的投入,需要一定的财力支持。

三、新闻资料和新闻稿

新闻资料是指由组织提供给媒体机构的有关事实的文字材料,这些材料的作用有两个,一是为媒体工作人员采编提供文字依据,一般称之为新闻资料;二是经过媒体工作人员加工处理后直接作为对外发布的消息,消息通常又称为新闻稿。新闻资料和新闻稿在写作上的要求大体一致。在编写新闻资料和新闻稿时,要注意以下四个方面。

(一)新闻事实

事实是新闻的灵魂。一个完备的事实包括5W加1H的基本要素。这5W加1H的要素是:when、where、who、what、why、how,即时间、地点、人物、事件、原因、过程。这就要求新闻资料和新闻稿必须让事实说话,以客观的立场报道事实,而不能包含主观的意见和观点。

(二) 新闻主题

新闻材料和新闻稿不应该是简单的事实材料的堆砌,应该注意事实内部的逻辑联系、透过事实现象,抓住事实的本质,使事实符合新闻价值的标准。

(三) 新闻语言

对新闻资料和新闻稿语言的基本要求:一是简洁精炼,避免长句,少用修辞手段;二是准确,要靠数据、材料说明问题;三是通俗,要注意尽量避免专业化的术语。

(四) 新闻资料和新闻稿的结构

新闻资料和新闻稿的体裁是新闻报道,主要有消息、通讯、新闻特写、新闻调查、新闻专访等。其中,消息常被称为狭义的新闻。组织所提供的新闻资料和新闻稿通常是以消息体裁出现的。在撰写消息时,要注意消息的内容与结构。

1. 消息的内容与结构

(1) 导语。导语是消息开头的一两句话,通常用最精练的文字将消息中最新鲜、最重要的事实反映出来。导语是新闻稿写作的关键,是对新闻事实的概括。当然也有的消息是无导语的。

(2) 主体。主体是新闻事实的主要部分,是对消息事实的具体说明。主体一般有两种形式,一种是按事实发生、发展的顺序安排层次;另一种是按照事物的内在联系或逻辑关系来安排层次结构,如因果关系、并列关系、主次关系或点面关系。

(3) 背景材料。背景材料属于消息的从属部分,是消息的对比性材料、说明性材料和注释性材料。背景材料无固定位置,通常安排在主体中。

2. 消息的结构类型

典型的消息结构有倒金字塔型、并列型和顺时型三种,其中最常见的是倒金字塔型。倒金字塔通常是在导语之后,对新闻事实按照其主次关系和重要性程度一一展开,形成重心在上的倒金字塔结构。采用倒金字塔结构既便于读者的阅读心理和习惯,也便于编辑的加工处理。

特别是对于由组织提供的新闻资料和新闻稿来说,由于版面和时间等因素的限制,媒体不可能按原稿发布,原稿难免会被编辑删改。编辑进行删改时,可以按照倒金字塔的结构有下而上删改,这样,既方便编辑的工作,又不至于删掉最重要的信息。

四、宣传片

宣传片是组织自主投资制作,介绍组织主营业务、产品、人物、历史和文化的专题片。宣传片是随着中国广播电视技术的发展,特别是网络视频制作技术的发展而出现并日趋繁荣的,通过策划、拍摄、录音、剪辑、配音、配乐、动画、特效、合成输出制作成片。

(一)宣传片的用途

不同专题的宣传片,其用途是不一样的。组织在决定做宣传片之前要仔细分析自身的状况,明确目标和用途,不能为了做宣传片而做宣传片。比如是用来促销、参加会展还是招商、产品发布,这对宣传片的制作要求是不同的。产品发布会,招商与会展等专题片,要重点介绍的是企业实力和新产品信息。一般来说,宣传片对内部的用途在于员工教育和培训,对外则可以开拓市场、配合营销、寻找合作、树立形象等。

(二)宣传片的类别

从内容上看,宣传可以分为组织片和人物片。

1. 组织片

(1)产品(业务)片。作为传递商品信息、促进商品流通的重要手段,它已经被广泛地应用于商业活动中。此类宣传片适用新产品(业务)上市或新技术运用,起到传统说明书的作用,但比说明书更易理解,对产品功能的介绍更直观。

(2)培训教育片。这类宣传片适用范围组织内部,把一些优秀的培训课件制作成影视光盘,可以用于跨地区集团的培训,大大提高培训效率和培训效果。培训教育片有助于规范培训内容、提高培训质量。

(3)形象片。形象片是以叙述为主的短片,反映组织的宗旨和使命、历史和文化、产品和市场、技术和人才、实力和贡献等。形象宣传片区别于广告片的最大区别在于它兼具商业和文化的双重属性。形象片可以展示组织综合实力,提升组织形象。

(4) 活动片。对纪念日、庆典、重要会议等活动进行归纳和整理,制作成专题宣传片。既可作为内部资料保存,可在适当的时间和场合播放,供相关领导、来访嘉宾观看。这类宣传片可以作为组织历史文化的重要档案。

2. 人物片

人物片是围绕着组织中的核心人物,如创业者、首席领导、荣誉员工、先进团队等,通过记录他们的成长过程、重要经历、突出贡献等,间接宣传组织的精神和文化。

(三) 宣传片的制作

宣传片可以委托专业的制作公司制作,也可以自行自作,特别是个人片、活动片等,可以自行制作 VCR(短片)、网络视频、微电影等。

即使是委托专业公司制作,组织方面也要了解制作周期并参与制作流程的各个阶段的工作。制作周期及制作流程大体包括:创意及规划阶段、沟通及确定规划阶段、项目实施阶段、拍摄阶段、后期制作阶段、调整及确认阶段、企业宣传片成品提交阶段等。在创意规划的时候,要与制作公司反复沟通交流、阐释自身的需求和用途,明确宣传片的创意背景、目标对象、创意原点及表现风格。组织方面还要审阅制作公司的提纲和文案,与制作公司共同确定拍摄脚本。在策划、创意和制作过程中,组织要向制作公司提供典型的表现题材、主题和表现背景。

1. 为什么说全员公关是组织开展公共关系活动的理想境界?组织如何实现全员公关的境界?

2. 美国学者托马斯·彼得斯和小罗伯特·沃特曼在《成功之路》中指出:"对于那些出色企业,我们所得到的最重要的结论之一就是:不管它们的本行是金属成型或者高级技术产业,还是汉堡包,反正它们全把自己看作一个服务型企业。"对此,你如何理解?

1. 请注意观察日常生活和工作中人们的电话交流,总结概括电话(手机)交流中不符合礼仪规范的行为。

2. 请你为自己或自己的团队制作 VCR(短片),记录自己(或团队)的成长过程、重要经历、取得的成绩等。

第六章 公共关系专项活动

公共关系专项活动是组织根据不同发展阶段的需要,专门计划和实施的专题性的公共关系活动。公共关系日常活动和公共关系专项活动的区别并不很严格,也不是很重要。有些专项活动对于有的组织来说或许是日常性的,而有些专项活动作为公共关系管理职能的体现,其实已经渗透在公共关系的日常事务之中,例如危机管理,危机管理需要通过监测环境来建立组织的危机预警机制,这就很难说它到底是日常的还是专项的活动;再如公共关系调查研究,它本身就是公共关系的日常工作,本书出于阐述的需要,把它分为日常性的调查和专题性的调查。

第一节 会议与展览

会展是会议、展览等集体性活动的简称,会议和展览有着密切的联系,呈现出"展中有会,会中有展"的特点。会展特别是展览,具有很强的专业性,其中涉及的大量组织工作和文字宣传工作通常是由公共关系人员参与承担的。公共关系人员必须掌握会展活动的组织规律和方法。

一、会议

会议是人们在特定的时间和地点聚集在一起研讨交流的活动形

式。有时候,当一个活动找不到一个更恰当的词来表示时,人们通常冠之以会议的名称。因此,会议的实际含义更为广泛,是各种形式会议的总称,比如大会、研讨会、展示会等。

(一) 会议的形式

会议的名目繁多。根据参会者不同,有大会、专门会议和代表会议;根据目的和内容的不同,有年会、展示会以及各种形式的研讨会等;根据会议的手段不同,有网络会议、视频会议等。

1. 年会

年会是一种综合的会议形式,指的是就某一特定的议题开展讨论的聚会,多数年会是周期性的(最常见的周期是一年一次)。

(1) 某一领域的年会。某一领域的年会通常是涉及政治、贸易、科技等领域的大型的、地区性乃至全国性或国际性的集会,它包括全体会议和小组会议,可以单独召开也可以附带着展示会召开。

(2) 公司年会。公司年会是公司在岁末年初举办的一种总结性活动,在年会中一般会进行一年的工作回顾总结,并为下一年的工作提前奠定基调。公司年会的类型有:答谢客户、公司总结、公司联谊、年终奖励、公司聚餐等。

2. 研讨会

研讨会是专门针对某一行业领域或某一具体主题进行的一次性或一系列的讨论交流会议。就议题而言,它可以是专题学术讨论会、新产品开发或新技术推广研讨会;就形式而言,有讲座、论坛、座谈会、讨论会等。

(1) 讲座。讲座通常是由一位或几位专家进行的个别讲演和示范。观众在讲座后可以提问,有时主办方也会不安排观众提问。讲座规模大小视情景而定。组织内部的讲座更多地被运用来对员工进行专题的教育培训。

(2) 论坛。这里的论坛,并不是指电子布告栏系统,而是指的论坛会议。论坛会议是为某个主题或某类主题而召开的,一般由一位会议主席主持,由专门小组成员与听众提出问题讨论、发表意见和看法,两个或更多的讲演者可能持相反的立场,演讲者就各自的不同意见向听众而不是向对方进行阐述,再进行反复的讨论,最后由会议主席作结论。论坛的特点是反复深入进行讨论,与会者的身份需要事先被认可。在组织内部,论坛往往可以配合年度会议或大型庆典进行。

(3)座谈小组。座谈小组的形式比一般的座谈会更具有研讨性质,可以运用于新技术运用、新项目开发、变革措施的推进等。有一位会议主席主持,另有一小群专家为小组成员针对专门课题提出观点并进行座谈。座谈小组成员之间、主要发言者与组员之间都要进行讨论。

3. 网络会议

随着现代科技的发展和广泛运用,网络会议逐渐成为一种新的会议形式。多媒体网络会议基于互联网的软件的多媒体会议平台,具有完善的数据、音频和视频传输及全面的会议管理等优点,它提供了交互式演示、聊天、技术与客户支持,以及远程学习等功能,使用者可突破时间地域的限制,通过互联网实现面对面会议的交流效果。

网络视频会议是网络会议的一个重要组成部分,主要有硬件视频、软硬件综合视频会议、纯软件视频会议以及网页版视频会议四种形式。视频会议要求有稳定安全的网络、可靠的会议质量、正式的会议环境,以及专业的视频会议设备和视频会议系统、专业的维护人员等条件。因此视频会议的受限因素较多,由于这样的视频会议系统都要用到电视来显示,视频会议也被称为电视会议、视讯会议。

(二) 会议的程序

一个会议的构成包括以下要素:会议名称,会议时间(开始时间和结束时间),会议地点,会议人员(出席人员、列席人员、工作人员等),会议组织,会议主题等。会议组织工作大致可以分为会前、会中和会后三个基本程序。由于会议的性质、议题、规模等各不相同,会议组织工作的具体环节和内容有一定的差异。

1. 会前准备

策划与准备是会前工作。一般正式会议的会前工作包括以下主要内容。

(1)拟定会议计划。会议召开之前需要根据工作需要和领导意图拟定会议计划,对会议的必要性、重要性、可行性进行论证。有的要报请主管领导者审定,有的要报上一级领导机关备案。例行性和日常工作会议,则要制成会议活动安排表,将会议时间、名称、与会单位及人员、议题、主持者、地点等项填入表中,提前发给领导者和有关部门,以便早作准备和安排。

(2) 制定会议预案。会议预案就是会议的筹备方案。在会议召开之前,必须周密、细致地制定会议预案,以保证会议的顺利进行。会议预案应明确下列内容:会议名称、会议主题、会期、出席人数、会议工作班子及其职责分工、选择与布置会场等。会名应根据会议的内容、主题和人数等来考虑,切忌名不副实;会议主题要明确会议的原因、目的和指导思想;要根据会议的内容来确定会议的起止日期和出席人员的范围;一般来说,大中型会议应成立相应的筹备班子,明确其职责分工,做到人有专职,事有专人,既分工负责,又协同配合。在会议秘书长统筹下的会议工作机构通常有秘书组、资料组、组织组、宣传组、后勤组和保卫组。秘书组(处)负责会议文字工作以及领导在会议期间交办的事项;资料组负责各种会议文件的印刷、保管、发放、回收以及会议文件的汇集、归档等;组织组负责与会人员编组、签到以及代表选举、代表资格审查等事宜;宣传组负责会议的宣传报道以及文化娱乐、摄影、录像等工作;后勤组负责会议票证准备、会场布置、会间食宿、用车、生活用品供应、返程票的购买等后勤保障工作;保卫组负责重要会议的安全与保密工作。

(3) 准备会议文件。规模较大、内容重要的会议,须提前准备各种会议文件,包括开幕词、闭幕词、工作报告、交流材料、领导者讲话、会议须知或会议手册等。文件材料不宜过多过长,通常应事先印发到与会者手中,重要文件还需登记和回收。

(4) 发送会议通知。会议召开之前都要发出通知,有的会议要发请柬或邀请书。无论是口头通知还是书面通知,都要做到及时、准确、明晰、简要,防止重发、错发或漏发。会议通知要写明为何开会、会名、会期、报到地点与时间、参加人员范围、入场凭证、接站及行车路线、需携带的材料和其他要求等内容。

(5) 布置会场。会场是会议举行的具体场所,会场管理是会议准备工作的重要环节。首先是会场的选址。会场的选择要根据各种相关因素综合考虑，尤其要注意以下条件：大小是否合适；座位是否够用；光线是否充足；照明是否清晰；温度是否适宜；音响效果是否良好；录音录像设施是否完备，等等。其次是会场的布置。会场布置包括主席台布置、座位排列、会标及花卉陈设等，基本原则是朴素大方，体现出会议的主题和气氛。会场应视会议的类型、人数等情况具体布置。

（6）排列座次。座次包括主席台座次和其他与会者座次。主席台座次以人员的职务或社会地位、名望高低排列，最高者排在主席台第一排的正中间，其余按高低顺序，以正中间座位为起点，面向会场，依左为上、右为下的原则交叉排列。座次安排须报领导者审定。其他与会者的座次排列，有按汉字笔画顺序、按地理位置、按行业系统等排列方法。

（7）编组。较大规模的会议，还须对与会者进行编组，目的是方便分组讨论和会间活动。编组的方法有按地区编组、按专业编组、按职务职称层次编组等。

（8）制发名册和证件。与会人员名册是与会者进行联系的必要工具，应尽早进行编印。名册应包括姓名、性别、年龄、工作单位、职务、电话号码、通讯地址、房间号等项目。大型会议还常需要印制有关证件。

（9）编制会议手册。会议手册或会议须知是大型会议用以指导与会者活动的印制品，其项目包括大会各级工作机构、一般情况介绍、分组情况、大会日程表、各项活动时刻表、会场及分会场平面图等。

（10）会前检查。会议正式开始之前，要对各项准备工作进行全面、认真、细致的检查，重要会议还需要进行反复检查。检查重点包括会议文件、会场布置、安全保卫等。

2．会中服务

会议的组织与实施是会中工作，会议进行期间是公共关系人员工作最为活跃的阶段。公共关系人员要认真做好会中服务工作，协助领导者掌握会议信息，对会议实施有效指挥和控制，使会议朝着既定目标进行。

（1）签到。为及时了解与会人员的出席情况，会议开始时要做好签到工作。对于重要的代表会议，签到直接关系到会议是否达到法定人数、选举结果和通过的决议是否有效。签到的方法:一种是簿式签到,即与会者在签到簿上签署名字表示已经到会;另一种是利用签到卡法签到,即将印制好的证件预先发给与会者,入场时交出此卡即可。随着现代科技的发展,电子签到机已经开始使用,效果良好。

(2) 接待。会议接待工作直接关系到会议和会议主办者的形象。因此,公共关系人员要彬彬有礼,热情周到地进行接待服务,让与会者有一种宾至如归的感觉。

(3) 会议记录。会议记录是会议情况最原始、最全面、最真实的反映,是会议内容和过程的重要凭证。会议组织方要认真做好会议记录工作,为日后分析研究有关问题、撰写有关材料等提供依据和素材。对于重要会议的讲话、发言,有时还要进行录音、录像,以便会后整理、印发与存档。

(4) 编写会议简报。会议简报是反映会议进程、动态,向与会者通报会议情况的文字形式。编写会议简报,便于领导者及时了解会议概况和进程,便于与会者之间交流经验、沟通信息。

(5) 会间调度。会间调度是指会议进行期间对会议程序、内容以及会场服务等所作的调整和安排。会议组织方要及时掌握会议进行的情况和与会者的意见、建议,协助领导者履行会议议程和任务。在特殊或意外情况下应沉着冷静、灵活应变,做好临时调度工作,确保会议顺利进行。

(6) 安排会间生活。会间生活安排包括安排好住宿、伙食、交通和业余文化生活、参观访问等事宜,为与会者提供优良的生活服务。

如果会议中有选举的议题,还要做好选举的组织工作。会议选举的一般程序为:宣布参加选举的人数和选举内容;通过会议选举办法;通过监票人、总监票人的名单;核实出席会议参加选举的人数;检查票箱;分发选票;填写选票;宣布投票顺序和进行投票;宣布开箱清点选票,报告收回选票书;宣布选举是否有效;进行计票;宣布选举结果。

3. 会后工作

在会议结束后,不能忽视一系列的会后工作,会后工作主要包括以下内容。

(1) 清理会议文件。会议过程中形成的大量文件材料,在会议结束时要及时回收、整理或立卷归档,确保文件的安全和保密。

(2) 离会与送别。根据预先登记的返程日期的交通工具,还要做好购、送车船票,送与会者及时踏上归程的工作。对于个别需要暂留者,则要帮助安排好食宿等事宜。

(3) 撰写会议纪要。重要会议结束后,要撰写会议纪要。会议纪要是通过对会议记录进行整理、组合和概括,准确反映会议精神和议定事项,以便与会单位共同遵守、执行的公文,具有强烈的规定性和约束力。会议纪要的标题大多有会议名称与"纪要"两字组成。纪要的正文包括会议概况和会议内容摘要。会议概况即会议情况的概述,概述召开会议的单位、时间、地点、参加者(包括出席者和列席者)以及主要议程,有时还交待召开会议的动因和目的、主要领导人在会上的活动以及会议所产生的影响和意义等。这部分采用概述式写法,要求概括、扼要、精练,少作议论;会议内容摘要是会议纪要的中心部分,主要写出会议研究或讨论问题的情况和结果、做出的决定和对今后工作提出的指导原则、任务、要求等。

(4) 会议总结。一次会议结束后,公共关系人员要对会务工作进行及时、认真的总结,肯定成绩,找出不足,便于做好以后的会务工作。总结的情况应向有关领导者和上级机关进行汇报。

二、展览

展是展示、陈列,览是参观、观看。所谓展览,就是通过人员讲解,文字图片、物品以及各种影像资料等的集中展示,以达到向观众传递组织信息、宣传组织形象、实现交易投资或传授知识、教育观众目的的一种综合性的公共关系活动方式。一次展览活动至少涉及主办方、参展方和观众等机构和人员,成功的展览活动必须满足各方的需要,也必须由各方的共同参与和努力。

(一) 展览的类型和特点

1. 展览的类型

(1) 综合性展览和专题性展览。从展示的内容来看,展览会可以分为综合性展览和专题性展览两种。综合性展览全面介绍一个地区或组织的整体情况,内容具有全面性和概括性,通过展览会,公众能够纵览组织的全貌;专题性展览是围绕一个专业或专题举办的展览,专题性展览内容上并不要求全面系统,但主体要鲜明、内容要集中精练,具有深度。

(2)贸易性展览和宣传性展览。从展览会的功能或性质来看,展览会有贸易性展览和宣传性展览。贸易性展览是以商品促销为目的,通过实物进行现场广告;宣传性展览是以某一文化主题宣传为目的,来传播组织文化和形象。当然,这样的区分并不是绝对的。贸易性展览同样要达到宣传的目的,宣传性展览更具有文化性的特点,但同样要促进贸易,以文促贸,取得良好的效果。

2. 展览的特点

(1)复合性。展览是一种复合的传播方式,需要综合运用多种传播媒介和活动方式,展览会不仅通过人员讲解、示范,宣传手册、图片、模型、录像、幻灯、广播等传播媒介,而且还要配之以剪彩、新闻发布会、公众代表座谈会或洽谈会、个别访谈等活动方式,从而使展览会的传播活动呈现出立体的、复合的特点。

(2)实像性。展览是一种直观的传播方式,通常以实物展出为主,并进行现场的示范表演等。因此,展览是各种传播活动中最具有实像性的。

(3)双向性。展览不仅通过展台的布置和人员的讲解等,向公众传播信息,更要创造条件来收集和了解公众的信息。展览会为组织和公众提供了这样一个双向了解的机会,通过展览会,公众得以了解组织和行业情况,组织也得以直接地了解公众需求和行业动态。

(二)参展的主要工作

一般来说,组织作为参展方,必须明确参展的目的是什么,以及为了达到参展目的,需要完成哪些工作。这些工作大体上也是举办方要考虑的。组织举办内部展览时也可以参考这些做法和要求。

1. 明确参展目的

对于参展商而言,参加展览是一种低成本的促销活动,可以直接发掘潜在客户;展览会也是获取新知识和行业信息的重要途径,可以增加与同行的沟通交流借以了解行业的发展态势。参展目标通常有以下几种:利用"以活动为中心的"媒介优势宣传组织和产品形象;开发市场和寻找新客户;物色代理商、批发商和其他合作伙伴;促进销售成交;开展市场调研,获得对产品或服务的反馈,了解同行的发展水平和行业的发展趋势等。

为了达到参展目的,参展前必须要明确主要目标,对展览的目标观众和潜在观众进行评估和定位,以便有针对性地制定具体的方案。展览针对的公众是谁？包括的范围有多大？这是展览会在策划阶段必须回答的问题。参观者的类型将影响到信息传播手段的复杂性和多样性。参展的目的也决定了参展的主题、展馆布局和陈列。

2. 对展览和主办方进行评估

大型展览,主办方通常采用广告或发邀请信等形式来吸引参加展出的单位。广告和邀请报名的信件应写清楚展览宗旨、展出项目的类型,估计参观者的人数,提出展览会的要求及费用等,给参展单位提供决策所需的资料。而作为参展方,必须对展览及其主办方进行评估,在确定展览目标以后要慎重选择所要参加的展会,分析展会的性质、主办方的资信和展览的知名度,展览的影响力,展览是否符合组织的需要,时机是否恰当等。

3. 预算费用

参展费用包括展位费、展位装修装饰费、展品运输费、交通费、食宿费、相关设备的租赁费、广告宣传费、礼品制作费、会议室租赁费。一般还要预留总费用的10%左右,作为机动支出。

4. 提出申请、签订合同

决定参展后,要与主办方取得联系,主办方会传真或邮递报展文件,包括:展览会介绍资料、参展费用、相关服务介绍、展馆展示图、参展人员手册等。在填好参展表格并得到确认后,可以将全部或部分展位费作为定金汇给主办方,以便最终确认参展的展位。

参展商还要与服务承包商(展览公司)签订合同,合同一般是按照参展商服务手册进行。服务承包商为主办方和参展商双方提供与展览相关的组织、协调和执行等所有布展服务。

5. 展厅布置

挑选展台地点时,应了解观众的流动方式及其在整个会展会场移动的方向。展台布置一定要创新设计,应选用少量、大幅的展示图片,并依据展台的空间大小来选择展品的数量。展厅布局结构要合理,布置要美观大方,要考虑入口处设立咨询台和签到处,贴出展览会平面图,要在出口处设置留言簿。

(三) 参展的其他事宜

1. 展览中的宣传

参展商要准备好各种辅助性的宣传资料,包括:设计展览会的徽志,准备好展览会的纪念品以及录音、录像带、展览会目录表等。参展商还可以在会展前3个月,在专业杂志上刊登产品广告或报道,并将广告或报道的复印件寄发给现实的和潜在的客户;在网站上刊登产品图片和更详尽的产品信息,以提高展览会现场的识别度。在展会期间,参展商可以在展览区之外沿着主要街道做户外广告宣传,在展览区内进行广播宣传,也可以配合着策划一些文娱活动,等等。另外,开幕式和闭幕式也是会展宣传的重要手段,其目的在于制造气氛和扩大影响。

2. 参展人员的培训

必须将展台员工培训工作列入工作计划,作为一项基本工作推行,培训工作应根据会展规模和展会特点着手进行,培训可以不拘形式,包括筹备会、培训班等。培训内容主要有三方面内容。

(1) 情况介绍。情况介绍包括展览会概况、展台情况、相关活动和展品介绍,目的是使展台人员熟悉会展背景、环境和条件等。会展概况包括展览会的名称、地点、展出日期、开馆时间、场地面积、展馆位置、出入口、办公室、餐厅等;展台情况包括展台位置、展台序号、展台布局、展出工作的整体安排;相关活动包括记者招待会、开幕/闭幕仪式,贵宾接待等活动及其对展台人员的工作要求;展品介绍包括展品的性能、相关的数据、使用方法及用途等。

(2) 工作安排。培训时要向展台人员布置展台工作,提出要求和标准,明确分工与职责。

第六章 公共关系专项活动

(3) 技术训练。除接待和推销技巧,产品示范和演示训练、相关设备的使用等也是必不可少的。

3. 展后的跟进、总结和评估

在会展的最后一天,当观众都离场以后即可着手撤展。这并不意味展会工作就此结束了。展会后的跟进、总结和评估是必不可少的工作。跟进工作主要是整理用户访谈记录、做好用户跟踪联系和服务。展后的总结和评估主要是总结展览会上的表现,总结工作效率和效果,为今后的工作提供参考和借鉴。

【案例】

一次全员参加的展会

上海彭浦巨力工程机械有限公司是一家国有制企业,主要生产和销售各类工程机械产品业,有一套国有制企业的管理体系,协调着上上下下的管理活动。公司的主要产品面向特定的产业领域,如:矿山的开发,一些基础建设,西气东输工程等。

公司在全国采用代理制的形式,在各区域内选择1—2家有实力的代理商。由于大多数项目都带有政府背景,因此对政府的公关活动显得尤其重要。通过这些代理商在当地的社会关系和影响,来求得政府公众的支持,进而更好地推广企业的产品,扩大市场份额。在广告宣传上,该公司曾经在电视、报刊做过广告,但由于行业的性质和产品的特点,效果不佳。目前,公司向公众传播组织信息的渠道主要是通过参加专业性的展会来完成的,如2001年参加在北京召开工程机械博览会。

2002年,全国工程机械博览会在上海浦东召开。公司领导高度重视这次机会。由市场营销部全面负责参展的准备、策划和具体实施,并委托了一家有经验的广告公司全面负责展区的整体设计制作工作。公司决策层充分利用好此次展览会在本市举行的便利条件,专门组织各方参展人员来公司参观,进一步加强了公司与全国同行方方面面的联系,为进一步推广公司形象,扩大公司在行业中的影响起到了积极的作用。在将客人请进来的同时,公司还包租了两辆巴士车,分批来回接送各科室成员和一线职工到会场参观,让员工广泛了解同行的情况,学习同行的优点,找出自己的不足。职工们都说这是一场全员参加的展会。

案例来源:2000级工商管理专业学生自编案例。

思考与分析:

1. 如何利用参展的机会,表现出企业决策层的公共关系意识的强弱。上海彭浦巨力工程机械有限公司在此次参展上有何特点?

2. 上海彭浦巨力工程机械有限公司曾经在电视、报刊做过广告,却没有什么效果,你认为其中的原因是什么?对于这类企业来说,你认为在宣传媒介的选择上有何特点?

3. 你认为此次上海彭浦巨力工程机械有限公司参展,需要做哪些准备工作?

第二节　危机管理

危机管理原本是企业管理的一个专门课题,现在已经应用到社会各个领域。危机管理并不仅仅是组织公共关系的专门职责,但是公共关系的职能决定了公共关系对于组织危机管理发挥有极其重要的作用。

一、对于危机事件的界定

(一) 辨识危机事件的基本特征

危机是由于外界环境因素或组织自身因素引起的危及组织生存发展的突发性和灾难性事件。危机管理是组织对危机进行有效的防范和全面的处理,并使其转危为安的一整套工作过程。在组织的运行发展过程中,必然会遇到许多不可预测的不利事件,但并不是所有不利事件都构成危机,因此,对危机事件的界定,首先要辨识危机事件的基本特征。

1. 突发性

危机事件就像隐藏在暗处的一颗地雷,说不定什么时间就会爆炸,具有瞬时的爆发性和严重的破坏力。造成危机的因素有很多,有些是必然因素造成的,有些是偶然因素造成的。组织不能准确预测危机在什么时间降临,然而它一旦来临,对组织会产生巨大的威胁。

2. 紧迫性

危机一旦爆发,组织就必须在最短的时间内作出对策并付诸行动决策。如果不能及时作出决策,任由事态发展,危机便会急剧恶化,产生不可控制的局面,将使组织遭受不可估量的损失。

3. 危害性

危机事件不仅对组织,而且对社会都会造成严重的危害。它破坏了组织正常的运行秩序,带来的是严重的形象危机和巨大的经济损失。从社会的角度来看,它会给社会公众带来恐慌,甚至直接的损失。

4. 关注性

所谓"好事不出门,坏事传千里",组织的危机事件更是如此。随着通讯技术的发展,信息传播方式更加广阔、传播速率明显加快,看似很小的组织危机极有可能因其传播范围、传播速率的变大、变快,迅速演变成跨地域的重大危机。危机事件成为社会舆论关注的焦点和新闻媒介报道的热点。危机情况下组织的反应会引起舆论的普遍关注,因而社会影响很大。

5. 延续性

在组织危机发生与演变中,有一个重要的现象被称为"蝴蝶效应",是指当组织发生某一方面的危机事件时,如果未能在最短时间内进行强有力的控制,公众或媒体会自发围绕着危机进行延展或聚合,将组织其他方面的失误或危机都挖掘出来,将其变成组织的衍生危机的现象。

(二)把握危机事件的演变进程

危机事件具有突发性和不确定性,但是它也有着自身的发展演变进程,危机是有迹可寻的,但不一定是线性发展的。把握危机事件的演变规律,有利于领导者辨识危机,并根据危机不同阶段的特征,有效地管控危机。

1. 潜伏期

这是危机事件的生成期。大部分危机并不是由单一事件引起的,而是由许多个微小的、容易被忽略的一系列事件综合起来而引发的,当形成危机事件的相关因素之间相互作用、相互矛盾冲突,但这种矛盾冲突还处在隐性状态时,危机便处于生成潜伏期。危机具有突发性,但其隐患却可能在很长时期酿成,这个过程之中,有时有些预兆和端倪,当然更多时候是难以察觉的。

2. 爆发期

这是危机事件的突变期。爆发期是危机事件由隐性专为显性并快速扩散。在一般情况下,危机事件都会经历一个突变的过程,爆发期就是危机的处于突变阶段。在这个阶段,危机已经暴露并开始扩散,但可以逆转,也可以转化。

3. 持续期

这是危机事件的蔓延期。这一阶段危机事件仍在发展或者进一步恶化,本质原因不一定能明确,现象则在传播中不断复制。在持续阶段,危机演进的速度逐步放缓,并随着矛盾冲突的不断减弱,危机形势会逐渐趋缓。

4. 终止期

这是危机事件的结束期。引起危机事件的因素已经解除,通过事件的处理,原因的调查,事情有了结果,当事人各得其所,公众、媒介的关注兴趣逐渐减弱、消失,系统开始回归到原来的或正常的状态。

(三) 分析危机事件的生成因素

从生成的角度,可以将组织的危机划分为组织外部环境变化引起的危机和组织内部环境变化引起的危机。

1. 外部环境因素

组织总是存在于一定的外部环境之中的。外部环境可以分为微观环境和宏观环境。微观环境是组织具体的环境,这个具体环境直接地影响组织的活动,如市场、行业、舆论环境等。宏观环境是间接地或潜在地对组织发生影响的,如政治法律因素、经济因素、社会人文因素和技术因素等。

2. 内部环境因素

相对于外部环境因素的不可控制的特点,内部环境因素是组织能够加以控制的因素,如组织结构、组织文化、组织产品和组织行为、组织成员关系等。内部环境因素引发的危机往往是由于在这些方面的漏洞造成的。

二、危机管理的原则

危机管理的原则,是根据危机事件的客观规律以及人们在危机管理实践经验总结出来的,用以指导危机管理的指导思想和行动准则。危机管理必须遵循的最根本原则是实事求是,任何组织在处理危机过程中,都必须坚持实事求是的原则,不回避,不文饰,勇于承担责任,唯其如此,才能获得公众的同情、理解、信任和支持。

(一) 3T 原则

英国危机管理专家罗杰斯特提出了著名的危机沟通三项原则,由于每项原则的首字母都是 T,所以被称为 3T 原则。3T 强调了危机处理时把握信息发布的重要性。

1. Tell your own tale

Tell your own tale,即主动沟通原则。危机发生以后,应该以我为主提供情况,强调组织应该牢牢掌握信息发布主动权,保证组织成为危机事件中的信息源。

2. Tell it fast

Tell it fast,即及时沟通原则。组织应该尽快地、不断地发布相关的信息。

3. Tell it all

Tell it all,即充分沟通原则。充分沟通就是要提供全部情况,强调信息发布应该全面、真实,而且必须实言相告。

事实上,突发事件发生之后,要及时和准确发布信息是一件困难的事情,许多组织(机构)在危机发生之后,反应迟缓,往往要等到统一口径后才敢对外公布信息,或者未经调查就匆忙发布不实信息,出现了慢报和乱报的情况,从而引起公众舆论更大的质疑。在自媒体高度发达的今天,如何在突发事件发生之时及时对外公布准确、详细的信息,引导舆论,管控谣言传播是极其重要的。3T原则可以帮助组织争取危机发生时的话语主动权。

(二) 5S原则

关键点传媒(关键点公关)董事长游昌乔提出了危机公关的五项原则,每项原则的英文首字母都是S,被称为5S原则,它们分别是责任(Shoulder the Matter)、真诚(Sincerity)、速度(Speed)、系统(System)和权威(Standard)。5S原则强调了危机管理的责任承担和系统运作,既是组织处理危机事件的指导思想,也是危机处理的基本策略。

1. 责任

承担责任是组织在危机中求得生存的先决条件。危机发生后,组织应及时表达出处理问题承担责任的积极姿态,这将为解决危机奠定基础。在危机处理中只有勇于承担责任,组织才能重新赢得公众信任。

2. 真诚

真诚包含两个基本要求,一是真实,危机爆发后必须主动向公众讲明事实的真相,绝不能文过饰非或做虚假声明;二是诚意、诚恳,诚意、诚恳是危机处理时间应有的态度。在危机处理过程中,态度比事实更重要。

3. 速度

在危机出现的最初12—24小时内,消息会像病毒一样,以裂变方式高速传播。特别是当危机事件刚一发生,社会上充斥着谣言和猜测。速度原则要求组织在危机发生后必须高度重视、快速反应,应该在第一时间启动危机处理小组,对于危机的原因、类型、影响作出分析判断,并制定相应计划,及时与媒体和公众进行沟通,以便控制住事态,使其不扩大、不升级、不蔓延,这是处理危机的关键。否则,会扩大突发危机的范围,甚至可能失去对全局的控制。

4. 系统

处理危机必须系统运作,系统运行是实施多方位危机公关的保证。

危机发生后组织应立即启动危机处理小组,统一规划危机处理的步骤,统一指挥对外的一切行动。否则,危机将失控、失序、失真,会造成更大的混乱。危机小组应由相关高层领导者担任组长,并由技术、市场、法律和公关方面的专家组成。这一方面可以保证危机处理中的统一指挥,同时也可以提高危机处理的专业性和高效率。

5. 权威

权威是指争取政府部门和外部专家的支持,以摆脱为自己辩解的嫌疑。外部专家可以对危机的问题做出权威而专业的实证,这对危机处理起到决定性作用。有关政府部门的指导包括政策性的指导、技术性的指导等。

三、危机管理的环节

危机管理并不是简单的危机处理。如果我们把危机比作一场突发的火灾的话,危机处理只是火灾发生后进行的紧急有效的灭火工作。危机管理还要求在火灾发生之前,加强消防意识,预防和控制火种;在灭火之后,更重要的工作是要重建家园。因此,危机管理包括危机防范、危机处理和危机转化三个基本环节。

(一) 危机防范

危机防范要求组织加强事先预测并建立危机的预警机制,通过不断的信息采集、处理和反馈,对组织运行状态和组织目标实现的可能性进行监测,未雨绸缪,察征兆于清萍之末,防祸患于未然之中。这种预警机制的建立对于组织缓解矛盾、避免纠纷、杜绝各种恶性突发事件的发生极其重要。危机防范是危机管理的最高境界。

1. 对外部环境的监测机制

组织不能只是被动地在危机发生以后去积极应对,而应该对可能发生危机的各个领域和环节做出事先预测和分析,制定全面、可行的危机预案。外部关系环境是组织最难控制的因素。组织中的危机问题往往与外部关系环境的易变有关。组织应该建立一种问题管理机制,及时通过各种传播媒介不断地把握组织有关的社会信息及其走向,以监视和预测关系环境的变化方向,使自己能预先采取必要的对策,以免环境发生变化时出现束手无策的被动局面。

2. 对内部的问题管理机制

组织运行不可能是一帆风顺的，意外的情况会经常发生，如何对可能发生的问题进行调查、监控和解决，这就是问题管理，它发挥的作用是见微知著、防患未然。对于一些可能发生的隐患要非常敏感，以便把问题发生的可能性消灭在萌芽状态之中。这就要求组织具有忧患意识，在常规性工作中要注意调查研究、查漏补缺、防微杜渐，及早发现或捕捉那些可能引起纠纷的苗头和可能发生事故的隐患，制定多种可供选择的行动方案，以应不测。

3. 对危机的应急预案

预警机制还要求组织决策层在危机事件发展前期对危机态势进行准确的把握。在危机发展初期组织决策者必须要能够准确判断危机发展态势、影响程度和公众的反应，从而避免危机的进一步扩大。为此，在危机事件的潜伏后期或者爆发初期，组织就应该启动危机处理的应急机制，做好危机的各项准备方案使组织行为与公众的期望保持一致；通过一系列对社会负责的行为来建立组织信誉；时刻准备把握危机中的机遇；组建一个危机管理小组；制定针对组织潜在危机的方针和对策；制定预防危机的方针和对策；制定处理每一项潜在危机具体的战略和战术；组建危机控制和险情审核小组；确定可能受到危机影响的公众；为最大限度地减少危机对组织声誉的破坏性影响，建立有效的传播沟通渠道；在制定危机应急计划时，多倾听外部专家的意见，以免重蹈覆辙；写出书面方案；对有关方案计划进行不断的试验性演习；为确保处理危机时有一批训练有素的专业人员，平时应对他们进行专门训练。

（二）危机处理

当危机已经发生，组织应在调查研究的基础上，对当事的利益相关方、有关主管部门和新闻媒介以及内部员工都要实事求是地说明原委，主动承担应负的责任，争取以诚恳的态度和切实的行动为解决矛盾和问题创造有利的条件；同时要采取果断的应急措施，及时控制事态，并与新闻媒介取得联系，争取他们对事件的准确、客观和公正的报道，以引导舆论，稳定局面，防止连锁反应，为妥善解决问题、度过危机奠定基础。

1. 做好危机中的控制工作,稳定局面

面对危机,应考虑到最坏的可能,作为危机管理人员要有足够的承受能力,及时有条不紊地采取行动。危机发生时,要以最快的速度设立"战时"办公室或危机控制中心,调配训练有素的专业人员,以实施危机控制和管理计划;新闻办公室应不断了解危机管理的进展情况;设立专线电话,以应付危机期间外部打来的大量电话,要让训练有素的人员来接专线电话;了解组织的公众,倾听他们的意见,并确保组织能把握公众的抱怨情绪,可能的话,通过调查研究来验证组织的看法;设法使受到危机影响的公众站到组织的一边,帮助组织解决有关的问题;邀请公正、权威性机构来帮助解决危机,以确保社会公众对组织的信任;时刻准备应付意外情况,随时准备修改组织的计划,切勿低估危机的严重性;要善于创新,以便更好地解决危机;当危机处理完毕后,应吸取教训并举一反三,着手整改。

2. 做好危机中的传播工作,引导舆论

组织应该掌握对外报道的主动权,以组织为第一消息发布源,如对外发布发生了什么危机,公司正采取什么补救措施等;危机事件发生之后,应该立即准备好组织的背景材料,并不断根据最新情况予以充实;如有必要,建立新闻办公室,作为新闻发布会和媒介索取最新材料的场所;在危机期间为新闻记者准备好通讯设备;设立危机新闻中心,以接受媒介电话询问,确保组织有足够的训练有素的人员来应付媒介及其他外部公众打来的电话;宣布召开新闻发布会的时间,尽可能减轻公众电话询问的压力;做好举行新闻发布会的各项准备工作;熟悉媒介的工作时间;如果新闻报道与事实不符,应及时予以指出并要求更正;要建立广泛的信息来源,与媒介保持良好的关系,及时通过他们对外发布最新消息;要善于利用媒介与公众进行传播沟通,以控制危机;在传播中,避免使用行话,要用清晰的语言告诉公众,组织更关心所发生的危机,并正采取行动来处理危机;确保组织在危机处理中,有一系列对社会负责的行为,以增强社会对组织的信任。

（三）危机转化

在妥善处理危机事件以后,如何变危机为契机是危机管理不可或缺的内容。组织应该主动地以危机事件为契机,适当地开展后续公关,利用各种媒介,展开宣传,公开表明自己的诚意,公布自己补救的措施,并用补救后的事实来证实自己的转变。只有这样才能彻底消除危机的不利影响,使组织形象受损的程度与范围控制在最小的限度,也只有这样才能变坏事为好事,变消极为积极,变被动为主动,变危机为契机。

四、危机处理中的公众对策

在危机处理中,公众的识别和分析关系到组织危机处理的策略选择。首先,要识别危机事件涉及的利益相关方,他们可能是当事者、受害者、第三责任方等,此外还有在危机处理过程中将要介入、必然介入的相关公众,如政府公众、媒介公众等。其次,分析不同类型公众成员的利益诉求以及对事件的态度、立场和对组织的期望;最后,要分析不同公众的重要性程度和对问题的介入程度,等等。一般来讲,危机事件中将要涉及的公众主要是内部公众、媒介公众、政府公众和受害者(或当事方)公众。

（一）对内部公众的对策

危机发生以后,内部公众可能出现两种典型的情况,一是紧张猜测,人心涣散。造成这种情况的主要原因是危机的突发性和严重性使得内部成员缺乏心理准备,同时由于没有在第一时间通报真相,以致造成认识混乱、口径不一,最终导致人心涣散,人员浮动,甚至对组织丧失信心,出现高级管理人员和技术人员的离职。二是相互指责推诿,或者争相处理。造成这种情况的主要原因是组织对有关危机的来龙去脉、前因后果缺乏调查研究,同时由于组织管理体制中固有的缺陷,造成了各个职能部门缺乏沟通、职责不清,其结果将导致组织反应迟缓、步调不一、并错失处理和控制危机的时机而使局面限于更大的被动。鉴于上述情况,公共关系应该协助组织最高管理层做好内部公众的解释和协调。

1. 统一认识和口径

危机发生以后，组织应随时向员工和有关职能部门通报事态进展，统一思想认识、统一对外口径，使员工切实感受到组织处理控制危机的努力和能力，恢复对组织的信心；使全体成员成为危机处理的参与者，而不是旁观者。发挥所有成员的传播作用，在更大范围里控制危机的影响程度。

2. 统一步骤与行动

在危机处理中，组织应统一指挥协调、统一行动步骤。应视危机的程度，敦促并帮助最高管理层成立危机领导小组，以保证组织在危机处理时做到统一指挥协调、统一行动步骤。公共关系主管应该成为危机领导小组的成员，帮助最高决策层在各部门之间进行信息沟通和关系联络，避免在内部作无谓的争论，明确各个部门和职位的权、责、利关系，减轻组织内部震荡。

3. 举一反三，加强整改

组织应该对整个事件做出总结和反思，针对危机事件产生的原因，举一反三，着力内部的整改工作，完善内部的管理体系。针对调查的结果，追查责任者，更换管理层，以便让公众切实感受到组织解决危机的诚意和力度。

（二）对媒介公众的对策

媒介是组织危机处理中不可或缺的力量，是社会公众情绪的风向标、催化剂和导航员。任何把媒介排斥在外、不善于利用媒体解决危机的举措都是不明智、也是徒劳的。公共关系要充分利用日常积累的媒介关系资源，争取媒介对事态的客观公正的报道。

1. 开展媒介研究

要统计参与事件报道的媒体的种类、数量、级别；收集媒体报道的版面和篇幅、时数和时段；研究媒体的报道角度，分析媒体态度、立场，因为媒体在一定程度上代表了民意的潜蕴。

2. 设立新闻接待中心或新闻发布机构

要根据危机的程度，决定是否需要建立临时性的新闻发布机构或新闻接待中心。在没有专门的新闻接待中心或新闻发布机构时，要有专人负责与媒体的联系。要争取以组织为第一消息发布源,如对外发布发生了什么危机,公司正采取什么补救措施。

3. 主动提供信息

组织应及时提供组织方面关于危机原因的调查以及组织将要采取或者已经采取的解决措施。提供的资料内容应该是实质性的,避免笼统和空洞的信息。

4. 为媒介提供获取信息的各种方便

要为媒体提供索取最新材料的场所,在情况允许的条件下,把记者带到现场。要明白组织方面任何封锁信息的举措,都将迫使媒体寻找其他信息来源。

5. 做好新闻发布会的各项准备工作

随着危机处理过程的推进,组织有必要适时地举行新闻发布会,公共关系职能要协助组织做好新闻发布会的各项准备工作,对记者的追问,切忌以无可奉告的回答来搪塞和回避问题。

6. 注意核查媒介报道

通过核查媒介的报道,可以纠正澄清不实报道,也可以借此比较各种报道的角度,从中把握公众和媒介关注的焦点,了解公众的反馈,收集社会公众对事态的态度和关注程度,以分析危机事件的影响程度和范围以及组织危机处理的社会反响。

(三) 对政府公众的对策

组织的危机事件通常会具有公共影响,特别是食品卫生、产品质量等方面的问题造成的危机,很可能会演变为公共危机。因此,争取有关政府机构的指导对危机处理具有重要作用。

1. 及时请示汇报

当危机事件发生之后,要在第一时间向政府主管部门汇报事件的发生情况,以免主管部门在不明真相的情况下,陷于被动。随着危机处理的开展,组织还要及时地汇报事态的发展,让主管部门了解组织的积极姿态和对事件的处理。

2. 积极争取有关部门的指导

政府部门的指导是多方面,主要包括政策性指导和技术性指导。

对于不同原因的危机,政府发挥的作用是不一样的。对于组织经营性的危机或者不是由于组织主观责任造成的危机,政府的指导、支持将有力地推动组织尽早摆脱危机。

(四)对当事人或受害方的对策

危机事件的当事人或者受害方,是组织要直接面对的、最为重要的工作对象。争取他们的理解和合作是化解危机、稳定事态的关键之所在。

1. 主动承担责任

一旦危机发生,组织应立即以诚恳的态度,表示负责的精神。对当事人或者受害方应主动承担应负的责任,以切实的行动为解决矛盾和问题创造有利条件。公开道歉、产品召回、慰问受害者、赔偿损失是常见的处理对策。

2. 开展公众调查

积极听取意见和诉求。分析当事人(或受害方)公众的构成,分析谁是积极的公众和具有影响力的公众成员,谁是消极公众和具有从众行为的公众成员。

3. 避免出现自我辩护的言行

任何自我辩护的言行都将激化矛盾,即使面对过激态度和行为的公众,也应努力避免指责对方,避免发生争执。

4. 成立临时性的公众接待机构

组织还要根据危机的程度,决定是否需要成立临时性的公众接待机构,要责成专人与当事人(受害者)及其家属保持联系。

【案例】

可口可乐(山西)饮料公司余氯门事件

2012年4月16日中国之声《新闻纵横》、中国广播网刊发"山西9批可口可乐疑含余氯处理水被当合格品出售",报道指出,可口可乐(山西)饮料公司员工向记者爆料,因管道改造,致使消毒用的含氯处理水混入公司9个批次价值约500万元左右的12万箱可乐产品中。

在余氯门曝光后,可口可乐(山西)饮料公司数度通过官方微博等渠道发布声明称,"我们出厂的所有产品都经过严格的质量保障体系的检验,符合国家有关质量的法律法规,是安全可靠的",并表示所谓"公司内部信息"并不符合事实,在否认问题的同时又指责媒体失实。

山西省质监局于4月19日组成调查组进驻口可乐(山西)饮料有限公司,通过现场检查、抽检样品、查阅记录、询问员工等方式,认定媒体报道情况属实。同时在调查中,还发现该公司存在个别生产条件不符合相关规定的问题。山西省质监局4月28日根据相关法律法规,对可口可乐(山西)饮料有限公司做出了停产整改的行政处罚。

因余氯门缠身而遭到公众质疑,饮料巨头可口可乐在事件持续发酵后的5月5日,终于在事件原发地的太原召开新闻发布会。可口可乐就余氯误入饮料事件给消费者带来的担忧和顾虑道歉,表示山西公司已经做出人事调整,总经理换人;山西装瓶厂目前整改完毕,已向质监部门提出了复产申请。

"我们已经对山西公司的关键岗位做出了调整。"在太原召开的发布会上,可口可乐大中华及韩国区总裁鲁大卫表示,"余氯门"事件发生后,原任总经理向公司递交了辞呈,新的总经理也已上任。可口可乐(山西)饮料公司董事苏燕向媒体通报称,山西厂已经完成了山西省质量技术监督局调查后提出的相关整改意见的落实工作,"我们已经提交了恢复生产的申请,省质监局派专家组在工厂进行复核。"苏燕表示,预计生产将在近期恢复。

对于原因,苏燕表示,余氯误入饮料事件是由于个别员工操作失误,导致生产辅助用水进入到饮料生产用水中。同时,她强调,混入的并非消毒水,而是用来清洗饮料瓶内壁的包装清洗用水,也是合格的软化水,其水质符合世界卫生组织以及欧美各国的生活饮用水标准,可放心饮用。山西省有关部门出具的检测报告也显示,9个批次样品中游离余氯实测值均低于国家饮用纯净水卫生标准中规定的限量值。可口可乐公司科学与法规事务总监孙伟表示,反复的内部检测表明,含有微量余氯的可口可乐饮料"只是不符合口味指标,对人体并无安全影响"。

在发布会上,可口可乐(山西)饮料有限公司发布最新声明,用最新出厂的产品为客户和消费者换回所有2月4日至8日的汽水产品,同时消费者也可以要求退货。鲁大卫称,此事并未对可口可乐在华销售产生影响。对于此前封存在库未销往市场以及通过退换货收回的饮料,可口可乐公司表示将在质监部门监督下全部销毁。"这都是安全产品,从某种意义上说这样做确实是一种浪费。"鲁大卫说,但这样可以对外界有一个非常明确的交代,大家不用再有任何疑虑。对善后处理方案坚称退换而非召回的说法,苏燕说,"符合食品安全标准的产品不存在召回的必要。我们实行退换货,是为了解除消费者的疑虑。"苏燕还表示,即使是已经在市场销售的相关批次产品,也完全符合食品安全标准,不会对人体造成任何影响。"这不是一起生产事故。"

在余氯门事件爆发后,可口可乐先否认问题,后又指责媒体失实,最后经山西省质监局认定媒体报道属实后才被迫承认问题,前后矛盾。对此,苏燕坦承:"调查需要一个过程,最初的声明确实没有写好,造成了媒体公众的误解。现在我们对这件事已经了解清楚,所以能和大家坦诚交流。"

此前有消息称,可口可乐公司对报料人进行调查,并删除了2月4日至8日全部电子邮件和相关生产记录,而关键证人被安排带薪休假。对此,可口可乐一一做出回应。"所谓的报料人,我们不知道,也不想知道到底是谁。"苏燕表示,欢迎任何人对可口可乐公司的生产管理和品质提高提出建设性意见。但她也称,如果是内部员工,还是希望"首先采用内部沟通的方式"。

"删除生产记录的事情绝对不存在,所有的生产记录已经提交给山西质监局调查组。"但苏燕同时又声称,删除工作邮件的事情的确存在,是因为个别人在明知公司要求全面透明配合调查的要求下,为了避免承担责任,删除了敏感时间段内的部分邮件;此后公司通过技术部门把删除的邮件恢复,主动提供给调查组。目前这几个员工已经停职,而且将会受到非常严肃的处理。苏燕还表示,目前确实有员工带薪休假。"但这是从配合调查的角度出发,让个别员工暂时离开工作岗位配合调查。"

资料来源:中广网,2012年4月29日;《北京晚报》,2012年5月5日。

分析思考:

1. 苏燕在新闻发布会上表示:"调查需要一个过程,最初的声明确实没有写好,造成了媒体公众的误解"。你认为在余氯门曝光后,公司如果要在第一时间对外发布声明,声明应该包括哪些内容?

2. 你认为可口可乐公司在处理余氯门事件中的不当之处何在?

3. 如果公司拟就此事件成立专门的调查小组,你认为调查组应该包括哪些成员?

第三节 新闻策划

新闻传播学意义上的新闻策划是指新闻传播工作者在一定时期内,为了达到某种传播效果,对具体的新闻事实的报道所作的设计与规划,这种新闻策划是媒体新闻策划,其策划主体是媒体机构。与媒体新闻策划不同,组织新闻策划是组织按照新闻规律,发现或创造对组织有价值的新闻事件,以吸引公众的注意和新闻媒体的报道,从而扩大自身社会影响的一种公共关系传播活动,其主体是组织。

一、新闻发布会

新闻发布会也称记者会,它是由组织以会议形式向新闻媒介的记者发布消息或介绍情况,并回答记者提问的一种信息交流活动,是组织为公布重大新闻或解释重要方针政策而邀请新闻记者参加的一种专项公共关系活动。通过新闻发布会,可以发布组织的一些重大新闻,加强公众对组织的了解,还可以澄清事实、说明原委、减少误会、争取公众对组织的谅解。因此,新闻发布会是组织新闻策划的有效手段之一,也是组织搞好新闻媒介关系、谋求新闻界支持的有效的途径。

(一) 新闻发布会的筹备

新闻发布会的形式比较正规、隆重,且规格较高,易于引起社会的广泛关注,因此,做好新闻发布会的筹备工作非常重要。筹备阶段的工作主要围绕着以下七个方面进行。

1. 明确新闻发布会的必要性和议题

组织要举办新闻发布会,首先要明确为什么要举办新闻发布会?是否有必要举行新闻发布会?通过新闻发布会要达到什么目的?必须对所要发布的信息是否重要、是否具有进行广泛传播的新闻价值以及新闻发布会的紧迫性和最佳时机进行分析研究。组织具有新闻价值的事件一般有:重大的危机事故;有社会影响的新技术、新产品的开发与投产;对社会所作的重大公益事业;组织成立、倒闭、合并或转产;重大的庆典等。

2. 选择新闻发布会的时间

新闻发布会时间的选择有三个方面要求:一是时机选择,时机选择与新闻发布会议题的必要性和紧迫性有关,一般应选择重大活动开展或重大事件发生的时机举行新闻发布会。二是时间点的安排,时间一般应避开节假日和有重大社会活动的日子。在一周之内,新闻发布会的时间不太适宜安排在周末;在一天之内,新闻发布会的时间最好安排在上午十点或下午三点左右。确定好时间以后要提前发出准确无误的通知。三是时长,新闻发布会的时间控制在一小时左右为宜,并留有时间让记者提问。

3. 落实新闻发布会的地点

落实新闻发布会地点有许多因素需要考虑,首先要考虑的是在组织所在地还是事发地,其次是具体地点的便利性,如交通是否便利、环境是否良好、停车是否方便;再次是会议场地设施是否齐全,要能够为记者提供方便的条件,如采光、电源、录像、拍摄的辅助灯光,视听辅助的工具、幻灯、电视播放设备的准备,要考虑会场的对外通讯联系条件,如Wi-Fi、电话和专线电话的设置。最后,还应考虑会场座次安排应分明主次,特别是有贵宾到场的情况下。会场内的桌椅设置要方便记者们的提问和记录,会场应设有记者或来宾签到处,最好在入口处或入口通道处,并在每位记者席上准备有关资料,使记者们能深入细致地了解所发布消息的全部内容。

4．决定邀请记者的范围

这应该根据期望的传播范围和新闻发布会的主题来决定。一般来讲,邀请的记者覆盖面要广,各方新闻机构都要照顾到。对记者要做到一视同仁,不能厚此薄彼。除了传统大众传媒的记者外,还要考虑邀请行业媒体和新媒体记者。邀请信发出后,临近会议举行时还应电话联系,落实记者的出席情况。

5．选派出席人员

组织举行新闻发布会,一般要选派三种不同角色的人员出席:会务人员、主持人和发言人。对接待人员要进行必要的培训指导,对主持人和发言人要进行情景模拟。

6．准备材料

新闻发布会的材料准备主要包括两大类,一类是提供给组织发言人备用的,组织应该根据新闻发布会的议题,成立专门的发言起草小组,全面收集有关资料,拟写发言稿供发言人参考。如有必要还应准备PPT以及一些与会议有关的图片、实物、影像、模型等辅助资料;另一类是提供给记者的新闻稿、新闻资料和辅助宣传资料,发放给记者作为采访报道的参考。特别要注意会前应将会议议题、新闻资料等在组织内部通报一下,以统一口径。辅助宣传资料要围绕议题准备,尽量做到全面、详细、具体和形象。形式力求多样,要有口头的、实物的以及照片和模型等。这些资料应在发布会现场摆放或分发。

7．安排活动

活动主要有参观和宴请。会前或会后,可以组织记者参观,增加记者对会议主题的认识。有关参观事宜应提前安排好,派专人接待和介绍情况。如有必要可邀请记者共进工作餐,利用非正式交谈,相互沟通,融洽与新闻界的关系,解决有关发布会没有解决或不便解决的问题,工作餐最好的形式是自助,也可以是小型宴请。

除了上述准备工作之外,会议预算也是必不可少的,要根据会议的规格、规模、具体项目制定预算。

(二) 会中注意事项

新闻发布会的会中注意事项,主要针对组织出席新闻发布会的三种角色提出的。

1. 会务人员

会务人员的主要工作是接待和记录。对会务人员要做好明确的分工。接待任务是负责签到、发放资料、引客入场,为摄影记者和摄像记者的工作提供服务。接待人员必须热情大方、讲究礼貌、周到服务。会务人员还要负责对新闻发布会过程应做详尽记录和录音,有条件的应将会议过程录像作为资料保存。

2. 主持人

主持人的任务是调控气氛和议程,主持人必须善于辞令,反应灵活。会议开始的时候,一般首先要由主持人说明召开会议的目的、所要发布的信息和有关情况,当发布会接近尾声时,主持人应该提醒记者"最后一个问题"。

3. 发言人

发言人是组织的代表,一般是组织的正职或副职领导,必须具有敏锐的思维能力和高超的表达能力,要通过于各种语言艺术,巧妙地改变被动对答的局面对一些棘手的问题和需要回避的问题,不要轻易地陷入对方的思维轨道,可以采用委婉、模糊、暗示、幽默等方法,艺术地转移话题。

(三) 会后工作

会后工作是新闻发布会不可或缺的一项环节。首先,要尽快整理出记录材料,总结经验教训,并将总结材料归档备查。其次,要收集与会记者的报道,并对这些报道内容及倾向进行归类,对记者所发稿件的内容及倾向性要认真分析,若出现不利于本组织的报道,应及时进行沟通并做出反应。对已经发稿的记者要电话致谢。最后,要对新闻发布会的效果进行评估,主要统计出席的媒介机构及其人数、刊播报道的数量和质量、新闻发布会的社会影响等。

二、媒介事件

媒介事件是组织策划具有新闻价值的事件,以吸引公众的关注和媒体的报道,扩大组织的社会影响,通常也叫制造新闻。

(一) 媒介事件的界定

媒介事件原本是一种新闻传播现象,指的是媒体重新构筑的新闻事件,使原本平常的事件变得不平凡,使原本具备显著性的事件更引人注目,产生放大效应。媒介事件与一般的重大新闻事件及突发性事件的区别在于,它不是自发产生的,而是事先计划、安排和主动引发的。但媒介事件又与假新闻不同,它本身并不虚假,只不过是出自人为策划。从公共关系学角度来看,媒介事件是组织运用这样一种新闻传播现象以争取新闻媒介报道宣传的一种技巧。它与事件/活动营销具有相似之处,基本的策略是借势造势,不同之处是事件/活动营销的目的在促销,而媒介事件的目的不仅在于促销。

(二) 策划媒介事件的原则

1. 真实性

真实性要求组织根据客观事实来策划新闻事件,媒介事件必须真实、准确的事实为依据。虽然媒介事件是组织人为策划和制造出来的,但它本身应该是客观真实的。这就意味着媒介事件不能脱离事实而制造新闻,不能蓄意造假,事件本身必须是客观存在或真实发生和进行的,是可以相信的。如果事件只是为了取得传播效果而渲染,它就丧失了真实性,不具有可信性。

2. 合法性

真实的事件还必须具有合法性,媒介事件的内容和形式不应该违背有关法律法规的规范。特别是一些户外活动,要经过有关部门的批准。

3. 伦理性

媒介事件还要符合社会的公序良俗,即不能违背社会公共利益,必须符合社会公德、商业道德和良好的社会风尚。如果制造的新闻事件内容真实,但形式荒诞,不合情理,违背事物发展的客观规律的话,它仍然是人为制造出来的假象。

4. 计划性

媒介事件不仅重在策划,关键还在于实施。这需要加强媒介事件的计划性,精心策划、周密实施。对于实施过程中的各种限制性因素以及可能发生的问题、困难和障碍要进行研究和预测,做好应急突发情况的处理准备。在与新闻媒体的联合上,既可以事前不打招呼,通过新闻事件吸引媒体注意,引发他们参与报道,也可以事前与新闻媒体进行沟通,或召开新闻发布会。在具体操作上,可多听取一些新闻界的意见,如有条件,和新闻媒体联合操作,效果更好。

(三) 媒介事件策划的方法与技巧

1. 寻找新闻价值

媒介事件的策划过程,是对具有新闻价值的事件进行发掘、收集、筛选、整理的过程,是对新闻素材的观察、了解与发现。媒介事件的关键是新闻价值。新闻价值是选择和衡量新闻事实的客观标准,即事实本身所具有的足以构成新闻的种种特殊素质的总和,构成公共关系新闻的事实和材料本身所具有的能够满足社会公众对公共关系新闻需要的素质。不是所有的真实事件都具有新闻价值,也不是所有的理由都可以制造新闻。要寻找和发现新闻价值,公共关系人员必须进行媒介研究和公众心理分析,这样才能把握媒介的热点和公众的关注热点,才能使促成媒介事件的事实和材料本身能够满足媒体议题设置的需要和公众对新闻关注的需要。公共关系考察媒介事件的新闻价值主要可以把握以下四个方面的标准,但并不是每一个事件都必须具备所有的这些标准,只要具备其中一个即可。

(1) 新鲜性。这是构成新闻价值的必备要素,指的是构成事件的材料具有较强的时效性以及较新的内容和形式。

(2)重要性。媒介事件的材料所涉及的人物是著名的、事件是重要的、数量是可观的。事件不仅对组织是重要的,而且对社会生活有较大的影响,因而能够引起社会普遍关注。

(3)接近性。某一个事件的材料之所以能够成为一时一地人们所关注的新闻,总是因为它本身与受众之间存在着某种接近性,这种接近性,主要反映在时空的接近性和心理的接近性,心理的接近性具体包括背景、需要、兴趣、经验等等方面。

(4)人文性。人文性是指媒介事件的材料与亲情、爱情、人道主义方面的内容有关。凡是能够体现对人的生存状况人的文关怀,关注人的生存与发展,关心人、爱护人、尊重人,并使人受到感动和鼓舞的事件,都具有较高的新闻价值。

2. 选择时机

时机的选择是策划媒介事件中最具技巧性的。策划媒介事件可以利用的时机主要有以下四个。

(1)企业自身的各种机会。企业自身运作过程中的重大阶段和重要事件,是策划媒介事件的有利契机。

① 新技术和新成就。如新产品的研发成功并投放市场;新工艺的试验与投入,并获得了奖项或者填补了国内空白;新成就的取得与发展,并对国家出口创汇和地方的财政做出重大贡献,或者获得了政府的表彰,等等。

② 企业改革。如企业的产权制度、组织制度、管理制度方面的改革,而且这种改革具有创新性、典型性的社会意义。

③ 企业重大的庆典活动。如重要的周年纪念、重大工程的奠基典礼等。

④ 重大的战略性行为。如兼并、联盟、重要的市场行为、重要的人事变动等。

⑤ 企业事迹。如员工的模范事迹、获得的社会殊荣,企业参加的社会公益活动以及在承担社会责任方面的良好表现,等等。

(2)传统节日和专题纪念日。中外传统的节日、纪念日以及专题纪念日,都是组织可以用来开展公共关系活动的极好机会。因为这些节日本身是媒体报道的重点和公众关注的重点,围绕着这些节日的有关活动就成为很好的报道素材,具有一定的新闻价值。

(3)新闻议题和社会热点。在不同地区的不同时期,都会有公众普遍关注的重大事件,围绕这些事件会形成当时当地的新闻议题和社会热点。因此,策划媒介事件时要利用媒介的议题设置和公众关注的社会热点,开展大规模的宣传活动。如重大的体育赛事、具有影响社会文化活动、重大的自然灾害和突发的社会性危机、重要的政治活动,等等。

(4)各种随机性事件。发现或者赋予各种随机性事件所蕴含的新闻价值,这需要公共关系人员具有敏锐的职业眼光和意识。

3. 发挥名人效应

名人往往是媒体的宠儿,他们的一举一动都会成为媒体关注的对象。如果能把社会组织制造的新闻事件和名人联系起来,被报道的机会就会大增。因此,组织可以有意识地自身的活动与名人联系在一起,如邀请名人主持剪彩、参加组织活动或者参观组织、聘请名人担任组织和品牌的形象大使或制作企业的广告,争取名人成为企业的顾客并加以宣传推广,等等。通过这些方式,有意识地把企业自身和某些权威人士或社会名流联系在一起,发挥名人效应。

4. 与新闻机构联合举办公共关系活动

组织策划媒介事件能不能被报道,新闻机构是把关人。在某种程度上可以说:媒介事件是"谋事在组织,成事在媒介"。组织的公共关系人员要熟悉和遵循新闻传播的规律,要建立与新闻界的良好关系,如能与新闻机构联合举办活动,可以争取更多的见报和上镜的机会。

5. 讲究媒介事件的形式和效果

从形式上来看要有创意,使媒介事件新颖奇特、出奇制胜;从效果来看,不仅要考虑媒介事件对组织具有良好的传播效果,而且还要考虑社会效果,主要是对社会精神文明建设以及对生态环境和社会互动环境的有利影响。

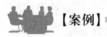【案例】

顺丰快递员被打事件何以成为大新闻？

2016年4月17日，在北京市东城区富贵园一小区内，一名骑三轮送货车的顺丰快递员，在派送过程中与一辆黑色京B牌照小轿车发生轻微碰撞。黑色轿车驾驶员下车后连抽快递员耳光，并破口大骂。该视频通过网传，一时被网民热议。在这起快递员被打事件中，顺丰公司的出手进一步推动了舆论的发酵。4月17日晚间，有网友在微博上传了顺丰总裁王卫的朋友圈截图，在截图中，王卫表示："如果这事不追究到底,我不配再做顺丰总裁！"顺丰集团的官方微博在18日对此事回应称："我们的快递小哥大多是二十几岁的孩子，他们不论风雨寒暑穿梭在大街小巷，再苦再累也要做到微笑服务，真心希望发生意外时大家能互相理解，相互尊重。我们已找到这个受委屈的小哥，顺丰会照顾好这个孩子，请大家放心。"随后，顺丰集团官方微博又更新声明，声明提出三点主张：不同意对方调解诉求，对于殴打行为追究刑事责任；今后若发生类似事件，顺丰将依法维权，对员工的合法权益保护到底；服务行业十分辛苦，需要彼此理解和尊重，希望共同维护社会公平正义。

对于顺丰集团的回应以及总裁的表态，绝大多数网友纷纷点赞；也有网友认为这是顺丰借机炒作；甚至有部分网友质疑，向来深藏不露、难见踪影的霸道总裁王卫，是真的发怒了，还是借这个机会营销一把？他们认为，这件事应交给当事双方自行解决，包括顺丰在内的围观者都应尊重双方，是否接受调解要看他们意见。还有网友认为，真正爱护员工在于日常，平日里提高薪水福利，员工们才有底气面对社会上世俗的势利眼。不过也有网友认为快递业利润薄、员工流动性大、凝聚力弱，顺丰即便通过此举凝聚人心，哪怕有炒作之嫌，也无可厚非。还有专业人士从营销层面对此进行评价，认为作为对企业品牌的无形宣传，顺丰此举是十分明智的,不但是给员工安慰,更是从某种意义上代替了社会某种道德尺度发声,收获了公众对顺丰品牌的信任和认可,给顺丰带来了无可估量的营销价值。

顺丰一直是民营快递行业的龙头企业。顺丰官网信息显示,顺丰成立于1993年,截至2015年7月,顺丰已拥有近34万名员工,1.6万台运输车辆,19架自有全货机,遍布中国内地、海外的12 260多个营业网点。目前顺丰正处于上市关键期,据《证券时报》消息,深圳证监局已受理顺丰控股的上市辅导申请。

资料来源:长江网,2016年4月19日;《解放日报》,2016年4月20日。

分析思考:
1. 从策划媒介事件的角度,请你对此次事件进行评价。
2. 从处理员工关系的角度,请你此次事件进行评价。

第四节 赞助活动

赞助是组织资助社会性、公众性事务的活动,组织通过无偿提供人力、物力、财力、资助某一项事业,以取得一定的形象传播效果的公益慈善活动。

一、正确认识赞助活动

(一) 赞助活动的实质

从20世纪70年代开始,随着企业社会责任运动的兴起,理论界开始倡导将企业的经济责任和社会责任融为一体,提出了企业社会责任金字塔模型,将社会责任分依次为四个层次:经济责任、法律责任、伦理责任和慈善责任,企业公民和社会责任意识得到了广泛的认同。慈善责任作为企业承担社会责任的主要方式,得到了越来越多企业的关注。西方一些大的跨国公司成立了企业基金会来专门负责企业慈善事务,并形成了一套完整的企业慈善管理理念和制度，以此来构建企业与社会之间的相互依赖、相互促进关系。

开展赞助活动必须避免两种极端的行为倾向：一种是彻底的功利行为，把赞助当作一种改善企业经营状况的短期工具与手段，或者把赞助活动看成组织简单的宣传行为，刻意追求广告效应；另一种是完全的他利行为，只是把赞助当作是纯粹的积德行善，或者不考虑赞助行为能给企业的经营带来促进与改善，或者把赞助活动视作组织的额外负担而不愿意作为。对于企业来说，虽然企业的性质决定了企业是营利性的社会组织，但通过赞助活动，既可以显示自身的实力，又可以表明作为社会成员的社会责任和义务，从而改善和促进自身的经营。

（二）赞助活动的意义

开展赞助活动的意义，从另一个角度也反映企业赞助行为的动因。赞助活动的动因可以从社会和组织自身两个层面进行分析。

1. 社会层面

对社会而言，通过赞助活动，组织可以响应政府号召与倡议来承担社会责任、解决社会危机，从而为政府分忧解难，为社会造福谋利；可以帮助社会弱势群体，优化社会互动环境，促进社会和谐与发展；还可以改善所在社区的环境，融洽社区关系，取得社区的支持。

2. 组织层面

对组织自身而言，通过赞助活动，组织可以显示实力和精神，赢得社会公众的信任和好感，从而提高组织知名度、美誉度，塑造组织形象和品牌形象；可以激发员工的荣誉感，提高对内部员工的凝聚力和对外部优秀人才的吸引力；还可以在一定程度上促进产品的销售、获得部分免税，获得政府的认同和支持。

二、开展赞助活动的要求

赞助活动应该以创造良好的社会效益和组织自身的传播效益为目标，实现两者的互动发展。在开展赞助活动时要注意以下四个方面的要求。

(一)遵循赞助活动的原则

1. 合法原则

合法原则是赞助活动有效进行的必要前提。赞助活动一般是由组织支付一定的款项或物质给赞助活动的主办单位,活动中组织是出资者、参加者,是赞助行为的主体,为确保活动的顺利开展,组织要认真审查赞助主题、赞助对象以及赞助活动的审批手续。赞助费用的支出应在年度合法预算内,组织要监督赞助方案的实施,以确保费用真实支出,不得以赞助为名行贿。

2. 效益原则

效益原则首先体现为对社会效益的追求,表明组织积极承担社会责任和义务的良好形象;其次要注意对组织传播效益,通过赞助活动,来增进公众,特别是社区和政府对组织的了解、理解、认同和好评。因此,效益原则要求组织在赞助对象的选择上优先考虑社会慈善福利事业、教育文化事业和公共设施的建设。

3. 实力原则

实力原则是指组织在开展赞助活动时要量力而行,必须结合赞助对象的需要和组织自身的承受能力来综合考虑赞助经费的数额。组织在权衡社会需要和自身能力的同时,还要注意选择有效的赞助形式。

4. 持续原则

赞助必须与组织的可持续发展结合起来,和组织的发展战略结合起来。很多跨国公司已经把公益赞助行为提高到了战略的层面,把赞助活动纳入公司的发展战略之中,并制定了每年度或者阶段性的赞助计划。持续原则要求组织应该认识到赞助行为不应该是即兴的、一时的随意行为。公共关系应该帮助组织在各个发展时期和阶段的战略规划中都能确立社会价值和社会效益的指标,根据组织达发展战略制定赞助计划,使赞助资金获得组织的保障,要注意赞助活动的一贯性,寻找出相对稳定的赞助对象和赞助重点,长期开展多方位的赞助。

(二)加强赞助项目的调查论证

组织赞助活动可以自选对象,也可以按被赞助者的请求来确定。但无论赞助谁,赞助形式如何,都应作好深入细致的调查研究。通过调查研究，了解自身的财力从而确定是否实施赞助。在无力赞助的情况下，注意处理好与被赞助者的关系。通过调查研究，确认被赞助的组织、个人或社会活动本身是否具有良好的社会声誉，是否有积极、广泛的社会影响，确认发起方是否具有良好的形象，这是保证赞助活动取得良好的社会效益的条件之一。通过调查研究，掌握相关公益组织的情况。组织开展赞助一般通过公益组织的途径，比如希望工程、中华慈善总会、残联等公益机构，一方面这些公益机构具有公正性，能保证赞助费用的落实；另一方面也可以通过这些公益机构，了解社会需要支持的事业，掌握受助者的情况，帮助组织更好地确定赞助对象。

（三）制定赞助计划

在调查研究的基础上，组织应该制定出具体的赞助计划。赞助计划一般应该包括：赞助的目标、赞助的对象、赞助的形式、赞助的财政预算、赞助的时间安排、为达到赞助效果而确定的赞助主题和传播方式。在确定这些基本问题以后，还要具体拟定赞助的实施方案。下面重点介绍赞助对象和赞助形式的选择。

1. 选择赞助对象

开展赞助活动面临的一个实际问题就是选择赞助对象，可以考虑的赞助对象是多方位的。

（1）体育事业。赞助体育事业的常见形式有：赞助体育经费、赞助体育竞赛活动、设立体育竞赛奖励基金等。

（2）文化事业。赞助文化事业的常见形式有：赞助拍摄影视片、赞助文化机构、赞助文化演出活动、赞助媒体文化栏目、赞助出版事业等。

（3）教育事业。赞助教育事业的可以从多方面考虑：如赞助学校图书馆、实验室和其他教育设施，设立奖学金或者奖教金，捐助希望工程，资助贫困和特殊学生等。

（4）科研和学术活动。赞助科研学术活动的形式主要有：赞助有价值的研发项目，为学术活动提供会议场所和会议经费，设立科学研究基金等。

（5）市政公益活动。赞助市政公共事业的途径有很多，如：捐资建设桥梁、道路、公共交通候车亭、公益性的娱乐休闲活动场所、具有特殊意义的市政项目等。

(6) 社会弱势群体。对社会弱势群体的赞助是社会慈善活动,慈善活动的资助对象往往是社会弱势群体,如:孤寡老人、不健全家庭或贫困家庭的孩子、丧失劳动能力的成年人、生活困难的残疾人士或见义勇为的致残者、烈士遗属、社会灾难性事件的受害者及其遗属等。慈善活动的资助对象要富有道德色彩和社会正义感,要有典型的社会意义。

(7) 突发性和灾难性的事件。这主要是对遭受各种自然灾害或社会危机事故的地区和公众实施的捐助。如对地震、水灾、火灾、瘟疫等受害地区和公众提供物品、器械、技术、资金等的资助。

2. 确定赞助形式

组织开展赞助活动,有两种基本情况,一种是对其他组织的赞助邀请做出响应,组织要考察赞助活动是否合法？发起单位的社会信誉如何？赞助费用如何落实到受益人,等等。另一种是组织主动发起的赞助活动,可用发邀请信或公开募捐两种形式争取赞助。不管哪一种情况,组织都要灵活选择赞助形式。主要的赞助形式有:资金赞助、人力赞助和物品赞助。

(1) 资金赞助。资金赞助是最直接、最简单的方式,也是赞助对象最乐意接受的赞助方式,因为资金货币作为一般等价物,能够自由兑换受益人所需的物品,避免了助非所需的情况。资金赞助除了提供现金货币之外,还有一种方式就是留本冠名基金。留本冠名基金是指组织与慈善基金会合作,认捐一定数额的资金,但捐赠本金仍留在组织内部运作,组织每年提取本金的一定比例(一般为10%)交付给慈善基金会。这种捐赠方式分散了组织一次性现金捐赠的压力,有利于组织充分享受慈善免税的政策。在组织认捐量达到一定标准后,慈善基金会还可根据组织的捐赠意向设立基金名称,以加强组织品牌宣传,提升组织形象。留本冠名基金有利于组织承诺更大的捐赠量,也可提高捐赠资金的使用效率。

(2) 人力赞助。通常人们讲"有钱出钱、有力出力"。"有钱出钱"指的是资金赞助,而"有力出力"则是人力赞助。人力赞助是指派遣员工作为志愿者参与公益事业。组织的志愿者包括一般志愿者和技术志愿者。一般志愿者指的是员工在志愿者行动中贡献出自己的一般技能，这些志愿者服务往往与组织的技术特长无关，组织通过这种志愿者活动可以丰富员工的工作生活、鼓舞员工士气、培养员工感恩之心。技术志愿者是组织为赞助对象提供技术服务，员工在志愿者行动中奉献出自己特有的技能和创造力，这些志愿者服务在运用企业的技术特长解决社会问题的同时也可以为企业创造出新的市场。

(3) 物品赞助。物品赞助是向赞助对象捐赠组织的专业设备和产品。也包括提供赞助对象所急需的非本组织的产品。捐赠专业设备，可以对外充分展示组织的技术实力，可以促进组织与受赠方的合作；捐赠组织的产品，可以加深用户对品牌的体验印象、培养潜在客户，并利用赞助行为开拓新的销售市场，在销售淡季，还可以消化部分产品存货。

(四) 评估赞助效果

赞助活动结束后，应对赞助效果进行评价。一方面要对参加赞助的全过程进行回顾和总结；另一方面，要评估赞助活动对塑造组织形象的影响程度，必要时还要对赞助项目的落实及其实际效益进行评估。对赞助效果的评估是组织赞助行为持续开展的保证。

【案例】

四通集团向未来投资

1992年，中国选手在国际学科奥林匹克竞赛中取得了大满贯的绝好成绩。不久，体育奥林匹克大火大红起来。当舆论界把两个奥林匹克一冷一热的情况对比议论的时候，四通敏感地发现了社会对教育科技的忽略。这一情况促使四通公关部提议独家发起并完成这次集资捐助学科奥赛的活动。

1992年9月1日，四通成立了"为学科奥林匹克智力竞赛捐资委员会"。当天下午，公司举行通报会，把这一决定通报给各界。参加会议的有国家科委、国家教委、中国科协及数学、物理、化学、信息学会的专家和领导，以及参与学科奥林匹克竞赛的各代表队的领队和教练员。捐资委员会9月4日以"四通人"快讯的方式向集团的全体同仁发出了自愿捐资的号召。此通告发出之后,得到全体同仁的热情支持,48小时以后,就收到集团所属企业和个人价值30余万元的捐款。

四通这次捐款的分配方式采用了一个被社会各界称为"非常恰当"的方式:①为4个学科代表队所有的19位选手筹措读大学的助学金,每人每月200元,直到他们大学毕业。②为每个队提供1万元资金以奖励教练员。③为每个队提供2万元培训费。此外,把4套四通386微机及打印机赠送给信息代表队,为培养新的选手提供设备支持。

1992年9月12日,在人民大会堂云南厅隆重举行了四通公司资助中国学科奥林匹克代表队颁奖大会。

四通赞助学科奥赛的活动并不是一时一地的权宜之计,四通捐助学科奥赛的活动基于以下方面的考虑:首先,四通是一个高科技企业,它的创业以及发展绝对离不开掌握高科技、新知识的人才。四通把公益投资向基础教育倾斜,事实上是为自己本身的长远后劲投资。其次,四通不可能脱离中国的时空,而成为超然的地球村民,它的根基扎在中国。如果中国没有一个重教育、重科技的气氛,四通自身的发展也是很艰难的,在这方面四通要带头营造这样的环境。最后,在巴塞罗那奥运会轰轰烈烈的对比下,四通也确实有一种鸣不平之感。这种感觉不仅是四通独有的。四通的举动无疑或多或少地为公众争来了一种新的平衡。

对教育的资助是四通的一贯行为——近几年来,公司每年向一所中学提供办学资金25万元,以改善学校的办学条件;公司是向国家科委和团中央主办的希望工程捐款首家突破100万元的企业。还有北京市连年举办的中小学生计算机程序设计大奖赛,每年9月的教师节,四通都投入了自己的奉献。1992年,四通又向中国的基础教育投入了更高的热情。四通已不满足于集资助教,而是要和教育界一道,把教学成果转化为商品,转化为生产力,把输血变为提高本身的造血机能,成立了一个企、教联营的经济实体——四通教育科技公司。

1992年9月12日,中央电视台在新闻联播中报道了当天在人民大会堂举行的四通公司资助中国学科奥林匹克代表队颁奖的活动。

第二天,首都北京各大报纸纷纷报道了这一消息。从这项活动的内容、参加者的层次以及公众对这一活动的关注来看,它在中国学科奥林匹克史上是空前的。由于四通独家发起并迅速圆满地完成了这次活动,"四通"的名字又一次给公众留下了深刻印象。

资料来源:张岩松等,《公共关系案例精选精析》,经济管理出版社,2003年。

分析思考:

1. 四通选择学科奥林匹克赛作为赞助对象,这主要是基于哪些考虑?

2. 四通赞助学科奥林匹克赛的形式有哪些?把4套四通386微机及打印机赠送给参与学科奥林匹克竞赛的各参赛队,这对公司自身有什么好处?

3. 结合案例说明组织开展赞助活动的一般要求。

第五节 其他专项活动

组织为了与公众增进了解、促进沟通、加深感情、巩固联系、加强合作,要举行一系列具有交际性、礼仪性的活动,如庆典、联谊和宴请等。这些活动是组织内联外交的有效方法。

一、庆典、联谊和宴请活动

(一)庆典活动

庆典活动是组织利用自身或社会环境中有关重大事件、纪念日、节日等所举办的各种仪式、庆祝会和纪念活动的总称,包括节庆活动、纪念活动、典礼仪式等活动。通过庆典,可以渲染气氛,强化组织的影响力;也可以广交朋友,广结良缘;成功的庆典活动还具有较高的新闻价值,从而进一步提高组织的知名度和美誉度。庆典活动的规模大小和繁简程度各不相同,但一般来说,典礼的形式不宜太复杂,时间也不要太长。筹划庆典典礼基本的工作事项有以下六个方面。

1. 确定出席典礼的宾客

宾客应包括政府有关部门负责人、知名人士、社团代表、同行业代表、社区代表、新闻记者等。请柬应提前送达宾客手中。

2. 制订典礼程序

典礼程序一般为:宣布典礼开始、宣读重要来宾名单、致贺词、致答辞、剪彩。

3. 确定致贺词人名单

确定致贺词人时应考虑致贺词人的身份,事先应该与致贺词人进行沟通,征得其同意,并为组织负责人拟写答辞,使贺词和答词相得益彰。

4. 选择剪彩人员

可请来宾中地位较高、有一定声望的知名人士剪彩,或由组织最高领导人与来宾代表共同剪彩。有的时候,请建设功臣、劳动模范或者其他有特殊身份的人士剪彩,能够增加典礼的新闻价值。

5. 安排各项接待事宜

应事先确定签到、接待、剪彩、摄影、录音、扩音等有关服务人员,这些人员要在典礼开始之前到达指定的岗位。

6. 安排必要的活动

有必要的话还可以在典礼仪式结束后安排一些文艺表演助兴,还可以组织来宾参观本组织的设施和产品陈列等,这是让上级、同行和社会公众了解自己、宣传自己的极好机会。

(二)联谊活动

联谊活动是组织与相关公众之间进行的一系列具有文娱性聚会活动的总称。各种形式的联谊活动,既能给人以精神享受,又能加深组织与各类公众的感情。举办联谊会的必备工作和要求与庆典活动的策划基本相似,但具体的注意事项又有所不同。

1. 分析活动的背景

在分析活动背景时,首先要明确活动由头,即为什么举行此次联谊活动,其次是时机选择,联谊会的时机选择与由头相关,一般配合传统节日和专题节日,如:除旧迎新、中秋联谊、青年节、妇女界联欢等,在确定由头以后,要为联谊活动设计一个新颖、独特的主题,主题往往要体现联谊活动的目的。

2. 确定主办和协办单位以及联谊方式

组织作为联谊活动的主办方,要明确具体的承办部门或单位,以他们的名义发出邀请,如果跨部门或跨单位的,要明确协办单位。寻找合作单位协办联谊活动,能够更加能够突现联谊的色彩。不管主办还是协办,都应该选择一个合适的联谊方式。联谊活动方式包括联欢会、文艺演出、舞会、茶话会、电影招待会等,或者是这些方式的综合运用。

3. 安排好联谊节目与时间程序

联谊活动安排节目表演或游戏互动环节的,事先都要进行统筹,联谊会上安排几种表演节目和游戏互动,每一个项目大约进行多长时间事先要一个初步估计,这样不致打乱计划,出现混乱。联谊节目应紧凑,有备用节目,避免冷场现象。

4. 确定邀请对象

确定邀请对象时要考虑邀请的范围、人数,联谊的单位是哪几个,应与本组织最近的活动需要与长期发展需要相联系。出席联谊的组织及人数应有个比例安排。一周前发出请柬,标明时间、地点、参加单位和参加对象。

5. 安排好场地

凡是有节目表演和游戏互动的,要根据需要进行简单的舞美设计、准备相关的设备;整个联谊活动的场地安排应与参加人数相适应,基本上宽舒、略有空余;凡活动场所旁边应竖立厕所指向标牌,以方便来客。

6. 做好主持和接待工作

组织举办的联谊活动,一般没有必要邀请专业主持人或明星主持。联谊活动的主持也不是正规大会的主持,一般请主办部门或协办单位既有一定职务又兼有表现力的人士,事先应该准备好串词;还要安排好接待人员做好接待工作,入口设立导向和指示,门口挂上欢迎的横幅,或立有欢迎的画板或电子显示屏,向前来参加联谊活动的人士表示欢迎;必要的话还应该预备好茶水和点心等,注意参与者之间的平等招待,不应冷落任何单位的代表。

(三)宴请活动

宴请活动是一项十分繁杂的工作,公共关系人员需要熟悉其基本原则,掌握其程序和要求。

1. 明确宴请的由头

宴请的由头,即以什么名义举行宴请活动,举行宴请活动的目的是什么。通常组织宴请活动的由头和目的有:为庆祝节日和纪念日,表彰庆功,答谢合作者的支持,展览会的开幕、闭幕,某项工程的开工、竣工,代表团来访、会议招待等。

2. 确定宴请的形式

宴请应尊重宴请对象的习惯做法。正式、规格高、人数少的宴请以宴会为宜,人数多的自助餐更为适宜。

(1)宴会。宴会为正餐,宴会有正式宴会、便宴之分,按举行的时间,又有午宴、晚宴之分。其隆重程度,出席规格以及菜肴的品种与质量等均有区别。一般来说,晚上举行的宴会较之白天举行的更为隆重。

(2)自助餐。自助餐是一种非正式的招待会,备有食品、酒水、饮料,通常都不排席位。常见的有冷餐会和酒会。自助餐的好处在于餐者可以各取所需、自由交际;主办方用以款待数量较多的来宾,可以节约开支,在大型的商务活动和会议招待中尤为多见。

(3)工作进餐。工作进餐是现代交往中经常采用的一种非正式宴请形式,按用餐时间分为工作早餐、工作午餐、工作晚餐。

3. 宴请的对象和范围

确定邀请对象的主要依据是主客双方的身份,主客身份应当对等;宴请范围一般以"少""适"为宜;宴请范围与规模确定之后,即可草拟具体邀请名单,在草拟具体邀请名单时,要确认被邀请人的姓名、职务、称呼等。

4. 落实宴请的时间和地点

宴请的时间和地点应对主客双方都合适。在外事活动中,应注意避开对方有重大节假日和重点活动的日期,尤其要注意尊重对方的风俗习惯,避免有禁忌的日子和时间。

5. 发出请柬

各种宴请活动均须发出请柬,这既是一种礼貌,也能对客人起提醒、备忘的作用。便宴经约妥后,可发也可不发请柬,工作进餐一般不发请柬。请柬一般提前一周至两周发出,以便被邀请人及早安排。为确切掌握出席情况,往往要求被邀请者答复能否出席。遇到这种情况,最好在请柬发出后,电话询问被邀请者能否出席。

6. 安排席位

正式宴会一般都要排定席位,也可只安排部分客人的席位,其他人只排桌次或自由入席。无论采用哪一种做法,都要在入席前通知每一位出席者,现场还要有人引导。按惯例,桌次高低以离主桌位置远近而定,右高左低。桌数较多时要摆桌次牌。同一桌上,以离主人座位的远近来定席位的高低。席位安排是一门精细微妙的学问。在一些正式的或非正式的宴会上,一些传统的规矩和礼仪仍为人们所遵循:如有贵宾临门,则以其为尊;如客人的身份地位并无特别显赫者,则宴会座次就以年纪最大的人为尊。当然,在日益开放的现代社会中,那种论尊卑、序长幼的传统规矩已不为人们所拘泥。正式宴会一般要摆放座位卡,便宴、家宴可以不放置座位卡,但对客人的座位也要有大致的安排。

7. 掌握宴会过程

东道主的第一个任务就是迎接宾客。主人应该站在近门口处和宾客握手。在所有宾客都接待后,才与贵宾交谈,避免冷落某些客人。宴会开始后,上菜应从主人旁边端上来,菜上好后,由主人请客人品尝、用菜。宴席上,主人应是第一个敬酒的人。敬酒时可依序逐一遍敬全席。主人要善于在席间引导客人愉快地参与交谈,使宴会充满欢乐的气氛。宴席行将结束时,主人应离开自己的本席准备送客。主人离席时,可对尚未离席的客人说"各位慢用"之类的礼貌语。送客时应站在门口与客人——握别。

8. 预算宴请的费用

宴请活动的预算标准最难掌握。预算标准应该根据活动形式和规格来定,在预算的标准范围内进行订菜。选菜不以主人的爱好为准,主要考虑主宾的爱好与禁忌。菜肴道数和份数都要适宜。无论哪一种宴请,事先均应开列菜单,一桌一份,讲究的也可每人一份。

二、会见、会谈和签字仪式

(一)会见、会谈

1. 会见、会谈的性质

(1)会见。会见既可以是礼节性的,也可以是事务性的,或者是兼而有之的。在政治性或外交性的活动中,凡是身份高的人士会见身份低的、或是主人会见客人,一般被称为接见或召见;凡是身份低的人士会见身份高的人士、或是客人会见主人,则被称为拜见。在组织的公务活动中,高级管理者在履行礼仪性的和象征性的义务时,通常会以领导者、联络者或挂名首脑的角色与有关公众代表进行礼节性或事务性的见面,这种见面一般统称为会见。

(2)会谈。会谈是组织的有关方面与相关的公众为协调利益关系而进行的一种专门性的信息交流行为。会谈可以围绕着双方共同关心的问题交换意见。会谈不同于谈判,谈判是以签订协议(或合同)为目的,会谈的内容虽然较为正式,事务性较强,但它不一定以双方订立协议为目的,只是双方的意见的交换。

2. 会见和会谈的组织工作

(1)会见、会谈的提出。会见、会谈的一方首先应该提出会见、会谈的要求,将要求会见人的姓名、职务以及会见什么人、会见的目的告知对方,另一方则应该尽早给予回复,并将时间、地点、出席人员、具体安排及相关事项等通知对方。在会见的提出方面,宾主双方都可以提出会见要求。一般情况是由身份低者拜会身份高者,来访者拜会东道主。来访者在安顿好以后并在正式活动开始前,首先应对接待他的组织或个人(以该人名义发出邀请信的)主动提出拜访东道主,进行礼节性拜访。按照对等礼仪,当日或次日,东道主方应由身份相当的人士回访来访者。

(2) 会见、会谈的安排。会见、会谈安排包括时间、地点、参加人员以及会见会谈涉及的主要议题。会见与会谈的场所不宜安排在领导办公室里,而应该在专门为此目的而设置的地方进行或小型会议室里进行。会见、会谈场所应当宽敞、舒适。要充分考虑场地的物理条件,应该准备必要的设备和接待用品。场所布置的关键是座位安排,一般有下述三种安排。

① 双方相对而坐。通常安排长方形的或椭圆形的桌子,双方人员各自坐在桌子的一边;多边会谈采用圆形或摆成方形。不论什么形式,均以面对正门为上座,主方居背对进门的一侧,客方居面对进门的一侧,主谈人居中(外事活动中,译员一般坐在主谈人旁边),其他人按照礼宾顺序排列。这种排列方法的优点是双方内部成员的相互接近,容易产生安全感和实力感,便于查阅一些不便让对方知道的资料,便于双方内部人员交换意见。这种座位安排是最为常见的安排,但它的明显缺点是容易造成双方的对立感和冲突感,气氛可能不够融洽。

② 随意就座。这种排位法就是不安排固定的座位,双方人员交叉在一起就座。这种方法能够减少对立感,有利于形成一种轻松、合作、友好的气氛。如果在己方有充分的准备而对方事前没有心理准备的情况下,这种安排会使对方产生人员被分割、包围和孤立的感觉。对于双方来说,这种排位法的缺点是不利于双方主谈人员对各自人员言行的控制,内部人员之间的信息交流比较困难。

③ 不设桌,也不入座。对于有着长期合作关系的双方来说,或者双方只是就简单问题进行惯例性商讨的话,不妨采用这种排位法,在这样的情况下,专门的场所安排有时也显得没有必要。

(二) 签字仪式

签字仪式是组织与对方组织经过会谈、协商形成了某项协议或协定,再相互签署并交换正式文本的仪式。签字仪式是谈判成功的一个标志,应精心筹备。

1. 签字仪式的准备

（1）协议文本的准备。安排签字仪式，首先要做好协议文本的准备。负责为签字仪式提供待签合同文本的主方，应会同有关各方一道指定专人，共同负责合同的定稿、校对、印刷、装订、盖火漆印工作。按常规，应为在合同上正式签字的有关各方，均提供一份待签的合同文本。必要时，还可再向各方提供一份副本。

（2）场地选择和布置。场地的选择应该根据协议内容的重要程度来确定，一般选择客人下榻宾馆酒店的会议厅，或东道主的会客厅、会议室。签字厅内通常设置长方形、椭圆形桌子作为签字桌。桌面上覆盖深绿色的台呢。桌后放两把椅子，面对正门，主左客右作为双方签字人的座位。参加签字仪式的人员则按主宾各一方并依身份顺序分别站在签字人的座位后面。桌上摆放签字人姓名牌和各方保存的文本，文本前方分别放置签字用的用具，如果是涉外活动的签字仪式，应在桌中央摆一旗架，悬挂签字双方的小国旗。

（3）人员安排。这里的人员包括签字人员和参加签字仪式的人员，签字人由签字双方各自确定，但是签字人员的身份必须与协议内容的重要程度相符，同时双方签字的身份和职位应当大体对等。参加签字仪式各方人员的人数也应该大体相当。如一方要求某些未参加会谈的人员出席，另一方应予同意。为了表示对所签订协议的重视，往往有更高或更多的领导人出席签字仪式，但此时就不应机械地坚持"对等、相当"的要求。

（4）坐席安排。要安排好双方签字人的位置：东道方签字人座位位于签字桌左侧，客方签字人的座位位于签字桌的右侧。双方的助签人员分别站立于各方签字的外侧，双方其他参加签字仪式的人员则应分别按一定的顺序排列于各方签字人员之后。

（5）签字物品的准备。要准备好签字用的物品，签字笔、吸墨器、公章、印泥等。

2. 签字仪式的程序

（1）仪式开始。双方参加签字仪式的人员步入签字厅。签字人入座。双方的助签人员分别站立于签字人员的外侧，协助翻揭文本及指明签字处。其他人员分主方、客方按身份顺序站立于后排,客方人员按身份由高到低从中向右边排,主方人员按身份高低由中向左边排,如果出席人员多的话,可以按照以上顺序并遵照"前高后低"的惯例,分行排列。

(2)签署协议文本。通常的作法是先签署己方保存的合同文本,再接着签署他方保存的合同文本,然后由助签人交他方签字人签字。

(3)正式交换签字文本。签字人正式交换已经有关各方正式签署的协议文本。各方签字人应该热烈握手,互致祝贺,全场人员鼓掌响应,表示祝贺。

(4)庆贺。如果是重大协议的签字仪式,在签订完毕后可以由工作人员送上香槟酒,出席签字仪式的双方人员共同举杯庆贺,最后合影留念。

签字仪式虽然时间简短,但它是一种比较隆重的活动,礼仪规范也比较严格。

1. 会议组织工作包括哪些基本程序和内容?
2. 如何理解媒介事件?策划媒介事件的原则要求和方法技巧有哪些?
3. 如何理解赞助活动的实质和意义?组织开展赞助活动应该遵循的原则有哪些?具体的要求是什么?
4. 组织作为参展方,参展的主要工作和注意事项有哪些?
5. 如何界定危机事件?危机管理必须遵循的原则有哪些?危机管理的基本环节和要求有哪些?在危机处理中,如何识别和分析危机管理中的公众对象?对于不同的公众对象,组织公共关系的策略是什么?

1. 请收集若干危机事件的实例,比较一下在危机爆发后,涉事组织的基本反应有何异同?

2. 请为组织模拟举行一次新闻发布会。

第七章 公共关系活动项目的运作

现代公共关系活动具有专业化、职业化的特征,专业化和职业化的一个主要标志是公共关系运作进入程序化、系统化和完善化的发展阶段。作为一个完整的过程,公共关系项目活动的运作体现了现代管理的基本环节,这也反映了公共关系活动是组织管理的一部分,是组织管理系统中的一个子系统。弗兰克·杰夫金斯提出了六要素模型:这六要素是评价现状、确定目标、确定公众、选择媒介、进行预算、估价结果。约翰·马斯顿提出了 RACE 模型,R,research,即调研;A,action,即策划;C,communication,即传播;E,evaluation,即评价。希拉·克拉夫·克里弗斯提出了 ROSIE 模型,R,research(调研);O,objective(目标);S,strategy(策略);I,implementing(执行);E,evaluation(评价)。所有这些研究,都揭示了公共关系的运作需要通过制定清晰的目标、按照既定的策略来安排以及执行预定的计划。卡特李普和森特提出的公共关系四部工作法,即调研—计划—实施—评估,这个模型对公共关系活动项目的运作过程的揭示,既精准又简约。这四个阶段或者步骤相互衔接体现了公共关系运作的计划性、系统性和动态性的特点。

第一节 公共关系调研

从狭义上说,公共关系调研是为了解决组织公共关系问题而进行的信息收集与研究工作。从广义上来说,公共关系调研是指收集组织运行过程中所需的各种信息并进行分析研究,以便为组织决策提供咨询。公共关系调研是组织卓有成效地开展公共关系活动的基础,公共关系调研是开展公共关系活动项目的首要环节,通过公共关系调研可以反映公众意见、希望和要求,同时也可以借以向公众介绍组织情况,使公众进一步了解组织,从而实现组织与公众之间的双向沟通;通过公共关系调研,还可以有助于组织及时把握公众舆论态势,帮助组织预测未来,为组织的公共关系决策提供依据。

一、调查研究的基本原则和要求

任何调查都是以研究为目的的。公共关系调研有两个主要功能:一是收集资料,反馈信息,客观真实地反映组织的公共关系状态;二是分析资料,透过现象看本质,从而揭示组织公共关系状态的发展趋势,并据此提出组织公共关系的策略、方法和措施。进行调查研究,在方法论上必须注意以下原则和要求。

(一)公共关系调研的基本原则

1. 全面性原则

调查研究的对象是人,或者说处于某种事件中的人。由于他们带有各自不同的社会背景,其态度和行为也会不尽相同。调查研究并不是要把握他们中的个别成员的态度和行为特征,而是总体现象的全面情况。因此,全面性原则要求根据大数定律,调查应做到大量观察,必须使观察的量所代表的样本与总体数所表现出来的平均值接近。为了在更大程度上符合"全面性原则",还有必要着重选取某些典型作重点调查。

2. 代表性原则

由于调查对象在数量上是巨大的,在分布上又是广泛的,因此,调查只能采取从总体上抽取样本的方法来进行。样本的代表性对反映总体全面情况的质量至关重要。必须使每个个体都应该得到均等抽取、随机抽取的机会。

3. 客观性原则

调查在进行中不仅面临着调查对象的问题,同时由于调查课题不可能靠少数几个人单独完成,这就容易受到众多调查人员的自身干扰,比如调查人员的理解能力、对调查课题的熟悉程度、责任心等都会影响调查结果。因此,调查实务操作必须要有一个统一的标准尺度,要有自身相对的独立性,以保证客观。在问卷设计中,对每一个问题、每一个概念都要进行具体的、确切的含义规定。客观性原则还要求在同等条件下重复测量能获得相同的结果,这就可以排除因地、因时、因人而异的误差对调查结论的影响。

4. 定量化原则

对客观事物从定性分析进入到定量分析,标志着人的认识从笼统、模糊的低级阶段走向了精确、清晰的高级阶段。定量化原则要求调查过程中运用数学也就是运用定量方法来分析和显示认识结果。在调查中,定量化原则包含着这样几层意思:运用统计学的原理对调查作规划;运用某种数学模型来搜集和分析调查资料;用数学关系显示和表达调查的结论。如果说客观性原则旨在防止调查出现误差的话,那么,定量化原则就是防止出现误差的强有力的措施。

(二)公共关系调研的基本要求

调查研究除了要遵循上述基本原则外,还应该注意以下三方面的具体要求。

1. 要有明确的目的

目的是进行调查研究活动的内在动机,也是调查研究者进行调查研究活动的内在尺度。调查活动的程序、方法、手段都要以可能实现目的的程度为依据进行选择。同时也要以其可能完成目的的程度来评价。明确调查研究的目的直接关系到调查研究的效用。

2. 要有科学的态度

科学的态度,也就是实事求是的态度。调查研究的过程就是从客观实际情况出发,探求事物内在规律的过程。所谓实际,存在着个人经验的实际和客观存在的实际的区别。从实际出发,要注意避免从个人经验的实际代替客观实际的错误。客观、科学的态度要求调查者在调查研究过程中有广阔的视野,不从个人片面的感性认识出发,不从主观想象出发,不从一知半解出发,不从道听途说出发。

3. 要善于对待社会制约问题

调查研究从课题的选择与确定,理论观点的运用,调查工作的实施,调查成果的评价以及经费来源等,无一不受到社会需要、社会规范、社会心理以及经济水平和有关制度的影响和制约。开展调查研究活动时,要充分发挥社会环境和社会条件的积极方面的作用,避免或减少社会制约的消极方面的影响。

二、调查研究的基本程序

公共关系调查研究的一般进程包括准备、实施、分析和总结四个阶段。

(一)准备阶段

准备阶段的工作是明确调查动机、调查课题、调查范围,制订调查方案。

1. 调查动机

公共关系调查课题的确定要根据实际需要、围绕问题展开。公共关系调研分为常规调研和专题调研两种。常规调研往往是制度化的工作,包括日常性的信息收集、分析、研究、归档等工作。专题调研是根据组织运作中出现的某一问题而展开的。相比较常规调研而言,专题调研需要按照调查研究的基本程序进行。对公共关系活动项目的调研属于专题调研。

2. 调查课题

调查课题的确定就是确定调查的宗旨,即围绕什么问题而展开调查。要掌握问题发生或事件的全面情况,了解问题(或事件)对相关公众和组织自身的影响程度。因此,课题的内涵是根据问题和事件的内涵而确定的。

3. 调查范围

在确定调查课题的基础上,要确定调查的范围,主要是确定调查对象的范围。在专题性调查中,调查范围也往往是以问题发生的范围或事件影响的范围作为依据的。

4. 调查方案

在确定调查课题和范围之后,就要着手调查方案的设计与编制。一个完整的调查方案应该包括下列内容:调查的目的及意义、调查的内容及要求、调查对象、调查方式方法的选择、调查时间与步骤安排、调查的组织与领导、调查的工作制度和规范、调查人员的选定、经费和必要的物质保证等。在制订调查方案时应该注意以下两个基本问题。

(1) 可行性。可行性所解决的是课题的可能性问题,即课题能不能做,主要指的是调查者是否具备进行或完成某一调查课题的主、客观条件。主观限制是指调查者自身条件方面的限制,包括调查者在生活经历、知识结构、研究经验、组织能力、操作技术等方面的限制,甚至还包括调查者的性别、年龄、语言、体力等生理因素方面的限制;客观限制是指进行一项调查课题时受到的外在环境或条件的限制,如调查时间不够、有关资料不能取得,所涉及的对象、单位和部门不能给予必要的支持和合作等。所有这些,都是导致一项调查课题无法进行的客观障碍。因此,选择调查课题必须把可行性这条标准放到非常重要的地位。

(2) 合适性。合适性要求有关课题的最佳性问题,即调查者对于调查课题相关的社会生活领域的熟悉程度、调查者与所调查对象之间的相似性程度,以及调查者所具有的各种资源、条件与该课题的要求相符合的程度,等等。

(二) 实施阶段

实施阶段是按照调查方案和计划所规定的方法进行资料收集工作。实施的步骤与计划中所选用的方法有关。在具体实施时,应注意根据实际情况的变化以及调查对象的反应作灵活的处理。实施阶段是整个调查研究过程中最重要的阶段,它的任务是具体贯彻调查设计中所确定的思路和策略,按照调查设计中所确定的方式、方法和技术收集有关资料。在这个阶段,调查者往往要深入实地,接触被调查者。

实施阶段关系到所获取的资料的客观性和准确性,资料的客观性、准确性是一项调查研究成功的基本保证。为了能按照调查设计的内容和要求系统、客观、准确地获取材料,在实施阶段应注意下述问题:第一,获得被调查的地区、单位与个人的支持与协助;第二,熟悉调查课题和被调查者;第三,采取适当、有效的调查方式和方法。

(三) 分析阶段

分析阶段的主要任务是在全面占有调查资料的基础上,对资料进行系统的整理、分类、统计和分析。

资料的整理、分类是对资料进行检查、核对、归类,即去粗取精、去伪存真,将大量的原始资料简化、系统化、条理化,使之适宜于进一步分析。对资料的统计分析,要采取层层深入、具体分析的方式,由此及彼、由表及里,然后从事物的相互联系中入手进行综合、抽象和理论分析,从整体上把握现象的本质特征和必然联系,找出事物发展的趋势和一般规律。

分析阶段是从感性认识到理性认识飞跃的阶段,它不仅能为解答实际问题,找出问题的症结提供充分必要的事实依据,而且能为组织公共关系政策的制定提供理论认识和客观依据。

(四) 总结阶段

总结阶段的主要任务是写出调查报告,说明调查结果或研究结论。调查报告是一种以文字和图表将整个调查工作所得到的结果系统地、集中地、规范地反映出来的形式。它是调查成果的集中体现。而撰写调查报告也可以说是对整个调查工作进行全面的总结。从调查的目的、方式,到资料的收集、分析方法,到调查得出的结论、调查成果的质量,都要在调查报告中进行总结和反映。

三、公共关系调研的内容

(一) 常规调研

常规调研是指在日常工作中,对于涉及组织业务、组织形象和组织环境等方面的信息进行收集和处理。在日常信息管理中涉及的信息是大量的,甚至可以说是无所不包的。但这并不等于说常规调研是没有重点的。常规调研重点要处理的信息内容有以下两方面主要内容。

1. 与组织直接相关的信息

与组织直接相关的信息主要包括与组织专门业务直接相关的信息

和与组织形象相关的信息。前者如：如组织产品的信息——公众对组织产品的质量、性能、品种、款式、价格、包装等方面的看法和建议；竞争者的反应和动态；合作者的态度和动态；与组织业务相关的政策、技术动态等。后者涉及公众对组织形象各个要素的评价，包括公众对组织的整体看法，如机构的设置、运作、办事效率、管理水平、经营方针、发展目标等；公众对组织人员的评价，如相关人员的基本素质、工作能力、工作作风等；公众对组织的服务水平的评价，如服务质量、服务内容、服务形式、服务技术、服务设施、服务范围、服务的实效、服务的态度、服务的信用等。

2. 组织环境中的各种信息

组织环境信息主要是指外部环境信息。包括一般外部环境信息和特定外部环境信息。前者包括社会人口、文化、经济、政治、法律、技术，等等；后者包括供应商、顾客、竞争者、政府、相关社团等。组织外部环境对组织发挥着或是直接、迅速的，或是间接、深远的影响。通过对环境信息的收集和分析，来把握组织环境的变化动态，以使组织充分利用环境中的有利因素——使之成为组织的发展机会，避免环境中的不利因素——以使组织避免风险。

（二）项目调研

公共关系活动项目的调查研究是围绕着组织开展专项公共关系活动的必要性和可行性条件进行调查论证。必要性研究主要根据组织的发展需要，对公共关系活动项目的背景、活动所要解决的问题、活动项目的目的和意义、活动项目预期的结果等，通过各种分析手段，进行预先的论证分析。可行性研究主要是对活动项目实施的条件是否具备，活动项目的可执行性等进行调查研究。

1. 开展公共关系活动的主体条件

对主体条件的调研是对组织内部环境的调研，即关于公共关系活动的人力、财力等资源条件进行调研。人力分析包括：组织人员的专业专长和水平、项目活动策划的经验和能力，是否委托专业的公共关系公司，需要的话必须对公共关系公司的专业资质、履约情况、收费标准等进行综合的调查和甄选；财力分析，是对活动项目所需要的资金和组织所能投入的资金进行估算。财力分析是一种投入产出的分析,要着重论证活动项目的资金投入和可能取得的效益有多少,等等。

2. 开展公共关系活动的外部环境

对外部环境的调研是对公共关系主体的决策和行为构成直接和间接影响的外部因素进行调研,比如公众对象、舆论状态、市场环境、媒体议题、社会传统文化背景、社会动态等。其主要内容概括起来有三个方面:一是政策环境调研,这主要指的是同组织的各种活动,特别是同公共关系问题有关的法律法规和政府政策等;二是对同行其他组织特别是主要竞争对手情况的调研,他们的历史和工作现状,他们开展了哪些有特色的公共关系活动,创造了哪些好的方法和经验,开发了哪些公共关系活动的新技术和新技巧等;三是社会问题调研,社会经济的、政治的、社会思潮和社会事件、流行与时尚等,所有这些问题不仅会影响公众的意见,影响公众对某些需求的变化,还会影响到组织公共关系项目的开展。

项目调研要根据不同的调查任务来确定具体的调查内容。比如,对于危机的调查,就应该重点针对危机事件的原因、事件的影响程度以及公众的反应来展开。

【案例】

苏泊尔的危机公关调查

浙江苏泊尔炊具股份有限公司是中国炊具行业的领军者。苏泊尔牌不粘锅是国家免检产品。销量居国内第一,在全球有5 000万左右的家庭使用苏泊尔炊具。苏泊尔不粘锅以及其他大量不粘锅企业都采用了美国杜邦提供的特富龙不粘涂料。

2004年7月11日,美国杜邦公司特富龙危机事件发生后,苏泊尔占有主导地位的国内不粘锅市场遭受到毁灭性的打击,销量下降到不足原来的10%。而就在此时,有消费者对苏泊尔生产的不粘锅提起诉讼,引发了北京消费者起诉杜邦锅事件。11月2日又有媒体报道称:不粘锅不能用于酸性食物,再次掀起了对不粘锅的质疑浪潮。

为此,苏泊尔公司通过媒体监测、与经销商沟通、走访市场等多条途径,对面临的状况进行了全面而周密的调查研究。第一,事实真相调查。不粘锅到底有没有毒?这是开展整个危机公关的前提。经过对媒体报道来源以及权威机构的求证,调查小组最终确信:并无直接证据证明不粘锅本身有毒性及危险,相关报道是误会与群体性信息放大的综合作用结果。第二,媒体的监测与分析。调查小组收集了16个重点城市73家报纸媒体、32家网络媒体以及包括中央电视台、中国国际广播电台和上海人民广播电台在内的共202条新闻报道(含转载),得出以下调查结论:报道价值取向相对简单,95%以上的报道为负面内容,多以"致癌、有害、有毒、损害健康"等表面化词语组成,但对背后的深层机理分析几乎没有,其实并无过硬的真实证据。而从其爆发性而言,媒体危机来势凶猛,仅仅在一周的时间,便从单一的报道转向多方位的立体报道,中间预热间隔仅仅2天。但是,大量报道造成的负面影响难以估量,在消费者心目中不粘锅几乎成了"有害健康"的代名词。第三,市场和消费者的调查。在对市场和消费者的调查中发现,消费者接受大量负面报道之后已经产生了对不粘锅毒性的强烈认知。仅苏泊尔全国不粘类炊具产品的销售量与去年同期相比就下滑77.33%。全国各地的炊具行业经销商和零售商,也因这一突发事件遭到了不同程度的经济损失,苏泊尔炊具的企业形象、品牌形象受到了严重损害。第四,行业机构调查。通过对相关行业机构和厂商的调查发现,相关行业机构对于突然来袭的危机准备不足,正处于调研和评估阶段;行业中的其他一些厂商也蒙受了巨大损失,普遍产生了悲观情绪,甚至一些厂商已经开始考虑转产等相关出路。行业力量处于分散状态,并没有能够形成解决危机的合力。

在调查研究的基础上,苏泊尔公司危机公关项目组与行业企业、市场、媒体等方面的力量紧密配合、坦诚沟通。11月18日,在苏泊尔的推动下,中国五金制品行业协会在京召开"不粘锅行业质量诚信"发布会,对外宣布了特富龙无毒的检测结果,倡导消费者放心使用含有特富龙涂层的不粘锅产品。苏泊尔在会议上代表行业发表"质量宣言书",向消费者郑重承诺三项措施,全心维护消费者权益,营造行业服务新风。随后,北京消费者起诉杜邦锅的诉讼也由苏泊尔胜诉。

从2004年7月爆发到2005年1月圆满解决,苏泊尔的危机公关历经半年之久,涉及全国各省、市、自治区。整个危机演变,从杜邦特富龙危机到苏泊尔不粘锅危机,更进一步到消费者状告苏泊尔不粘锅危机,中间又有不粘锅不能烹调酸性食物的传言及苏泊尔上市面临股价下跌……苏泊尔乃至整个不粘锅行业面临了连环危机的强大压力。通过有效的危机公关实践,苏泊尔在拯救自己的同时甚至拯救了整个行业。

资料来源:中国国际公共关系协会,《最佳公共关系案例》,清华大学出版社,2005年。

分析思考:

1. 调查研究在公共关系活动项目的中发挥的作用是什么?
2. 苏泊尔公司开展公共关系调研的重点是什么?为什么?

四、公共关系调研的常用方法

公共关系在开展调查研究时,可以遵循社会调查的一般原理和普遍方法,根据调查任务和内容选择有针对性的调查方法。常用的公共关系调研方法有以下七种。

(一)文献研究法

文献研究是通过收集、分析、整理现成文献资料的调查研究方法。文献研究是组织获取第二手资料的一种调查研究方法,运用这种方法进行文献资料收集和可行性论证,对于了解某些历史性的问题是非常行之有效的。文献资料优点在于利用现成的资料,节省人力、物力和财力。由于文献资料毕竟不是第一手资料,因此,对材料的来源、背景必须要作一番验证,以增强资料分析结果的可信程度。在阅读文献资料时,对文献叙述的事实和作者对事实的解释及分析要予以区分,对作者的解释、分析部分应作仔细推敲。如果在阅读中发现矛盾,则应该用其他资料进行对照比较,或寻找原始资料进行验证。总之,在资料分析时,要力求做到去伪存真,获得可靠的材料。资料经过阅读、收集、摘编后,也需要最后归类整理,写出调查研究结果,以供组织决策层或管理层参考。在撰写资料分析报告时,应说明调查目的,也应有调查者的分析研究结果。为了更清晰明了地表明分析结果,也可以用图表来解释和分析资料。

移动互联时代迅速扩大了第二手资料的来源,为人们提供了丰富的信息资源,如同行公司的网站、销售同类产品的网站、某个主题的网址、文章或书名的清单、电子杂志以及已经出版的图书等。

(二) 网络调研法

网络调研是指借助互联网和相应软件技术进行的调研。网络调研法可以克服传统调研样本采集困难、调研费用昂贵、调研周期过长、调研环节监控滞后等一系列问题。比较普遍运用有下列两种。

1. 在线询问

在线询问是通过Java(计算机编程语言)编写的网站应用程序,随机选择访问者,并弹出问卷窗口,邀请其参加调查。调查者可以直接将被调查者回答的数据输入计算机,消除从询问表到输入计算机的工作量和误差。

2. 电子邮件和来客登记簿

电子邮件和来客登记簿是在互联网上企业与被访问者交流的重要工具和手段。电子邮件可以附有HTML(超文本标记语言)表单,被访问者可在表单界面上点击相关主题并且填写附有收件人电子邮件地址的有关信息,然后发回给企业。来客登记簿是让访问者填写并发回给企业的表单。通过电子邮件和来客登记簿,不仅可使访问者了解企业情况,而且也可以帮助企业获得相关的市场地址,对访问者回复的信息进行分类统计,了解被访问者地域分布范围等信息。

互联网的普及和发展,为组织开展大规模的网络调查提供了可能。相对传统的调研方法,网络调研具有以下优势:一是广泛性,由于因特网是没有时空、地域限制,网络调研的信息收集具有广泛性的特点。二是及时性,从访问者输入信息到企业的接收,利用计算机软件整理资料,马上可以得出调研的结果。三是公众的共享性,网络调研可以拉近组织与公众之间的距离,加强了公众的参与感,提高满意度,实现了信息的全面共享。四是经济性,网络调研具有低成本的特点,大大降低了组织的人力和物力耗费,缩减调研成本,通过网络的信息监控,还可以获得比传统调研方法更详细的对象资料。

网络调研法需要拥有能熟练地运用网络技术、调研实践经验丰富的专业人员;网络调查法同时存在着网络安全性问题;此外还存在无限制样本(即同一个人重复填写问题)的困扰,进而影响调研结果的精确性。

(三) SWOT 分析法

SWOT 分析法又称为态势分析法,是一种常用的内外环境综合分析技术,S(strengths),代表优势,是组织具有的能力或做得好的方面;W(weaknesses),代表劣势,是指组织某种缺少或做得不好的方面,是致使组织处于劣势的条件;O(opportunities),代表机会,是有利于组织盈利能力和市场发展的因素,组织应当确认每一个机会,评价每一个机会的成长前景,选取那些可与组织资源匹配、使组织获得的竞争优势的潜力最大的最佳机会;T(threats),代表威胁,是对组织盈利能力和市场地位构成威胁的因素。组织应当及时确认危及未来利益的威胁,作出评价并采取相应的战略行动来抵消或减轻它们所产生的影响。

运用 SWOT 分析法可以对组织开展公共关系项目的主体条件和客观环境进行分析论证,然后画出 SWOT 分析矩阵图(图 7-1)。对组织的优势、劣势、机会和威胁加以综合评估与分析,清晰地确定组织公共关系活动项目的资源优势和缺陷,了解所面临的机会和挑战,在战略与战术两个层面进行公共关系策略调整。

在运用 SWOT 方法时,首先要通过其他各种调查方法,分析组织开展公共关系活动的各种环境因素,在 SWOT 分析的基础上将调查分析得出的各种因素根据轻重缓急进行排序,构造 SWOT 矩阵:运用系统分析的方法,将排列与考虑的各种环境因素相互匹配起来加以组合,得出一系列可选择对策。

优势	机会
劣势	威胁

图 7-1　SWOT 分析矩阵图

【案例】

中粮长城南王山谷酒庄规划揭标仪式

长城葡萄酒品牌隶属于全球 500 强之一的中粮集团旗下的中粮酒业,2003 年华夏长城、沙城长城和烟台长城全面整合后,构筑成了中国葡萄酒行业的航母,长城葡萄酒成为中国葡萄酒市场产销量第一的品牌。2004 年是中国葡萄酒市场的热点年,国内知名白酒厂家纷纷进军葡萄酒市场。随着关税的降低,国外品牌也大举进军中国市场。国内葡萄酒市场的份额之争愈演愈烈,各种年份酒、酒庄酒的宣传铺天盖地。在此背景下,长城葡萄酒依托已经拥有的自有葡萄庄园和蓬莱发达的旅游资源优势,正式启动烟台长城南王山谷酒庄建设计划,以期进一步提升中粮集团长城葡萄酒的品牌形象,推动长城葡萄酒品牌及中国葡萄酒行业的可持续发展。2004 年 7 月 26 日,中粮集团在山东烟台举办了长城葡萄酒南王山谷酒庄揭标仪式,并邀请了全国 70 余家媒体出席新闻发布会。在项目策划前期,公司运用 SWOT 分析方法对项目的主体条件和客观环境进行分析并得出以下结论。

优势:整合后强势的葡萄酒品牌;世界 500 强——中粮集团的强大后盾;良好的媒介关系和网络,各方面资源的大力支持。

劣势:"揭标"话题本身事件新闻性较弱,不足以吸引记者的高度关注;异地新闻操作,给实施和新闻落地带来一定难度;92 事件埋下的阴霾(注:92 事件是舆论对华夏长城 1992 年份酒是否是

1992 年葡萄酿造的并由此引发的葡萄酒年代鉴别的风波)。

机会:市场上单一的酒庄话题宣传,为本次活动多方位报道提供了传播空间;之前市场上曾经进行的酒庄宣传,为长城的宣传打下舆论基础。

挑战:酒庄话题已经被张裕等葡萄酒品牌进行过一轮炒作,需要新鲜论调;酒庄是中国的新兴事物,没有历史和根基,避免负面新闻,是需要项目重视的事情。

分析结论:烟台长城南王山谷葡萄酒庄的建设,正值葡萄酒市场竞争日趋激烈、国内葡萄酒品牌急需提升之时,这对烟台长城乃至整个长城品牌及时调整产品结构、提升品牌价值、应对新一轮竞争,无疑是一个很好的切入点和绝佳时机。只有航母级的酒庄才有储备优势,中粮集团希望把南王山谷和其他长城品牌旗下的酒庄都做成国内各方面均最具规模的标杆酒庄,通过长城的榜样力量为国内酒庄标准化做出自己的贡献。

资料来源:中国国际公共关系协会,《最佳公共关系案例》,清华大学出版社,2005 年。

分析思考:

1. 中粮长城是如何对南王山谷酒庄规划进行调查论证的?
2. 请查阅文献,了解 SWTO 方法在公共关系活动项目调查中的具体运用。

(四) 媒体研究法

从公共关系的角度来讲,媒体研究主要包括媒体环境分析、媒体机构分析和媒介分析。

1. 媒体环境分析

媒体环境分析就是对目标传播区域的媒体进行系统的研究分析,从而发现和选择最有利用价值的媒体,并据此制定媒体的运用策略。研究一个区域的媒体环境,应该从一个区域的基本概况开始,研究该地区的人口、经济和消费者状况,再结合该区域媒体状况,把所有可能的利用的媒体罗列出来,找出重点媒体,然后,有针对性对媒体的优缺点进行分析归纳。

媒体环境分析可以采用专项调查、搜集二手数据等方法。例如,对目标公众接受媒体的习惯,可以委托专业市场调查公司进行专项调查,还可以直接参考新生代市场监测机构每年二次的CMMS报告。CMMS(China Marketing & Media Study,即中国市场与媒体研究)是新生代市场监测机构在中国内地进行的关于居民媒体接触习惯和产品/品牌消费习惯的年度连续调查和研究。

2. 媒体机构分析

媒体是通常讲的媒体机构,媒体机构主要侧重于对于传媒机构的性质、资信、工作时间、工作规律、工作分工状况等的分析。

3. 媒介分析

媒介是专业化的信息载体,是媒体机构的工作产品,如报社的报纸、电视台的频道、栏目等。媒介分析的内容是多方面的,主要包括以下五个方面。

(1) 媒介的资信。这主要是对媒介本身作为信息载体在社会上的层次性、重要性、影响性和权威性等方面的分析。主要的指标有媒介的级别、发行量、发行范围、收视率、覆盖面或影响范围等。

(2) 媒介的报道动态。这主要是对于大众传播媒介近期内的议题设置、报道动态的分析研究,以便于组织寻找有价值的由头策划传播活动,制造新闻事件。

(3) 媒介的立场。这主要是对媒介对于组织活动的基本立场、态度、关注程度和介入程度的分析,以便于组织有针对性地确定组织的媒介策略。

(4) 媒介对于组织活动报道的质量。从量上来分析,主要是统计报道的总次数(以年度见报次数和上镜次数计算)、报刊报道的篇幅(以字数计算)、广播电视的报道时数(以分钟或秒计算)、参与报道的媒介的种类和数量等。从质方面来分析,主要是分析参与报道的媒介的层次级别、报道安排的版面和时段、是重点报道还是一般报道、正面报道还是批评报道等。

(5) 社会舆论的反响程度。这主要是分析报道的舆论反响程度,如社会公众的注意程度,因报道引起的来电、来信和来访情况、政府和各个方面的反应,后续报道情况、被其他媒体转载(播)的情况等。通过社会舆论的反响程度,可以分析报道的影响效果。

(五)问卷调查法

问卷调查法是常用的民意调查或舆论调查的方法,通过对大量样本的问卷调查来精确反映舆论或一般民意动向。问卷调查法主要步骤是:确定调查课题;确定调查对象和抽样方案;设计问卷;发放和回收问卷;对调查资料进行统计分析。问卷一般有纸制文本和电子文档两种。纸制问卷调查可以采用邮寄、直接询问等方式来进行。问卷调查法既适用范围广,又有利于定量统计分析。电子文档是通过 E-mail 发放问卷方式,按已选好的 E-mail 地址发出。被访问者回答完毕将问卷回复给调研者,有专门的程序进行问卷准备,列制 E-mail 地址和收集数据。问卷设计要特别注意以下问题。

1. 问卷基本结构

问卷的结构包括以下四个要件。

(1)封面信。封面信是一封给被调查者的短信。在封面信中,首先要说明调查者的身份(调查者的身份也可以通过落款来说明);其次要说明调查的大致内容和进行这项调查的目的(通常用一句话指出其内容范围);最后要说明调查对象的选取方法和对调查结果保密的措施。另外,在封面信的结尾处,一定要真诚地感谢被调查者的合作与帮助等。

(2)指导语。指导语是用来指导被调查者填写问卷的一组说明。有些指导语集中在封面信之后,并标明"填写说明"的标题,其作用是对填写表的方法、要求、注意事项等作一个总的说明。

(3)问题和答案。问题和答案是问卷的主体。问题从形式上看,可以分为开放式问题和封闭式问题两类。开放式问题就是不为回答者提供具体答案,而由回答者自由填写的问题。封闭式问题就是在提出问题的同时还给出若干个答案,要求被调查者选择一个作为答案;问题从内容上看,可以分为有关行为的问题、有关态度的问题和有关个人背景资料的问题等。

（4）编码及其他资料。在较大规模的统计调查中，研究者常常采用以封闭式问题为主的问卷，为了将被调查者的回答转换成数字，以便输入计算机进行处理和定量分析，往往需要对回答结果进行编码。所谓编码，就是赋予每一个问题及其答案一个数字作为它的代码。编码的工作既可以在问卷设计时就进行编码，也可以等调查完成后再进行编码。在实际调查中，研究者大多数采用预编码。因此，预编码也就成了问卷中的一个部分，一般放在问卷每一页的最右边，有时还可以用一条纵线将它与问题及答案部分分开。除了编码以外，有些采访问卷还需要在封面上印上访问员的姓名、访问日期、审核员姓名、被调查者住地等有关资料。

2. 问题的设计

问题设计包括问题形式设计、题干设计和答案设计。

（1）问题形式的设计。问题形式分为开放式和封闭式两种类型。开放式问题由于不需要列出答案，其形式也就很简单，在设计时只需要提出问题，然后在问题下面留出一块合适的空白处即可。封闭式问题是列出具体答案供被调查者选择的问题，包括问题的题干及答案两部分。其形式主要有：两项选择、多项选择、对比选择、排序选择、意见程度选择。两项选择是在问题下面列出两项相对的答案，要求调查对象选择；多项选择是对提出的问题事先拟好若干答案，要求调查对象选择一个或数个答案；对比选择是在问题下面列出多项备选答案，或两组比较性答案，请调查对象根据自己的意愿选择其中最真实的答案；排序选择是为问题准备多项答案，让调查对象依照自己的看法，排列出各答案的先后顺序；意见程度选择是对所提出的问题设定几种程度不同的态度，要求调查对象选择一种，以探测其意见程度。

（2）问题题干的设计。在问题题干设计时需要注意主要有以下几个方面。

① 概念准确。语句中所运用的概念要准确具体，尽量避免使用抽象的概念或一词多义的概念，杜绝造成调查者与被调查对象之间产生歧义的概念，以免造成对同一概念作不同的理解，也就是说，设计者在运用某一概念时一定要明确它的内涵和外延，同时，文字表达也要

准确。

② 语言简洁、语句简短。问题的语言要尽量简洁,问题的陈述也要尽可能地简短。

③ 避免双重含义。要避免带有双重含义,就是在一个问题中同时询问了两件事,或者说一句话中间同时问了两个问题。

④ 避免倾向性和诱导性。问题不能带有倾向性和诱导性,问题本身不能含有某种倾向来引导被调查者回答方向。受此类影响最大的是对调查人或调查问题顾虑较大的人,他们总是考虑哪种回答危险性小,而不是考虑何种回答最真实。

⑤ 避免用否定形式。人们往往习惯肯定陈述的提问而不习惯否定陈述的提问。许多人往往容易漏掉"不"字,并在这种理解的基础上进行回答。而这种误答的情形在问卷结果中常常难以发现。

⑥ 注意对敏感性问题的处理。当问及某些个人隐私或人们对其上司的看法这样一些问题时,人们往往具有一种本能的自我防御。如果直接提问,往往会引起很高的拒答率。因此,这类问题最好间接询问,语言要委婉。另外,对敏感性问题,除了答应要保守秘密,不记名答卷之外,设计者还要采用一些技术性处理,以淡化敏感性。

⑦ 注意问题数目。一般来说,问卷的问题数目一般不超过30个,掌握在20分钟能答完的时限之内。

⑧ 注意提问的顺序。问题之间的相互次序一般按照以下原则:把被调查者熟悉的问题放在前面,比较生疏的问题放在后面;把简单易答的问题放在前面,较难回答的问题放在后面;把能引起被调查对象兴趣的问题放在前面,把容易引起紧张或产生顾虑的问题放在后面;先问行为方面的问题,再问态度、意见、看法方面的问题,最后问个人的背景资料;开放式问题放在问卷的最后。为了便于对问卷调查资料的统计,问卷常常以封闭式问题为主,同时,在最后附有一到两个开放式问题,以收集更全面的资料。

(3) 问题答案的设计。答案是封闭式问题非常重要的一部分。答案的设计要注意以下三个方面的问题。

① 答案要具有穷尽性。所谓穷尽性是指答案包括了所有可能的

情况。所列答案如果不能穷尽所有项目,肯定会有许多回答者无法填答。解决这类问题的办法是:在所列的若干答案后面,再加上一个"其他"类。如果一项调查结果中,选择"其他"一栏的回答者人数相当多时,那就说明答案的分类不恰当,有些重要的、带有普遍性的类别没有专门列出来。

② 答案要具有互斥性。所谓互斥性是指答案相互之间不能重叠或互相包含,也就是对回答者来说,他最多只能有一个答案适合他的情况。如果一个回答者可以同时选择属于某一问题的两个或更多的答案,那么,这一问题的答案就一定不是互斥的。要做到互斥有两种方法:一种是标准统一;另一种是针对比较复杂或抽象的问题进行同层次分类。

③ 确定答案的测量层次来决定答案的形式。对问题答案能够排列各自不同次序的(定序问题答案),一般采用五级或三级的定序答案,对不仅能够排列答案的次序,而且能够确定其各自的间隔,作量的加减计算的答案(定距问题答案)和能够确定答案之间比率关系的答案(定比问题答案),应注意设计的各档层次不宜多,也不宜宽,各档次间距要尽量相等,各档次的数字之间要衔接吻合,注意排除重叠和中断。

3. 问卷的回收与统计

问卷调查法一定要积极做好问卷回收和统计工作。纸制文本的问卷发放可以采取集中、分散或邮寄的方法。集中的方法往往要获得被调查者所在工作单位或地区的支持,组织被调查者集中起来独立答卷。电子文档的问卷发放主要是通过网上进行。在条件允许的情况下,也可以采取电话对调查对象进行问卷调查。

(1)问卷的回收。问卷回收时要明确调查问卷的总数、有效问卷数及回收率。问卷回收数目与发放的总数之比称为回收率。对于回收率,调查人员应有足够的估计,100%的可能性是很小的。美国社会学家肯尼迪·贝利认为,50%的回收率是可以令人满意的,60%是相当成功的,而70%以上则可以说是非常成功的了。

(2)问卷的统计分析。对回收的问卷要进行统计分析。统计分析时要做到定量与定性相结合。一般而言,选择题可根据各个选项数与问卷总数之间的比进行定量汇总;问答题主要进行定性分析,不过根据答题情况还可以进行定量分析,以说明定性分析在总体答题中的重要程度。

(六) 访谈法

访谈法是调查者与被调查者通过面谈口问的形式来搜集资料的一种方法,它是运用最广泛和最普及的一种方法。访谈对象仅是单个人的情况叫做个别访谈。访谈大致可以分为访问准备、进入访问、过程控制、结束访问和资料整理这样几个阶段。

1. 访问准备

(1) 访问方法。根据研究目的选择适当的访问方法:是选择无结构式访问,还是选择结构式访问;在访问方法确定后,要根据研究目的与访问方法制作相应的问卷、调查表或调查大纲等。

(2) 访问对象。访问对象要适当。适当性表现在两个方面:一是访问的对象人数要适当;二是对象要有代表性。

(3) 访问对象的资料。在准备工作中还要对访问对象的资料有所了解。如背景资料、知晓度资料、态度资料和行为方面的资料。背景资料包括访问对象的文化程度、职业、收入、家庭情况等;知晓度资料是访问对象的组织有关情况的了解程度。态度资料是指访问对象对问题和事件所持的立场和态度;行为资料是指被访者对问题和事件的关心、介入程度,已经采取的行为和可能采取的行为。

(4) 访问的程序表。程序表是对访问工作的时间安排。这个程序表包括:访问前应阅读哪些文献资料;有些什么特殊的文件或特殊的人应当事先做准备;应如何与访问对象联系;访问地点的选择;访问时应如何控制局面;对可能出现的问题的估计并提出应对的方法等。

(5) 访问工具。准备阶段的最后一步工作是准备工具。工具可以分为两类:一类是普通的工具,如记录的笔、本等;另一类是特殊工具,如调查表格、调查说明书、问卷、调查地区地图、介绍信、证件等。

2. 进入访问

进入访问是访问的开端。访问者在接近访问对象时,首先要自我介绍,然后说明来访的目的以及为什么要进行这项访问,请求访问对象的支持与合作。此外,还要告诉访问对象他是如何被选出来的,为什么要找他而不找别人了解情况。这一阶段的主要任务是与访问对象建立融洽的关系,消除其顾虑,使他们产生参与研究的动机。在这一阶段最容易出现的情况是双方由于陌生感、不自然感而产生的拘束和冷场,以及访问对象以各种理由拒绝接受访问而造成的对立甚至敌意。因此,调查人员应该努力营造气氛,除了对访问对象表示礼貌之外,还可以在正式谈话之前,闲谈一些对象比较熟悉和感兴趣的话题。

3. 过程控制

对于调查人员来说,访问控制主要可以从时间控制和场面控制两方面从方面着手。

(1) 时间控制。访问时间不宜过长,以免引起对方的倦怠、不耐烦情绪,或者给对方的工作生活带来不便和干扰,如果访问价值高的话,可以另约时间再访。

(2) 场面控制。场面控制就是调查人员要把握访问的主动权,并积极营造有益于访问进行的气氛,争取访问对象的合作。主要手段有提问控制和体语控制。

① 提问控制。提问控制的技巧主要体现在以下四个方面。

第一,从一个题目转向另一个题目。在访谈中,突然从一个题目转向另一个题目的做法会使访问对象因为毫无心理准备而产生困惑。在转换话题时,切忌粗鲁地打断对方谈话,这会使访问对象感到难堪,从而产生紧张或抵触情绪,可用的方法是归纳法,即将访问对象谈的那些漫无边际的情况加以归纳,由此把对方的话题引过来;也可以采取提要法,即从访问对象所谈的不着边际的材料中,选取出一两句跟正题有关的话进行提问;还可以以动作来转换话题,比如当对方把话题扯远时,可以给他续水递烟,中断谈话。当谈话重新开始后,可提出新的问题请他回答,在不知不觉中改变话题。

第二,对问题的追问。当回答者对问题不理解或没有把握时,常常会用一个含糊不清或一般性的答案作为回答。这时就要进行中立性的追询,以期访问对象作更准确、更充分的回答,或至少给予一个最低限度可以接受的回答。当访问者回答问题前后矛盾、不能自圆其说时,或者回答残缺不齐、不够完整时也要追询。

第三,适宜的发问与插话。访问过程组织得好坏,取决于问题的设计、提问方式和提问时机的把握。访问是双方的互动,它是一个动态的过程,不可能完全按照某种模式来进行。访问人员必须根据具体情况灵活处理,其中包括提问与插话。

第四,提问的语言要求。所提问题要阐明实质,尽力避免倾向性,不允许对回答者的答案进行诱导;要把握方向及主题焦点,尽量减少题外话,以便集中注意力讨论重要问题;要注意时间上的顺序,特别在研究变迁问题时,事件发生的先后顺序非常重要;使用的语言越简单越好,以能达意为原则,不要不着边际,也不要带有情感色彩的字眼在里面。

② 体语控制。访问技巧首先是语言技巧。但是在人际交往中,除了语言之外,表情与动作等体语也是重要的交流媒介。因此,访问技巧也包括表情与动作技巧。访问人员可以通过自己的表情与行为来表达一定的思想、感情,从而达到对访问过程的控制。具体来讲有以下四个方面的技巧要求。

第一,表示关注。应对访问对象表示关注,给他以鼓励、启发,使他能够继续谈下去。表情过于严肃、一声不吭,也会使访问对象产生一种紧张感,从而影响对问题的作答。

第二,适当的情绪反馈。访问人员要控制自己的表情,使其符合访问对象所谈的情景。当对象谈到挫折、不幸时,要有惋惜和同情的表情;谈到不平之事时,要有义愤的表示;谈到成绩时,要表示高兴,等等,通过适当的情绪反馈,使双方的互动过程变成情感交流的过程,保证访问的顺利进行。

第三,保持目光接触。要保持与对方的目光接触,目光要尊重、友善和平等。如果目不转睛地盯着对方,会使对方感到拘谨、紧张;相反,如果只盯着自己的笔记本,会使对方误以为他的谈话令人生厌。

第四,注意倾听。访问人员应该把握倾听的艺术,学会做一个好听众。对对方的回答应表现出足够的兴趣和耐心。如果边听边打哈欠,或目光游离,三心二意甚至做一些小动作,会使对方产生反感,失去谈下去的兴趣。

4. 结束访谈

在结束访谈时应有结束语和告别语。结束语一般是询问对象"我们忽略了什么没有?""还有什么没谈到"或"您还愿意告诉我些什么?"之类的话。访谈结束时,要真诚地感谢对方的积极配合与合作。

5. 访问记录

在访问调查中,资料是由访问人员记录得来的。访问记录的方式分为当场记录和事后记录两类。

(1) 当场记录。当场记录是边访问边记录,一般需征得访问对象的允许。当场记录一般仅记录重点及有价值的事件与情节,待回去后再整理。如有可能的话,由两位访问人员参与访问可能效果会更好些。在访谈过程中,一位主要负责交谈,另一位可作详细的记录。当场记录的资料较完整客观,不清楚或来不及记录的可以当场再问。但访问对象往往不喜欢谈话被记录或录音,记录也往往影响访问的速度,削弱访问人员的注意力以及影响访问对象的情绪。

(2) 事后记录。事后记录是在访问之后靠回忆进行记录,它不影响调查者与被调查者的互动。但由于人的记忆特点,事后记录的准确性和详尽性明显不足。

6. 资料整理和情况汇报

访问的后续工作是整理访问所得资料,并在整理记录资料的基础上,写出基本的情况汇报。

(七) 座谈会法

座谈会是访谈法的一种,即多个人同时作为访问对象参与访谈。座谈会的一般程序包括:确定座谈会议题;选择与会代表并印发通知;主持召开座谈会;整理分析座谈会情况并撰写情况报告。座谈会应该注意以下六方面事项。

一是议题。议题不宜太多。每次座谈会最好确定一个中心议题,解决一个重要问题。二是人数。人数不宜太多。以 5—8 人为宜,最多不超过 10 人。三是代表的选择。参加座谈会的人员应以调研目的的不同而有所不同。一般的原则是:参加人员要有代表性;要十分了解情况;敢于发言;相互之间应有共同语言;与调查问题无关的人和权威人士不必在座。四是主持人的作用。主持人应注意对座谈会气氛和议题的控制,避免出现冷场或冲突的僵局。既不要让与会者过分紧张,产生一种被审的感觉,也要防止他们离开议题侃大山。五是时间控制。时间不宜过长,一般应控制在两小时之内。六是提倡民主的会风。应尽量创造一种轻松愉快、畅所欲言的文明会风。特别要注意团体压力效应,即在从众心理的影响下某些人不能说出自己的真实看法。

第二节 公共关系计划

公共关系计划是组织根据自身发展需要,确定在未来一定时期内的公共关系目标,并编制公共关系活动方案的过程。没有计划的公共关系工作是随意的、零打碎敲的,也是盲目的。公共关系计划是公共关系运作过程的核心性工作,公共关系计划是在公共关系调查研究的基础上反复论证而编制,公共关系计划的价值要通过实施来体现,通过评估来保证。

一、公共关系计划工作的原则

一般来说,可以把公共关系计划分为长期计划、年度计划和项目计划三种。公共关系长期计划通常是为配合组织发展战略而制定的1年以上、5年以内的公共关系活动计划,是组织在未来一个发展时期的公共关系目标的总体设想和规划,这类计划宜粗不宜细、宜简不宜繁。年度计划是根据长期计划所确定的目标和组织实际需要,对计划年度内的各项公共关系活动所做出的总体安排,具有具体性、可操作性的特点,是年度公共关系活动的依据。项目计划是根据年度公共关系计划的安排,为专门性的公共关系活动而编制的执行性计划。因此,计划的内容应具体、全面、深入、细致,通常表现为公共关系项目策划书。制定公共关系项目计划应遵循下列四项原则。

(一) 可行性

公共关系活动项目的目标必须是根据组织发展需要和活动项目背景而设定的,目标的设定必须充分考虑组织的内外环境因素,明确什么是可以做而且是能够做的,以及做到什么程度。可以做意味着公共关系活动目标以及内容和形式是外部环境因素允许的;能够做意味着公共关系的目标和计划内容是组织具备相关的资源条件的。做到什么程度则是通过公共关系项目计划的实施可以争取达到的预期状态。因此,公共关系活动项目的目标必须是可行的,经过组织各方面的努力是可以达到的。在贯彻可行性原则时,一要注意科学性,在进行公共关系计划时,必须经过大量调查,全面收集和掌握有关信息,并对其加以客观公正的分析和研究;二是要具有可操作性,计划方案对各项活动的任务指标、具体对策、所采用的方法、手段和步骤、措施等都必须做出必须明确规定,并能够充分考虑可能的变化,不断修正、补充、完善策划方案和调整实施行为;三是可控性,公共关系计划应在充分权衡各种有利和不利因素及其组合给组织带来影响的前提下,把风险降到最低限度。

(二) 重点性

一个组织所面临的公共关系问题常常是多种多样的、面对这些复杂纷繁的问题,组织在人、财、物有限的情况下,不可能全部予以解决,必须有所侧重,有先后,分主次。从另外一方面来说,组织面临的公众也是多种多样的,他们对组织的期望和利益诉求也各不相同,组织的公共关系活动要同时满足各方各类公众的所有要求也是不可能的。因此,在制订公共关系项目计划时要抓住重点,优先考虑选择那些收效较大的工作去做,做到既有全盘规划,又能集中力量解决主要问题,统筹兼顾。

(三) 一致性

公共关系活动项目应该与组织发展目标相统一,与整体的长期的公共关系目标组织相衔接,与组织其他职能目标(如市场目标、人力资源目标)相匹配。公共关系活动项目的目标还应考虑到组织的长远发展,切忌急功近利的短期行为。

（四）经济性

公共关系项目活动的开展需要一定的费用支持，受到组织经济实力的制约。经济性原则要求公共关系活动项目以最少的费用实现一个既定的目标，或是以现有的资源实现最大的效果。一方面要加强预算，按照公共关系活动项目的需要来制定、协调并完善计划，编制一个足以作为控制手段的项目预算；另一方面要加强成本控制，在项目实施过程中尽量使项目活动实际发生的成本控制在项目预算范围之内，这就必须明确公共关系活动项目中的权责划分，落实责任，强化监督，逐步建立和完善组织内部对公共关系活动项目的决策、实施、监督相互独立、相互制约的管理机制。

二、公共关系计划工作的内容

（一）确定目标

在公共关系活动项目调研阶段，通过论证分析，已经明确了公共关系活动项目的背景、活动所要解决的问题、活动项目的目的和意义等。但所有这些并不能代表公共关系活动项目的目标本身。公共关系活动项目的目标是在明确了公共关系活动项目的目的和意义的基础上，进一步明确公共关系活动项目预期的结果。

组织通过公共关系活动要达到什么样的预期目标。是引导公众改变态度？还是获得政府的支持？是提高美誉度？还是提升组织的知名度？不同的组织由于公共关系状态不同，开展公共关系活动的由头不同，其具体的公关活动目标也有所不同。比如：当企业在新产品、新技术、新服务项目开发中，其目标是要让公众有足够的了解；当企业要开辟新市场、新产品和服务之前，其目标是要在新市场所在地公众中宣传企业声誉，提高企业的知名度；当企业转产其他产品时，其目标是要调整企业对外形象，树立新的企业形象与新产品相适应；当企业面临舆论批评、遭遇突发事件时，需要引导舆论、控制事态、化解风波等。

（二）设计主题

主题是对公共关系活动内容的高度概括，是公共关系活动的灵魂，对整个公共关系活动起着引领作用。一个公共关系项目可能由一系列具体的活动内容构成,为避免活动过多给人杂乱无章的印象,需要设计出一个统一、鲜明的主题,以连接各项活动、统领整个项目。主题设计时应该注意以下方面的要求。

1. 体现公共关系活动目标

公共关系活动主题应与公共关系活动目标相一致,使公共关系目标在公共关系主题中进一步升华。主题的核心信息要突出本次活动的目标和特色。一次公共关系活动应只有一个主题,一般不得出现多个主题。

2. 具有新闻价值

新闻价值是任何公共关系活动的必备要素。只有具有了新闻价值的活动主题,才能激发公众的兴趣、吸引公众的眼球,并最终吸引媒体的报道。要使活动主题具有新闻价值,一方面策划人员必须对活动的目标公众进行充分调研,适应和满足的公众心理的需要;另一方面,要善于去发现各种社会热点和新闻事件、挖掘组织内部的新闻素材,借势造势,从中提炼出活动主题。借势造势是主题策划的重要策略。

3. 新颖独特、富有创意

公共关系活动的主题通常以具有口号特征的语言来表现的,表现公共关系活动主题的信息,要新颖独特,富有鲜明的个性,词句切忌过长,同时要避免空泛和雷同。

(三) 分析公众

公众分析是公共关系计划的基础性工作,它关系到组织公共关系活动政策的制定、活动方式和传播媒介的选择。公众分析需要从不同层面进行。首先是分析公众环境,对于组织所面临公众的类别、与组织的关系状态、分布的地域进行确定;其次是确定问题公众和目标公众,问题公众是与组织行为直接的利益相关者,目标公众除了问题公众之外还包括将要介入和必然介入的公众成员;最后是确定优先公众对目标公众进行优先顺序的排列,明确组织公共关系活动优先考虑的公众对象。

在进行公众分析时,需要进一步分析公众对组织的权利诉求,以便于与组织自身的目标进行权衡;还应该对公众的心理和行为进行预测,具体分析公众对组织的态度（顺意公众、逆意公众还是边缘公众），公众与组织关系的密切或疏远的程度（非公众、潜在公众、知晓公众还是行动公众）等，以便对不同的公众采取不同的公共关系策略。

（四）安排活动

公共关系目标的实现是一个渐进的过程，需要安排一系列公共关系活动。这里涉及两个基本问题。

1. 活动方式和策略

公共关系活动方式是多种多样的，比如：会议、展览、新闻发布会、赞助、庆典、联谊和宴请活动、接待参观、宣传资料的编写和印发等。这些活动的类型概括起来无非是宣传型公共关系活动、服务型公共关系活动、交际型公共关系活动、社会型公共关系活动、征询型公共关系活动和矫正型公共关系活动。不同类型的公共关系活动的策略是不一样的，即使同样一类公共关系活动，针对不同类别和不同问题的公众策略也是不一样的。因此，在策划活动方式和制订活动策略的时候，一定要充分考虑组织和公众两方面的需要，兼顾公众的多样性和差异性。

2. 活动时间和空间

确定时间和空间就是选择公共关系活动的天时地利条件。

（1）时间。时间包括了时间机会和时间区间。前者是指时机，后者是活动的起始和结点。就时机而言，组织开展公共关系活动要准确、及时捕捉各种时机：尽量选择那些与组织有关联的、既能够引起目标公众关注、又具有新闻价值的重大社会事件时机，或者避开那些与组织并无关联的重大社会事件发生的时间；要善于利用或避开传统节日和专题节日，去做可借节日传播组织信息的项目；选择时机还要考虑公众，尤其是目标公众参与的可能性和大众传媒使用的可能性，避开那些目标公众难以参与的时间，避开那些因其他重要新闻事件而使组织的信息无法通过媒体传播的时间。就时间区隔而言，要明确规定公共关系活动的起始时间和结点时间，以及在此时间区间内的进度。

（2）空间。公共关系活动空间的选择包括活动地域和活动场所。是选择组织所在的地域还是另选他地，这要根据问题的需要和目标公众来选择。活动场所的选择要考虑活动开展的便利性，诸如交通通讯条件、空间大小、场地布置等。

（五）选择媒介

公共关系活动实际上是信息传播活动,通过各种活动开展,是为了传播组织的信息。任何公共关系活动的实施,其目的都是提高组织的认知度、美誉度。要想达到预期的传播效果,就必须巧借媒体扬声器的作用,扩大公共关系活动的传播范围,提高公共关系活动的传播效果。为此,组织必须为公共关系项目活动制定具体的传播方案,有针对性地选择传播媒介。在制订公共关系计划的时候,需要指定专人与新闻媒体保持联络,有必要的还可以成立专门的媒介小组或新闻接待中心,负责记者的联络、接待和服务工作,创造方便的条件让他们对组织的公共关系活动进行全面报道,使公共关系活动的实施完成得更好。

（六）编制预算

公共关系预算要以公关实际需要和组织的实际能力为准。预算要有弹性、留有余地。预算拨款必须专款专用。

1. 公共关系预算的类型

（1）年度计划预算。年度计划预算包括的内容更广一些,包括了人员的工资和津贴、咨询培训费、行政办公费、专项资料费、专项器械费、广告宣传费、公益赞助费、项目活动费。项目活动费一般是纳入年度预算的。

（2）项目计划预算。对一项公共关系项目预算来说,涉及的内容应该更具体,因此,也可能更琐碎些。一般包括：调研费（如问卷设计、实地调查、资料整理、研究分析等）；创意策划费（如研讨会务费、总体规划服务费、项目设计服务费）、宣传作品设计费（如印刷费、制作费、工程费、媒介使用费等）；嘉宾酬金（如明星嘉宾、普通嘉宾）；活动运作费（如场地租金、设备租金、办公用品费用、器械费、劳务费、礼品费等）。每一个专项活动,都需要根据具体的项目内容来制定预算,如赞助、展览等。赞助不仅要规定出资额,而且还要预算围绕赞助活动的开展所需的各项费用支出。如果一个项目是委托公共关系公司进行策划和实施的,组织可以参照公共关系公司的收费方式来确定预算。

2. 编制公共关系预算的方法

（1）销售额抽成法。这种方法适用于年度公共关系预算。企业按其年度计划销售总额抽取一定的百分比作为年度公共关系预算经费。采用比率抽成预算的组织应随实际变化不断调整比率。

（2）项目作业综合法。这种方法是先列出公共关系项目计划及每项公共关系计划所需的费用细目和数额，核定单项公共关系活动预算，然后将年度内各个公共关系项目预算汇总，便可得出全年公共关系预算经费总额。这种方法具体、准确，既适用于年度公共关系活动经费的预算，也适用于项目公共关系活动经费的预算。

（3）平均发展速度预测法。这种方法是运用历史资料计算出公共关系经费实际开支总的发展速度，并计算出平均发展速度，按照平均发展速度确定公共关系活动经费预算数额。采取这种方法，可以保证公共关系活动经费每年都有所增加，这对于持续开展公共关系活动，并已经积累一定经验的组织比较合适。

三、公共关系计划方案的编制

公共关系计划工作的直接成果是形成公共关系计划方案。

（一）公共关系计划方案的要素

一份完整的公共关系计划方案应当具备的要素包括 5W＋2H＋1E。

1. Why

Why，为什么要做？即明确计划工作的原因及目的。计划方案应该提供公共关系活动的背景，包括：公共关系活动的动因、公共关系活动的目标并分析和提供多样性的目标指标、公共关系活动开展的可行性，即目标确立的外部影响因素以及内部需要和条件。

2. What

What，做什么？即明确公共关系活动的具体内容及其要求。计划方案应该明确规定公共关系活动的内容和主题，也就是计划的任务，各项内容应该是有的放矢的，同时要考虑到可能的应变方案。

3. Who

Who,谁去做？即落实计划的责任，规定由哪些部门和人员负责实施计划。落实计划的责任，就是为计划的实施提供人力资源的保障。一个完整的公共关系计划必须规定计划中各项任务的分配和责任归属，做到分工明确、职责分明。特别是对于计划需要哪些部门的配合协作，都要做出明确的描述，以确保计划的顺利实施。

4. When

When,何时做？即规定计划中各项工作的起始时间和完成时间，描述计划执行的具体步骤。起始时间，涉及公共关系活动的时机选择问题。时机选择，这最能反映出公共关系人员的职业意识和艺术的高低。除了起始时间和完成时间之外，还应该大致规定在这个时间区间里各项活动的进度安排。

5. Where

Where,何地做？即确定计划的实施地点。活动地点，不仅是指具体活动的选址，还要考虑活动的区域特征，这需要我们综合考虑组织的发展要求、目标公众的集合范围、活动的影响范围来确定公共关系的传播范围。我们在第五章讲到媒体的区域分配，也是编制计划时的一个重要考虑。

6. How

How,如何做？即制定实现计划的手段和措施。公共关系计划要明确规划公共关系活动的具体类型和方式、传播手段和方式、传播对象以及媒体组合和分配。

7. How much

How much,多少费用？即进行财务预算。公共关系活动需要以一定的财力作基础。做好经费预算、提高资金的使用效率对顺利完成公共关系活动有着重要的意义。组织在做公共关系活动经费预算时要考虑以下因素：组织的收入水平、竞争的需要、公共关系任务和目标的难易性或复杂性以及预期的收益。

8. Effect

Effect,取得什么效果？即预测计划实施的结果和效果。要综合分析每一个方案所带来的种种效益,包括社会的和本组织的效益。这既是公共关系活动获得组织决策层审核、争取预算的依据,也是计划过程中对各种方案进行评估选择的依据,还是对公共关系活动成效进行评价的依据。

(二)公共关系计划方案的编写规范

公共关系计划方案的编写有相对固定的格式、规范,并形成了广为采用的基本内容框架。一般可以按照如下顺序及格式来编排公共关系计划方案。

1. 封面

封面要标明活动项目名称,策划者单位名称(或策划人员姓名)及策划文案的完成日期等。要注意文字的书写及排列是否协调,布局是否合理。

2. 目录

目录概括了计划方案各主要部分的内容标题和页码,以方便对方案的阅读和评审。要注意字体字号,标注的页码要和正文一致。

3. 概要

对于内容较多、相对复杂的方案,应以简洁的文字进行内容概要,以对方案的内容及要求进行综合说明,目的也是为了方便对方案的阅读和评审。

4. 正文

正文是主体部分,内容包括了计划中 $5W+2H+1E$ 的要素,每个部分都应清楚地列示标题并要易于识别,必要的话还需要配以简洁明了的图表。

5. 附录

附录包括:活动筹备工作日程表、有关人员职责分配表、经费开支明细预算表、活动所需物品一览表、场地使用安排表及相关资料和注意事项。其中,相关资料是指提供给决策者参考的辅助性材料,例如,完整的或专项的调查报告、新闻文稿范本、演讲词草稿、相关法规文件、平面广告设计草图、电视片脚本、纪念品设计图等;注意事项是将策划方案实施过程中应当注意的事项作重点说明。

公共关系学

第三节 公共关系实施

公共关系实施就是将公共关系计划付诸具体行动步骤的过程。公共关系计划,只有通过有效的实施,才能产生实际的价值。再好的公共关系计划,如果没有严密的实施,非但不能实现其预期的目标,反而会带来相反的效果,因此,公共关系实施是公共关系活动项目运作的关键环节。

一、公共关系实施的原则和要求

(一)公共关系实施的一般原则

1. 目标性

在公共关系计划实施过程中,应该不断利用目标对整个实施活动进行引导、制约和促进,以保证实施活动不偏离公共关系目标。无论活动方式还是媒体选择,在实施过程中总是应该围绕计划目标的;在实施过程中,组织中的各个方面在立场、态度和行动上也应该是与公共关系目标相一致、相统一的,计划各项要素的落实、传播资源的配置也应朝向公共关系目标、有利于公共关系目标实现的。

2. 全面性

全面性要求公共关系实施能按照计划的主要指标,全面实施,不能有所偏废。公共关系的实施过程应该是完整和均衡的,这就要求在实施过程中,按照计划进度全面执行、有序推进。全面性与重点性并不是矛盾的,因此,在资源的投入时要确保关键指标、重点项目和重点对象。

3. 严密性

严密性要求公共关系实施从活动准备布置、到执行推进,需要对整个计划活动所处的未来环境、每一目标方案实施过程中的限制性性因素和可能发生的问题、困难和障碍,进行预测分析,并提出应变措施。因此,实施过程从计划出发,到具体执行,需要不断检查和及时总结,按照PDCA法严格落实。PDCA法,即计划(plan)—执行(do)—检验调整（check）—处理改进（action）（见图 7-2），它揭示了实施的过程也是不断检验改进的过程。严密性还要求实施过程中保持一定的灵活性，在时间安排、财务预算等各方面要保持一定的弹性，各种方案、手段的运用要随着时间和条件的变化，及时做出相应的调整。

4．创造性

公共关系的基本原则、原理和方法，适用于各种类型的组织，但在具体实施时，这些普遍的原则、原理和方法在不同情境下的运用应该有所不同。没有不变的、放之四海而皆准的公共关系模式。因此，在公共关系实施时，既要遵循公共关系的一般规律，又要考虑特殊情境下的创新和应变。

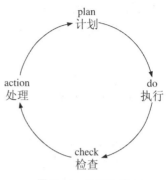

图 7-2 PDCA 法

（二）公共关系实施的具体要求

1．充分准备

实施准备是公共关系实施成功的基础和前提。准备越充分，公共关系实施就越顺利，失误就越少。在计划正式实施之前，要用足够的时间做好各种实施准备工作，检查各项资源的落实情况；对相关工作人员进行培训；根据方案要求购置或租赁相关物品和材料；与新闻传播媒介等外部公众进行沟通联络；对于一些表演性的活动，应做好彩排工作；对一些仪式性的活动，进行必要的预演，以便发现问题进行并及时调整和完善。

2．统一指挥

公共关系活动项目的实施，需要成立专门的项目小组，配备专门的负责人，对整个活动的项目进行统一指挥，统筹信息、人员、财物等资源，并对活动中的问题进行统一的组织协调、指挥控制，使工作所涉及的方方面面达到和谐、合理、配合、互补和统一的状态。

3．明确分工

公共关系实施过程中，各项工作内容之间存在一种客观的分工和协调关系。只有合理分工、有机协调,才能确保各项工作的顺利完成。公共关系实施流程中的时间衔接、分工协调和有机组合最好通过流程图来表示,并配以文字说明,对各项工作之间的协作关系、责任关系进行规定。一定要预防发生彼此责任不清、相互扯皮等情况,否则将严重影响实施工作进度。

4. 管控危机

在实施过程中,随时可能出现严重阻碍活动开展并影响组织形象的突发事件,项目小组应在研判的基础上预先准备危机管理方案,密切关注实施过程中的关键环节,跟踪各种矛盾和不协调因素:如实施环境有无障碍因素,新闻传媒有无不利报道,工作方法是否存在较大的风险等,及时加以化解与调整,以避免和减少各种突发事件的负面影响。

二、公共关系实施的过程

在公共关系实施的具体要求中,已经涉及公共关系实施中的主要工作,如准备、指挥、分工与协作、管控突发事件等。下面就实施过程中的组织落实与检查控制工作作进一步的说明,这两项是公共关系实施过程中的主要工作。

(一) 组织落实

计划方案在实施中需要做好大量的组织工作,以保证计划方案所需要的各项资源得以有效配置。

1. 配备人员

人员配备方面需要做的工作主要有两项:一项是成立项目小组(或领导小组),为活动的开展配备必要的人员。根据组织公共关系活动规模的大小、内容的繁简、层次的高低、经费的多少等因素,在项目小组里成立若干个工作小组,如环境布置、接待联络、宣传报道等。如果不需要成立专门工作小组的话,也必须对人员进行必要的分工并由领导小组对他们的工作进行协调。另一项是对人员进行必要的培训,就相关的方法技巧、应急措施等方面准备一套行之有效的培训计划,使实施人员不仅明确活动的内容、意义、作用、目的和要求,明确自身的工作与责任范围以及相关的工作纪律,而且还要掌握活动所需要的知识、方法与技能。

2. 落实经费

在活动实施之前,必须将经费问题落实。项目小组必须对组织的财务状况要有清醒的认识,保证通畅的调动资金的渠道。在实施过程中,应该按照项目计划预算进行支出,本着专款专用、精简节约的原则,控制活动的成本。对各项费用的支出,安排专人负责并及时登记在册以便有账可查。

3. 准备设施和物品

公共关系活动项目的开展还需要落实好必要的设施和物品,如空间环境的选择,场地的布置,活动所需要的演示器材、摄影、音响、通讯器材和交通工具等各种物品器材的使用,要管理各种所需物品的选购过程、价格、质量等问题,既要保证供给公共关系实施的需要,充分发挥财物的功效,又要避免不必要的损坏、遗失和浪费。

4. 编写印发宣传资料

宣传资料包括新闻资料、宣传手册、宣传片、演示文稿、演讲稿、背景资料等,要提前做好这些资料的编写和印发。

(二) 检查控制

实施的过程也是检验的过程。要根据计划要求,对实际实施执行情况进行测定、比较和分析,及时发现偏差、采取措施加以调整;或进一步挖掘潜力,对计划进行补充和调整。检查监督还需要强化控制系统,搞好调度工作。

1. 实施过程中的控制手段

公共关系实施过程控制的手段主要是检查、监督和纠偏。通过检查,来了解保证计划实施的各种资源条件的到位情况,使得计划的实施能够得到资源的保证。实施过程是由一系列行动步骤构成的,计划的各个要素、各个环节是否在实施过程中出现脱节、矛盾和冲突?实施过程中出现哪些障碍?人员的工作态度、工作效率如何?资金是否得到合理的分配和有效的使用?检查作为一种控制手段,能够使公共关系主管和组织管理层及时得到有关公共关系实施情况的反馈,从而保证一旦发现问题和偏差,就能及时予以纠正和调整。

检查的直接作用是监督,它可以提高计划实施的效率和效益,有效避免实施过程中的失误。检查的目的是纠偏。通过检查,发现实施过程中的偏差以及计划制订过程中没有预料到的问题和障碍,从而及时采取行动纠正偏差,调整计划和行动。

2. 实施过程中的控制内容

控制内容也就是控制对象。应该说,控制开始于计划,从计划的制订过程到实施过程进行全方位的检查和监督。在这个过程中,主要强调对以下内容的检查、监督。

(1) 信息控制。信息控制是对公共关系计划决策所运用和依据的信息进行质量控制。主要是衡量信息的真实性、及时性、完整性和适用性。

(2) 人员控制。人员控制是对公共关系人员配备情况、人员履行职责情况进行检查和监督,包括人员配备是否合理以及人员的工作态度、工作行为、工作效率和效益。

(3) 进度控制。进度控制是对公共关系活动步骤的衔接性和进程进行检查。要根据公共关系计划要求,随时检查各项工作的进度,及时发现滞后(或超前)的情况,使各项工作内容按计划协调、平衡开展,并按时完成。

(4) 预算控制。预算控制主要是检查项目预算是否到位,资金分配是否合理。要保证投资的最小化和效益的最大化。

(5) 效果控制。效果控制主要是对公共关系传播是否恰当和活动形式是否有效进行分析和调整,对各种障碍进行排除,对于突发状况进行化解。

第四节 公共关系评估

公共关系评估是组织运用科学的方法,检测公共关系活动,以便总结经验和成绩、发现问题和差距,从而调整组织公共关系的目标、政策和行为。公共关系评估是公共关系运作过程的最后一个环节,同时也是下一轮公共关系计划的起点和依据,因此,它在整个运作过程中发挥总结性的作用。

一、公共关系评估的意义和原则

(一)公共关系评估的意义

公共关系评估是公共关系活动项目运作不可或缺的环节,是促使组织对公共关系项目重视的依据。公共关系之所以没有像广告等营销手段那样受到组织决策层重视,一个很大的原因就在于公共关系活动的效果相较于广告等效果不是太明显和较难评估。但公共关系活动也是可以评估的,如果能够建立一套科学的评估体系,就能使组织决策层明白公共关系做了些什么,取得了哪些成绩,这无疑会促进公共关系工作得到组织决策层应有的重视。

1. 公共关系评估是对公共关系活动项目的经验总结

而公共关系活动是组织在一定时期内有计划、有目的的活动,是要努力争取某种结果的。所以,当这一活动到达某一阶段以及活动过程结束后,必然要比较计划与实绩,衡量投入与产出,总结成败与得失。公共关系评估就是将公共关系活动项目的实施过程和效果与计划方案设计的要求和目标对照比较,衡量其实现程度,从中总结经验,汲取教训。

2. 公共关系评估是改进今后公共关系工作的依据

对公共关系活动项目的评估是组织今后开展公共关系活动的指南。某一项公共关系活动结束之后,必须全面评价活动的效果,通过评估,获取关于公共关系活动过程、活动效益信息,作为组织制定今后公共关系策略、指导今后公共关系活动开展的参考和依据。

(二)公共关系评估的原则

1. 客观性

坚持评估的客观性原则,首先要求评估人员避免各种先入为主的观念,克服主观随意性和片面性。其次要求评估人员深入调查研究,全面系统地掌握可靠的信息资料。深入调查研究是尊重客观事实、尊重客观规律的具体体现。只有坚持客观性原则,才有可能保证评估的公正性和科学性。

2. 规范性

任何项目评估之所以能够得到广泛应用,除了它所具有的科学性以外,使用规范化的方法,也是项目评估得以广泛应用的重要条件。规范性原则要求评估工作中所采用的定性和定量分析方法,必须符合客观实际,体现事物的内在联系。有效的评估方法应该是定性分析和定量分析的有机结合,定性方法侧重于从价值方面评估公共关系活动的效果,有助于组织了解公众环境的概貌性特点,掌握组织公共关系活动和公共关系状态的基本要素和总体特征;定量方法侧重于从数据事实方面评估公共关系活动效果,通过具体事实和数据为组织公共关系活动效果和公共关系状态提供量的说明。只有将定性研究和定量研究结合起来,才能准确地评估组织的公共关系状态和公共关系效果。

3. 相关性

相关性原则是指公共关系评估的内容必须与所追求的目的相关,不可作空泛或无关的测定工作。不同性质和不同类型的公共关系活动,其活动方式和内容、活动要求和目的各不相同,因此公共关系评估的重点和要求也各不相同。只有明确了组织公共关系活动的目的要求,根据公共关系活动规律,确定明确的评估标准,才能进行可靠有效的评估。

4. 综合性

综合性原则就是在评估中考虑任何问题,都要有系统观念,用系统观念,在全面系统动态的分析论证过程中,对公共关系活动项目进行评估。既要评估公共关系活动的实施过程,也要评估公共关系活动的实际效果。在进行公共关系进行效果评估时,必须认识到公共关系效果具有整体性和隐含性的特征,不能凡事都要给公共关系活动设定经济效益指标,公共关系关注的是组织的传播效益与社会整体效益的统一;不能只关注显现的效果,也要关注隐性的效果。公共关系的效果具有潜移默化的特点,不是立竿见影的,这将为评估带来困难。因此,在进行公共关系活动效果评估时,除了要考察近期效益之外,还要运用动态模式方法分析其长远效益。

二、公共关系评估的内容

公共关系评估是一项连续不断的活动,一旦公共关系活动项目进入启动阶段,评估活动也就开始了。

(一)对公共关系调研的评估

对公共关系调研的评估主要可以围绕以下几个问题来进行:调查研究的课题是否反映了组织公共关系活动项目的需要？调查人员的能力是否能够胜任课题？调研对象的选择是否具有典型性和代表性？调查过程是否真实、深入？问卷设计是否科学？搜集的信息资料是否充分合理？调查结论是否正确？等等。

(二)对公共关系计划的评估

计划阶段的评估主要是对公共关系活动项目的计划方案进行评估,主要的评估内容包括计划方案的客观性、完整性和灵活性。

1. 计划方案的客观性

对计划方案的客观性评价主要围绕以下方面的问题进行:计划制订时所依据的资料是否属实,考虑是否周到,分析是否合乎规律、目标是否切合实际并且可以达到、计划目标是否明确了活动的内容和要求等。

2. 计划方案的完整性

对计划方案的完整性评估,主要有以下四个指标。一是计划方案的覆盖面:公共关系活动所涉及的重大方面,是否都纳入了计划;计划对涉及的问题是否都提出了解决方案。二是计划时间的跨度:是否规定完成计划的明确时间,包括起始时间和结点时间以及具体的进度;三是计划的分工明晰程度:计划目标是否规定了各项任务的分配和责任归属？分工是否明确、职责是否分明;四是计划控制操作程度:计划目标是否明确了具体的行动步骤,传播内容和主题、传播手段和方式、传播对象、媒体组合和分配是否恰当,预算是否符合组织的实力和活动的要求,计划指标是否适用、是否具有可操作等。

3. 计划方案的灵活性

对计划方案的灵活性评估主要是对计划实施过程中的限制性因素和潜在的问题进行研判，以保证计划保持更多的弹性，当计划方案不可实施时，计划是否提出了预备方案，预备的替代方案是否具有可行性，不同计划方案衔接协调程度如何，等等。

（三）对公共关系实施过程的评估

实施过程评估是在公共关系活动的实施过程中发挥监控、反馈的作用，主要检测公共关系活动项目的组织落实情况，如：各项活动是否按照计划所规定的起始时间进行，行动步骤的连续性和均衡性如何，公共关系工作人员的工作态度、工作行为是否符合要求，预算资金的分配是否合理，等等。

（四）对公共关系效果的评估

对于公共关系活动效果的评估包括事前评估和事后评估两部分。事前评估通过各种分析手段，对于组织开展公共关系活动所要达到的结果进行预先分析；事后评估是在公共关系活动实施之后，将实际结果与预期进行比较。在进行评估的时候，一定要注意公共关系作为组织的一项战略性投入，它追求的不仅是组织效益，更追求社会效益；它关注的不仅仅是公共关系活动给组织带来的经济效益，更关注活动对组织产生的传播效益。

1. 对社会效益的评估

对公共关系活动的社会效益评估可以通过对组织的社会贡献和社会损害进行分析。具体做法是就组织与公众的有关活动事项做出正、反两方面的分析报告，一方面，将组织用于经营之外的、自愿的投资算作正效益，如额外改进员工的福利待遇和培训教育，社区建设、社会公益事业和福利事业等；另一方面，将由组织忽略的方面带来的社会性危害视作负效益，如环境污染、危机事故等。正效益是组织的社会贡献，负效益是组织的经营缺陷和社会损害，正效益与负效益之间的差额，就是组织年度或一个计划时间单位的纯社会效益。就具体公共关系活动项目而言，还可以通过测定公共关系活动参与公众的数量、受益公众的数量、了解活动信息内容的公众数量、改变态度的公众数量、发生期望行为的公众数量等来评估某项公共关系活动项目的社会效果。

2. 对组织传播效益的评估

对组织传播效益的评估可以通过媒介分析的方法,对介入报道的媒体机构和媒介报道的数量和质量进行分析统计,本章第一节对这种方法作了简单的介绍,这里不再赘述。需要指出的是,随着新媒体的发展,组织还可以运用数据分析与挖掘技术,对于新媒体对组织公共关系活动的反映进行分析。

3. 对组织经济效益的评估

公共关系活动对于组织经济效益的影响具有两个显著的特点:一是间接性,并不是所有公共关系活动项目都会产生直接的经济效益,公共关系作为组织的一项战略性投入,它更关注的是组织各项活动给自然环境、人际环境和社会经济环境所能产生的影响,即通过公共关系所产生的传播效益给社会的生态环境、社会公益事业和福利事业、社会精神文明等诸方面带来有益影响,这种影响反过来又为组织创造了良好的社会舆论和社会关系,最终推动组织的发展,因此,公共关系活动项目对组织经济效益的影响是间接的;二是累积性,公共关系作为一种传播活动,其活动形式和活动内容,作用于公众的态度和行为的改变,并不是立竿见影的,其效果具有潜移默化的特点。基于这样的特点,预先对公共关系活动设置经济指标是不恰当的。

对于一些具有宣传推广性质的公共关系活动,则可以通过数据分析的方法,比较活动前后的市场占有率、市场覆盖率、产品销售额、产品销售量、新市场的开发和传统市场的渗透等数据的变化对活动的经济效益进行评估。评估的时候应该充分考虑到由于公共关系活动对组织经济效益影响具有间接性、累积性的特点。此外,组织还可以通过媒介分析的方法,统计新闻媒介报道的数量——报刊报道的篇幅、广播电视的报道时数,然后折合成相对应的广告费用,这也不失为一种简单而直观的方法。

【案例】

高露洁的口腔保健宣教活动

随着中国国内口腔护理产品市场的竞争日趋激烈,高露洁公司在中国市场上面临了越来越多的挑战。2001年,恰逢公司成功进入中国市场10周年,为了进一步巩固和开发中国市场,公司决定利用庆祝10周年庆典的机会,在中国市场实施一项形象宣传计划。

一、项目调查

在确定宣传计划之前,公司通过专业调查公司及其在行业主管部门建立的沟通渠道,对中国国内的口腔护理市场以及此次宣传活动进行了前期的调查和论证。前期调查围绕以下主题展开:一是中国宏观的经济形势。中国即将加入世界贸易组织,中国政府将为众多在华投资的企业提供良好的外部环境。同时,进入21世纪,中国经济将持续健康发展,广大城市及偏远地区的居民生活水平不断提高,居民的自我保护意识日益增强,这就为公司进一步拓展中国市场提供了良好的市场机遇。二是中国政府及行业主管部门的方针政策。中国政府和医药、卫生主管部门制定的方针是"预防为主,大力宣传,提高人民的自我保健意识"。三是中国口腔保健的现状。中国在口腔卫生及保健方面虽然做了大量切实有效工作,但从全国范围看,还普遍存在口腔疾病患病率高、范围广、治疗资源相当缺乏的问题,而社会大众的口腔自我保护意识普遍缺乏,预防措施也相当薄弱,中国口腔保健工作的现状不容乐观,据调查资料显示:中国成人恒牙患龋率为49.88%,儿童乳牙患龋率为76.55%,65—74岁老人的平均失牙数更高达11颗,其中西部农村情况更为严重,有的省(区、市)5岁儿童乳牙患龋率为80.25%。另有资料报道,中国城市约有90%的人不会有效刷牙,农村约有57%的人还没有养成刷牙的习惯,其中由于经济原因的仅占2%。

二、项目策划

基于对前期调查资料的分析,公司将此次形象宣传定位为"口腔保健宣教活动",宣传的主题口号为"口腔保健微笑工程——2001年西部行"。公司将此次宣教活动的范围确定在中国西部及西南部的甘肃、云南、陕西、四川、贵州5省的25个偏远市、县,与此相应,宣教活动针对了西部地区广大现有的和潜在的消费者。通过宣教活动,公司希望在中国市场上确立这样的形象:高露洁是全球知名的口腔护理专家,坚持不懈地帮助中国政府提高公众的健康意识和水平;高露洁是口腔保健事业的先行者和推动者,与中国携手共同发展西部。为了保证宣教活动的有效开展,公司必须获得政府及权威机构的支持。因此,公司将此次宣教活动的优先公众确定为:中央及西部地区有关省市卫生组织;卫生部及西部相关省的卫生厅。

公司的公关策略是借势造势,也就是以重大事项或重大活动作为切入点,抓住时机,集中宣传,大造声势,为宣教活动的开展营造一个气势磅礴的局面。借势造势策略之一是借中国政府提出的西部开发、卫生部及行业主管部门举办"口腔保健微笑工程——2001年西部行"之势,深入推广公司口腔护理专家和行业先行者的企业形象。借势造势策略之二是借中国西部老少边穷地区继续提高口腔保护意识、急需优质全效的口腔护理产品之势,培养、开发高露洁的潜在的群体。借势造势策略之三是借中国媒体对西部重点报道之势,减少商业宣传,对公司形象进行合理、全面、深入的报道。

三、项目实施

在活动实施中,公司与中华预防医学会、全国牙防组、中华口腔医学会等三大权威专业机构沟通,由它们联合将此次口腔保健宣教活动的设想上报卫生部,最终卫生部决定由疾病控制司作为重点支持单位,协调西部各省卫生厅帮助这一活动实施。公司与三大权威专业组织共同组建了一支宣教队,于2001年5—9月远赴上述西部地区开展口腔健康的宣传教育活动。公司设计、印刷了本次活动专用的宣传海报、礼品包装、新闻夹、新闻纸、信封、请柬等宣传印刷品,在北京和各省的启动仪式、宣教场所张贴和分发,保证了活动的统一性,尽可能地扩大宣传范围。公司还策划实施了三项大型的活动。

第一项是在北京卫生部礼堂举办"口腔保健微笑工程——2001年西部行"北京启动仪式,仪式邀请了包括卫生部副部长、高露洁公司中国地区副总裁兼总经理、三家专业权威机构领导、西部五省卫生厅厅长、国内著名口腔专家、学者等在内的各方重要人士参加。在京的40家媒体出席了启动仪式的新闻发布会,新闻发布会以后分别安排了重量级媒体单位对卫生部副部长、高露洁中国地区副总裁兼总经理以及专业协会副会长进行专访。第二项是"口腔保健微笑工程——2001年西部行"各省启动仪式。各省启动仪式场地分别选在具有特殊意义或极具城市代表性的广场举行,并由各地卫生部门的领导和公司的地区总经理等领导出席。公司还为各省的活动创作了宣传口腔保健知识的文艺节目。在启动仪式以后安排了大规模的义诊、专家咨询、宣传品发放活动。这样的宣教活动被设计在广场中、街道上、田埂间、幼儿园和聋哑学校里展开。第三项是在卫生部礼堂举办"口腔保健微笑工程——2001年西部行"北京凯旋庆典仪式。公司为凯旋庆典仪式特别设计制作了包括西部五省宣传结果、公司在中国10周年成果等7块展板,向公众展示活动的成果和公司的形象。在庆典仪式的新闻发布会上,公司还向近40家媒体单位介绍了由国际著名调查公司提供的本次活动的调查数据。

四、项目评估

本次西部行全程活动共组织30多次、累计6 000余名听众的口腔保健讲座,300多名牙医进行咨询义诊,30万受众直接受益。根据专业调查公司在活动前后进行的抽样调查及比照分析显示:本次活动所经地区人们对于口腔保健的认识,正确率显著上升,错误率则显著下降,对刷牙的好处以及日常口腔护理用品的认识也有明显的改进。

据不完全统计,本次活动共收到各类剪报200余份,通过新华社、中央电视台和各地重要媒体等近100家新闻单位的广泛宣传报道,覆盖面达上亿受众。

有效的新闻运作、富有创意的公关活动使口腔护理专家——高露洁公司的形象逐步树立起来。活动为公司进入中国市场10年来持续不断推动健康事业的努力树立了一个重要的里程碑,从而塑造了高露洁致力于中国口腔保健事业的优秀公司形象。

资料来源:胡学亮,《公关传播案例评析》,中国传媒大学出版社,2008年。

分析思考:

1. 结合案例分析一次大型公共关系活动的运作过程。

2. 高露洁公司此次宣教活动的目标公众有哪些?为什么?

3. 公司是从哪些方面对此次活动进行评估的?为什么高露洁公司没有提供经济效果评估的数据?

三、公共关系评估的主体和方法

(一) 公共关系评估的主体

公共关系评估的主体既可以是组织内部的自我评估,也可以组织外部的第三方评估。第三方评估会涉及评估费用问题,特别是委托专业公司对公共关系活动效果进行的评估。

1. 自我评估

自我评估既可以由组织管理者进行评估,也可以由公共关系活动项目小组进行。管理者评估是指由组织管理层或有关负责人,通过各种方法,衡量实际工作,检测活动效果。公共关系活动项目小组的自我评估是指公共关系实施人员对自己所承担的公共关系活动项目的各个方面进行评估。

2. 第三方评估

第三评估评估也有两种形式,一种是聘请外部专家,利用各种专业技术和方法,评估组织公共关系活动的必要性,这通常是在公共关系活动项目的调查论证阶段进行的,这种方法通常被称为专家意见法,即就事先拟定的公共关系计划、计划实施时采取的措施及实施的范围等,聘请专家进行研讨评判。另一种是委托专业性的公司独立进行,往往是对一项大规模公共关系活动的效果进行评估。

(二) 公共关系评估的方法

公共关系评估方法是多种多样的,需要根据公共关系活动的类型和规模等进行选择。本章第一节所介绍的调查研究的方法同样可以运用到对公共关系活动效果的评估之中。例如:通过媒体研究法评估媒介对于组织活动报道的数量和质量,以及社会舆论的反响程度,以了解公共关系活动项目的传播效果;通过问卷调查、访谈、座谈会等方法来征求公众对指定问题的意见和态度,再做出统计以说明分析公共关系活动的效果。下面介绍其他两种常见的评估方法。

1. 数据统计法

这是组织自我评估的一种方法。采用这种方法的前提是公共关系人员在公共关系活动的全过程中(或者在组织的日常活动中)坚持记录有关指标和数据的变化。例如,通过比较公共关系活动前后的销售额数据、知名度和美誉度的量化指标的记录,可以较为准确地评估出本次公共关系活动的成果。不仅如此,全面、准确的活动记录还可以帮助公共关系人员以时间为周期评估公共关系活动的整体效应。采用数据统计法必须注意的问题是公共关系活动总处于一定的社会环境和自然环境中,组织形象及产品销售量的变化可能是公共关系活动本身引起的,也可能是因同时期其他社会因素或自然因素引起的。公共关系评估应排除各种干扰因素。

2. 专家意见法

专家意见法就是聘请外部专家对组织公共关系活动项目进行研讨和评判,通常用于公共关系活动的立项阶段,对组织公共关系活动的必要性和可行性进行评估和论证。专家意见法可以运用的方法有以下三种。

(1) 德尔菲法。德尔菲法以匿名方式,通过几轮函询征求专家的意见,对每一轮的意见进行汇总整理后作为参考,再发给各专家,供他们分析判断,以提出新的论证。几轮反复后,即可统计出专家对公共关系活动项目的一致性意见。

(2)头脑风暴法。头脑风暴法又称思维共振法,即通过专家之间的信息交流,引起思维共振,产生组合效应,从而导致创造性思维。这种方法鼓励提出任何种类的方案设计思想,同时禁止对各种方案的任何批判,并且所有方案都当场记录下来,留待稍后再讨论和分析。这种方法主要用于收集新设想,通常运用于公共关系策划的创意阶段。

(3)名义群体法。这是一种结合了上述两种方法的专家群体会议法,首先由专家一个接一个地向大家说明自己对公共关系活动项目的意见,所有意见提交上来以后,进行开放性讨论,并进行分级和评价。这种方法不同于德尔菲法之处是参与评估的专家之间并不是匿名的;它不同于头脑风暴法之处是在过程中对专家的讨论或沟通加以限制,每一个专家独立地把各种想法排出次序,最后的决策是综合排序最高的意见。

四、公共关系评估报告

(一)评估报告的形式

公共关系评估报告的撰写是得出评估结论,提出评估意见。评估报告可以是年度的公共关系报告,也可以是专题问题的分析报告:如民意测验调查报告、组织形象调查报告、新闻舆论分析报告、公共关系社会效益评价报告、公共关系广告效果测量报告等。将评估结果向组织高层决策者报告,这应该成为一种制度,也是对评估工作进行评估的不可或缺的环节。

(二)评估报告的内容

公共关系评估报告主要包括评估工作概况和评估内容以及附录。

1. 评估工作概况

评估工作概况是评估报告的绪论部分,包括以下三个方面。

(1)评估的目的及依据。要说明为什么要进行评估,通过评估解决什么问题,以及评估的依据。评估的依据应该是组织整个公共关系目标和计划的要求。

(2)评估的标准和方法。评估报告应说明评估的标准或具有可测量的具体化的目标体系,以及评估方法。

(3)评估过程。评估报告应该简要说明评估过程,评估时间或评估工作开展的阶段。

2. 评估内容

评估内容是评估报告的主体部分,包括以下三个方面。

(1)评估对象的基本情况。在公共关系评估报告书中,必须明确评估对象本身的情况,包括活动或项目名称、开展时间、实施的基本情况与特点等。

(2)评估分析与结论。在评估报告中写明被评估的公共关系活动、工作或项目的内容,对运行与执行以及效果、效益进行分析,进而得出客观、公正的结论。

(3)存在的问题及建议。评估人根据掌握的实际材料、相关情况,有针对性地提出存在的问题,并通过对问题的分析,为组织今后的公共关系工作提出建议。

3. 附录

附录部分主要包括附表、附图、附文三部分。必要的话,还应该列明评估负责人,参加评估人员的姓名和背景情况,如职业、职务、职称等。

1. 公共关系调研常用的方法有哪些?你在日常生活和工作中是否有被调查的经历?从调查对象的角度来看,你认为运用调查方法时,应该注意哪些方面的要求?

2. 公共关系计划工作的主要内容有哪些?一份完整的公共关系计划方案包括哪些基本要素?

3. 公共关系活动实施过程应该注意哪些原则要求?

1. 请为你所在的组织策划一项主题活动(如庆典、年会等),按照公共关系计划的要求,编制一份计划书。

2. 请你查阅文献,收集几则大型公共关系项目运作的案例,比较它们各自的特色,体会公共关系项目运作的要求。

参考文献

1. 居延安、赵建华等:《公共关系学》,复旦大学出版社,1989年。
2. 熊源伟:《公共关系学》,安徽人民出版社,1990年。
3. 翟向东:《中国公共关系教程》,中国商业出版社,1994年。
4. 廖为建:《公共关系学》,高等教育出版社,2000年。
5. 居延安:《公共关系学》(第三版),复旦大学出版社,2005年。
6. 李兴国:《公共关系实用教程》,高等教育出版社,2001年。
7. 陶海洋:《公共关系基础理论与实务》,华东理工大学出版社,2005年。
8. 曾林智:《新编公共关系学》,上海财经大学出版社,2005年。
9. 甄珍、张昳:《公共关系实务》,北京大学出版社,2006年。
10. 胡近:《公共关系心理策略》,高等教育出版社,2000年。
11. 张云:《公关心理学》(第三版),复旦大学出版社,2003年。
12. 赵国祥、赵俊峰:《公关心理学原理与应用》,河南大学出版社,2000年。
13. 申荷永:《社会心理学》,暨南大学出版社,1999年。
14. 潘肖珏:《公共关系语言艺术》,同济大学出版社,1998年。
15. 郭毅:《组织行为学》,高等教育出版社,2000年。
16. 胡君辰、杨永康:《组织行为学》,复旦大学出版社,2002年。
17. 吴健安、聂元昆:《市场营销学》(第5版),高等教育出版社,2016年。
18. 张文贤:《市场营销创新》,复旦大学出版社,2002年。

19. 郭庆光:《传播学教程》,中国人民大学出版社,1999年。
20. 樊昌志、王勇、唐晓玲:《传播学应用教程》,湖南人民出版社,2008年。
21. 李正良:《传播学原理》,中国传媒大学出版社,2007年。
22. 袁方:《社会调查原理与方法》,高等教育出版社,1991年。
23. 郭惠民:《中国优秀公关案例选评(之四)》,复旦大学出版社,2001年。
24. 郭惠民:《中国最佳公共关系案例选评(之五)》,复旦大学出版社,2003年。
25. 中国国际公共关系协会:《最佳公共关系案例》,清华大学出版社,2007年。

后 记

本书是在《公共关系学教程》（复旦大学出版社2005年第一版、2007年第二版）的基础上重新编写的。在"2006—2013年上海市百部（本）成人教育优秀培训教材和读本"评选活动中，《公共关系学教程》被评为优秀教材。但是近年来，随着相关学科理论的发展和公共关系实践的创新，原书明显滞后。重新编写是为了尽可能吸收相关学科新的理论成果及其在公共关系实践中的应用。在编写过程中，参阅了大量的著作和其他文献资料，在此对所有参考文献的原作者表示由衷的谢意！

收录本书的案例主要有三个来源：一是学生课堂自编的案例；二是媒体对相关事件的报道；三是收录在其他著作中的经典案例。在每一个案例后面都标注了出处。但出于篇幅等因素的考虑，对这些案例材料都进行了不同程度的整合。

感谢复旦大学出版社戚雅斯女士及其同事为本书付出的劳动，并对原书的责编李华先生再一次表示感谢！

杨加陆

2016年8月

图书在版编目(CIP)数据

公共关系学/杨加陆编著.—上海:复旦大学出版社,2016.8(2020.1重印)
ISBN 978-7-309-12492-7

Ⅰ.公… Ⅱ.杨… Ⅲ.公共关系学-高等职业教育-教材 Ⅳ.C912.31

中国版本图书馆 CIP 数据核字(2016)第 188367 号

公共关系学
杨加陆 编著
责任编辑/徐惠平 戚雅斯
复旦大学出版社有限公司出版发行
上海市国权路 579 号 邮编:200433
网址:fupnet@fudanpress.com http://www.fudanpress.com
门市零售:86-21-65642857 团体订购:86-21-65118853
外埠邮购:86-21-65109143 出版部电话:86-21-65642845
江苏句容市排印厂

开本 787×960 1/16 印张 22.75 字数 311 千
2020 年 1 月第 1 版第 3 次印刷
印数 9 201—12 300

ISBN 978-7-309-12492-7/C·336
定价:45.00 元

如有印装质量问题,请向复旦大学出版社有限公司出版部调换。
版权所有 侵权必究